该书为国家自然科学基金项目"乡村振兴背景下重点生态功能区'三生'空间优化的动力机制研究"（编号：42401330）、湖北省社科基金一般项目"新时代乡村振兴背景下湖北省特色保护类村庄空间结构识别及影响机理研究"（编号：HBSKJJ20233240）的研究成果。

# 乡村振兴背景下特色保护类村庄空间结构识别与影响机理研究

潘方杰　著

WUHAN UNIVERSITY PRESS
武汉大学出版社

**图书在版编目(CIP)数据**

乡村振兴背景下特色保护类村庄空间结构识别与影响机理研究／潘方杰著 . -- 武汉 : 武汉大学出版社, 2024.12. -- ISBN 978-7-307-24498-6

Ⅰ. F320.3

中国国家版本馆 CIP 数据核字第 2024PQ6124 号

责任编辑:田红恩　　　责任校对:汪欣怡　　　版式设计:马　佳

出版发行:**武汉大学出版社**　（430072　武昌　珞珈山）

（电子邮箱：cbs22@whu.edu.cn　网址：www.wdp.com.cn）

印刷:武汉邮科印务有限公司

开本:720×1000　1/16　印张:16.75　字数:272 千字　插页:1

版次:2024 年 12 月第 1 版　2024 年 12 月第 1 次印刷

ISBN 978-7-307-24498-6　定价:79.00 元

# 目  录

# 第一章 绪 论

## 一、研究背景

### （一）现实背景

构成中国乡土社会的基础单元是乡村，中国历史上的经济与文化基础一向也安放在乡村（钱穆，2011），中国乡村为中国城镇化和创造世界经济奇迹作出了巨大贡献，村庄是中华文明的基本载体。随着城镇化进程在世界范围内加速推进，大多数国家为促进经济发展而选择城市优先战略，乡村衰退成为全球性问题（Liu et al.，2017；Mu et al.，2022），部分乡村的原始风貌、自然生态和文化底蕴正在逐渐消弭。改革开放40余年来，我国也实施了侧重城市的发展战略，城镇化率由1978年的17.92%增长到2022年的65.22%。城镇化的快速发展导致人地关系紧张，给国土空间合理布局与开发带来了前所未有的影响和冲击。同时造成乡村地区发展出现诸多矛盾，进而引发乡村"空心化"乃至衰退，"乡村病"日益严峻成为新时代乡村转型发展所面临的现实难题，部分村落不断走向凋敝甚至消亡（刘彦随，2018；Tan et al.，2021），导致村庄蕴含的中华优秀传统文化基因失活或丢失（邹君等，2020）。

我国乡村正发生着翻天覆地的变化，部分乡村的原始风貌正在逐渐消弭。乡村的何去何从，也从未像今天这样引发中国社会的高度关注和思考。在这一巨变过程中，一些历经千百年风雨的村落，或以脱胎换骨的崭新面貌出现，或以对传统村落进行现代化改造的面貌呈现，或在城镇化的滚滚洪流中湮没。根据中国村落文化研究中心对中国具有历史、民族、地域文化和建筑艺术研究价值的传统村落调查结果显示，从 2004 年至 2010 年传统村落消亡 3998 个，每天消亡近 1.6 个（陈淑飞和许艳，2019）。为延续乡村文化血脉、激活乡村文化基因，自 2002 年起中央和地方政府部门开展了一系列聚焦文化遗产村落的评选及保护项目（邻艳丽，2016；俞孔坚，2017），代表性的有"中国历史文化名村""中国传统村落""中国少数民族特色村寨"和"全国特色景观旅游名村"等。随着新时代乡村振兴战略的深入实施与全面推进，2019 年文化和旅游部办公厅、国家发展改革委办公厅发布《关于开展全国乡村旅游重点村名录建设工作的通知》，标志着全国乡村旅游重点村名录建设启动。

## （二）政策背景

乡村建设是实施乡村振兴战略的重要任务，也是国家现代化建设的重要内容。实施乡村振兴战略是新时代党中央实现全面建成小康社会的重大部署，是解决农村发展不平衡不充分的重要举措（刘彦随，2018）。面对"我国人民日益增长的美好生活需要和不平衡不充分的发展之间的矛盾在乡村最为突出"这一现实情况，党的十九大作出了实施乡村振兴战略的重大部署（刘彦随等，2019），确立了"产业兴旺、生态宜居、乡风文明、治理有效、生活富裕"的总体发展思路，提出要建立健全城乡融合体制机制，坚持农业农村优先发展，实施乡村振兴战略，着力弥补全面建成小康社会的乡村短板。乡村振兴战略为实现乡村价值和要素功能的优化重组，分类推进乡村发展，实现乡村全面振兴指明了方向，也为新时期城乡融合发展提供了重要政策保障。

2018 年中央经济工作会议提出，今后一段时期，乡村振兴要走城乡融合发展之路、共同富裕之路、质量兴农之路、乡村绿色发展之路、乡村文化兴盛之路、乡村善治之路、中国特色减贫之路。在总体要求上，要坚持产业兴旺、生态宜居、乡风文明、治理有效、生活富裕。在目标任务上，到 2020 年乡村振兴取得重要进展，制度框架和政策体系基本形成，农村要与全国同步建成小康社会；到 2035 年乡村振兴取得决定性进展，农业农村现代化基本实现；到 2050 年乡村全面振兴，农业强、农村美、农民富全面实现。2018 年中共中央、国务院印发

《乡村振兴战略规划（2018—2022 年）》（以下简称《规划》）① 确立了"按照集聚提升、融入城镇、特色保护、搬迁撤并的思路，分类推进乡村发展"的行动指南和总体部署。2019 年中央农办 农业农村部 自然资源部 国家发展改革委和财政部等五部门发布的《关于统筹推进村庄规划工作的意见》（农规发〔2019〕1 号）② 提出"力争到 2019 年底，基本明确集聚提升类、城郊融合类、特色保护类等村庄分类"。2021 年发布的《中华人民共和国国民经济和社会发展第十四个五年规划和 2035 年远景目标纲要》③ 也明确提出"因地制宜、分类推进村庄建设，保护传统村落、民族村寨和乡村风貌"。同时，我们必须深刻意识到乡村振兴并不是对现存所有村庄的振兴，而是要有的放矢地进行扶持发展，科学识别乡村类型，根据不同类型村庄的主导类型和限制因素进行分类施策，将有限的财力、物力资源用在真正需要的地方，才能更具有针对性地破解城乡发展不平衡，农村发展不充分的问题。

## （三）理论背景

人类活动在强烈地营造着空间景观、城市风貌的同时，也在深刻地改变着乡村区域的生态属性和自然风貌，推进形成乡村人地关系耦合系统或乡村地域系统。乡村地域系统是在特定乡村范围内，由自然环境、资源禀赋、区位条件、经济基础、人力资源、文化习俗等要素相互作用构成的具有一定功能和结构的开放系统，是人地关系地域系统在乡村地理学研究实践中的理论拓展，其本质上是由人文、经济、资源与环境相互联系、相互作用下构成的、具有一定结构、功能和区际联系的乡村空间体系，是一个由城乡融合体、乡村综合体、村镇有机体、居

---

① 中华人民共和国中央人民政府. 中共中央 国务院印发《乡村振兴战略规划（2018—2022 年）》[EB/OL]. [2023-04-19]. http：//www. gov. cn/zhengce/2018-09/26/content_5325534. htm.

② 中华人民共和国农业农村部. 中央农办 农业农村部 自然资源部 国家发展改革委 财政部关于统筹推进村庄规划工作的意见 [EB/OL]. [2023-04-19]. http：// www. gov. cn/zhengce/zhengceku/2019-10/22/content_5443115. htm.

③ 中华人民共和国中央人民政府. 中华人民共和国国民经济和社会发展第十四个五年规划和 2035 年远景目标纲要 [EB/OL]. [2023-04-19]. http：//www. gov. cn/xinwen/2021-03/13/content_5592681. htm.

业协同体等组成的地域多体系统。由此可见，乡村振兴实质上是乡村地域系统要素重组、空间重构、功能提升的系统性过程（刘彦随，2019），其着眼于根本解决农民、农村、农业"三农"问题，补齐乡村发展短板，促进城乡经济社会均衡发展和乡村充分发展，是乡村地域系统的全面振兴。

中国改革开放 40 多年来，伴随快速工业化、城镇化、信息化发展，传统的乡村地域类型、要素结构、空间格局与过程均发生了深刻的变化。从社会形态来看，中国乡村发展以序次推进建设温饱型社会、小康型社会、富裕型社会为目标，以实施"新农村建设"战略、实现全面小康建设为节点，大致经历从解决温饱（1978—2005 年）、小康建设（2005—2020 年）到实现富裕（2020—2035 年）"三阶段"。从地域功能来看，相应地呈现出由单一型农业系统、多功能型乡村系统，再到融合型城乡系统的"三转型"特征，以及由农业中国、乡村中国，到城乡中国的演进历程。加快推进城乡融合与乡村可持续发展是新时代中国特色社会主义的本质需求，也是全面实施乡村振兴战略，加快实现农业农村现代化的根本保障。

## 二、研 究 意 义

作为一种承载多维价值功能和富有文化特色的城乡地域形态，村庄是乡村治理和乡村振兴的基本单元。科学识别不同类型特色保护类村庄空间分布特征，把握特色保护类村庄空间演化影响机理，进而明确特色保护类村庄振兴发展的路径，有助于推动新时代全面乡村振兴战略行稳致远（黄祖辉，2018；贺雪峰，2018）。在新时代全面推进乡村振兴战略与长江经济带高质量发展战略背景下，开展长江经济带中部典型省域特色保护类村落的空间结构识别、影响机理及振兴发展对策研究，有助于从空间上认识长江经济带中部的历史文化资源，对于挖掘长江经济带历史文化资源，增强文化软实力，优化文化资源空间配置具有重要的理论意义。同时，事关特色保护类村庄有效保护和联动开发，对特色保护类村庄文化传承利用，复兴中华民族优秀传统文化均具有重要的时代意义。也对特色保护类村落的保护与发展规划编制，全面推进乡村振兴国家战略落地见效具有重要的现实指导意义。具体来看，本课题研究的理论意义和现实意义主要包括以下几个方面。

## （一）理论意义

第一，通过深入剖析新时代乡村振兴战略的核心要义、内在逻辑及实施路径，有助于拓展和深化对新时代乡村振兴战略理论内涵和价值意蕴的认识。第二，深度挖掘面向新时代乡村振兴战略目标的特色保护类村庄空间结构识别、演化过程及影响机理理论框架体系，有助于特色保护类村落保护与发展助推乡村全面振兴的理论边界与研究深度，对于完善聚落地理学研究框架和深化聚落地理学研究内容具有重要的意义。第三，系统阐释新时代面向乡村振兴战略的特色保护类村庄振兴发展策略，有助于扩展并深化乡村振兴的应用范畴，也可以为乡村治理和保护提供重要的理论支撑。

## （二）现实意义

第一，有利于完善省域尺度特色保护类村庄统筹保护与发展理论框架和逻辑体系，丰富村庄振兴发展促进乡村振兴战略在村级层面有效落地的支撑思路与手段，为我国现阶段全面推进乡村振兴战略提供强有力的支撑。第二，有利于优化特色保护类村庄空间实现分区管控，实现村庄主体功能定位，有效布局村庄发展、土地利用、基础建设、产业发展、生态环境保护等，促进乡村空间集约集聚发展和城乡地域统筹协调发展。第三，有利于更有效地保护和传承村庄的特色历史文化，建立和完善湖北省特色保护类村庄空间布局基本情况档案台账，为新时代全面推进乡村振兴战略的持续深化提供全面系统的数据资料储备。第四，有利于分类推进典型区域乡村振兴战略与城乡融合发展，对于破解农村发展不平衡不充分问题、助力美丽中国建设具有重要的现实意义。

# 三、研究目标与研究内容

## （一）研究目标

乡村振兴战略是新时期我国推进乡村发展的重要举措，村庄振兴发展是促进乡村振兴战略规划在村级层面有效落地的核心工作，当前亟需从理论层面剖析乡村振兴的科学内涵和理论基础，丰富和完善特色保护类村庄相关研究，对于实现国家乡村振兴战略的阶段性目标具有重要意义。本课题以新时代全面推进乡村振兴战略为研究背景，以长江经济带中部典型省域湖北省为研究区，以作为乡村振兴基本类型和文化传承重要载体之一的特色保护类村庄为研究对象，尝试运用管理学、地理学、生态学等多学科综合分析方法，探索特色保护类村庄空间结构特征识别及其演化影响机理理论框架、技术方法和实践过程，在此基础上提出特色保护类村庄统筹保护与发展对策建议，推动实现特色保护类村庄系统保护与可持续发展双重目标的有机统一，最终为推动实现国家的富强和中华民族的伟大复兴作出贡献。

本课题的具体研究目标可以概括为以下三个层面：第一，全面把握新时代乡村振兴战略的核心要义、内在逻辑及实施路径，明晰特色保护类村庄振兴发展与乡村振兴战略的目标耦合关系。第二，系统揭示特色保护类村庄空间结构特征及演化影响机理，形成完整的影响机理分析框架模型，并进一步开展实证探究。第三，科学提出全面推进乡村振兴战略进程中特色保护类村庄统筹保护与发展对策建议，为充分发挥其在乡村振兴中的示范带动作用及更好带动周边地区振兴发展提供参考和借鉴。

## （二）研究思路

乡村建设是实施乡村振兴战略的重要任务，也是国家现代化建设的重要内容。系统研究村庄空间结构、分异特征及形成机理，是有效解决"乡村病"、指导村庄发展规划和推动城乡融合发展的前提和基础，亦是全面推进乡村振兴国家战略落地的重要抓手。本课题立足于新时代乡村振兴战略背景，牢牢把握新时代乡村振兴与特色保护类村庄振兴发展两大关键维度，遵循"理论分析—结构辨识—过程透视—机理揭示—政策建议"的逻辑思路开展研究，以基于现实需求和理论诉求的研究问题提出、研究目标设定和研究内容设计为逻辑起点，以基础理论分析、空间结构辨识及影响机理揭示为逻辑拓展，以面向乡村振兴战略的特色保护类村庄统筹保护与振兴发展政策建议为逻辑升华，对新时代乡村振兴战略背景下特色保护类村庄进行系统研究，为特色保护类村庄空间优化、统筹保护与持续发展及全面推进乡村振兴国家战略落地提供理论依据和决策参考。本课题研究思路及主要研究内容内在逻辑之间的关系如图1.1所示。

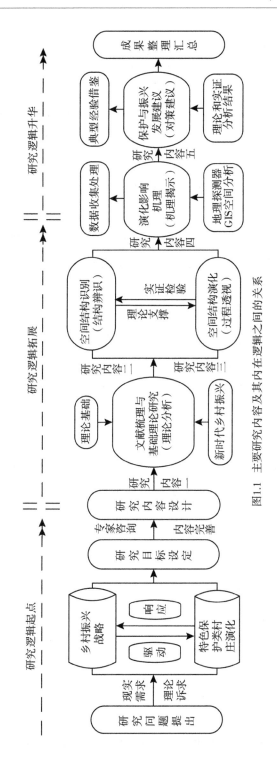

图1.1 主要研究内容及其内在逻辑之间的关系

## （三）研究内容

本课题将主要研究内容归纳为以下五个部分：

第一部分，文献梳理与基础理论研究。首先，以新时代乡村振兴战略背景为切入点，以研究背景（现实背景、政策背景、理论背景）和研究意义（理论意义、现实意义）的提出为前提，在系统梳理国内外关于历史文化名村、传统村落、少数民族特色村寨、特色景观旅游名村、特色保护类村庄及其他类型特色村庄（如景区村庄、乡村旅游重点村、休闲乡村、淘宝村）相关研究的基础上，总结和归纳已有研究取得的系列丰富成果，同时探索和发现可能存在的缺陷与不足，为本研究的顺利开展奠定了文献基础。通过对已有研究成果的系统梳理和归纳发现已有研究取得了较为丰硕的成果，但仍存在一些不足：研究对象上，早期涉及特色保护类村庄的研究较多以单一类型特色村庄（村落）为主，限于政策发展原因的影响并非直接聚焦特色保护类村庄本身。研究内容上，不同类型特色村庄空间格局及其影响因素始终是研究者关注的热点和主要内容，但村庄空间结构特征及影响因素研究较多侧重于单一时间节点的定量探讨，且缺乏不同地貌区村庄空间结构差异性探讨，同时面向乡村振兴战略的特色保护类村庄统筹保护与振兴发展路径探究依然相对匮乏。研究尺度上，直接聚焦特色保护类村庄整体的研究较多侧重于全国宏观尺度及县域、村域等微观尺度理论框架探讨及构建基础上的实证分析，而针对中观尺度典型省域特色保护类村庄空间演化特征及影响机理的探讨尚未出现。研究方法上，借助于空间计量分析模型对特色保护类村庄不同层面空间演化特征的定量探究相对比较欠缺。同时，对本研究涉及的理论基础进行系统归纳和解析，如人地关系系统理论、共生理论、乡村地域系统发展理论和城乡融合发展理论等，为本研究奠定理论基础。在此基础上，进一步对新时代实施乡村振兴战略的现实性，新时代乡村振兴战略的核心要义、内在逻辑与实施路径，新时代乡村振兴战略推进的关键点，新时代乡村振兴的路径保障等内容进行深度解析。

第二部分，湖北省特色保护类村庄空间结构识别研究。特色保护类村庄作为乡村振兴的基本类型和文化传承重要载体之一，其空间结构识别研究是特色保护类村庄科学保护与活化利用的重要前提和依据，有利于从空间上认识特定文化资源分布特征。科学明晰特色保护类村庄空间结构不仅是特色保护类村庄振兴实践的迫切需求，也是乡村振兴研究的基础和难点。本部分从理论和实证层面对湖北省特色保护类村庄空间结构识别进行研究。首先，从理论层面构建了特色保护类村庄空间结构识别的理论框架，在此基础上结合湖北省典型案例区详细介绍研究区概况，并进一步详细介绍课题研究中所采用的特色保护类村庄样本数据来源及典型特色村庄。其次，对特色保护类村庄空间结构识别方法分别进行详细阐释，主要包括可以有效测度空间状态的最邻近指数分析方法、可以有效反映地理要素整体空间结构特征和空间分布方向性的标准差椭圆分析方法、能够刻画研究对象空间密度特征和分布趋势的核密度估计方法、可以有效反映点要素空间分布复杂性和均衡性的网格维分析方法及探索性空间分析方法等。最后，分别从整体空间分布特征、空间分布类型特征、空间分布方向特征、空间分布密度特征、空间分布均衡性特征、空间分布集聚特征等方面，对湖北省旅游类、历史文化类、传统村落类、特色村寨类和其他类型特色保护类村庄空间结构特征进行识别和分析。

第三部分，湖北省特色保护类村庄空间结构演化特征研究。本部分在特色保护类村庄空间结构识别的基础上，进一步对 2009 年、2014 年和 2020 年三个不同年份特色保护类村庄空间结构演化特征进行探究，分别从空间分布类型演化特征、空间分布方向演化特征、空间分布密度演化特征、空间分布均衡性演化特征和空间分布集聚特征等方面对湖北特色保护类村庄空间结构演化过程进行定量判别。研究结果显示：①湖北省特色保护类村庄空间分布为集聚型结构类型，且呈现出集聚趋势逐渐增强的演化特征，其中传统村落类村庄集聚程度最高；除 2009 年鄂北岗地和江汉平原呈均匀型空间分布态势，其余年份不同地貌类型区特色保护类村庄均呈集聚型空间分布，同时不同地貌类型区集聚程度存在一定的差异性。②湖北省特色保护类村庄整体呈现"东（略偏南）—西（略偏北）"态势，空间分布向心力较强，方向性较为明显，且呈现出向东、西两边逐渐扩散态势；不同年份同一地貌类型区特色保护类村庄标准差椭圆分布方向存在一定的趋同性，同一年份不同地貌类型区特色保护类村庄标准差椭圆分布方向存在显著的差异性，同时长短半轴和旋转角存在一定的差异，这在很大程度上与不同地貌类型区的区划分布走向密切相关。③湖北省特色保护类村庄高密度区呈现出由散点独立结构向块状组团结构演化的态势，大体上呈现出横"V"字形核密度结构，宜

# 四、研究方法与技术路线

## (一) 研究方法

### 1. 文献梳理方法

通过对已有关于历史文化名村、传统村落、少数民族特色村寨、特色景观旅游名村、其他类型特色村庄及特色保护类村庄相关研究、国内外相关文献进行系统梳理和总结的基础上获得经验启示，提出了本课题的研究思路和主要研究内容。通过对本研究的理论基础如人地关系系统理论、共生理论、乡村地域系统发展理论、城乡融合理论等进行系统归纳和解析，构建了良好的理论基础，为本研究提供了理论参考。同时，通过查阅湖北省统计年鉴、统计公报、相关规划、调查报告等文献资料及相关政府部门网站，收集了大量的社会经济、自然环境等所需的基础数据，为本研究奠定了丰富的数据基础。

### 2. 多学科综合分析方法

本课题综合采用人文地理学、景观生态学和公共管理学等多个学科的理论和方法，注重将这些不同学科的前沿理论、方法进行交叉融合和综合运用，在系统梳理新时代乡村振兴核心要义、内在逻辑与实施路径的基础上，对湖北省特色保护类村庄的空间结构特征、演化过程及影响机理进行系统探究，并进一步提出符合新时代乡村振兴战略的特色保护类村庄统筹保护与振兴发展行动议程与实践方案，体现出本课题理论研究方面的综合性和交叉性特点。

### 3. 规范研究与实证研究相结合方法

本课题综合人地关系系统理论、共生理论、乡村地域系统发展理论和城乡融合发展理论等作为研究的理论依据，构建特色保护类村庄空间结构识别、特色保护类村庄空间结构演化特征与特色保护类村庄空间结构影响机理分析的理论框架和技术方法。在实践上，以作为长江经济带发展、促进中部地区崛起、长江中游城市群建设等重大国家战略重要承载地的湖北省为具体案例区，识别湖北特色保护类村庄空间结构类型，探究湖北特色保护类村庄空间结构演化特征，解析湖北特色保护类村庄演化影响机理研究，验证理论研究的合理性。

**4. 逻辑思维推演与定量研究相结合方法**

本课题以特色保护类村庄类型界定及时间节点确定为前提，在构建的特色保护类村庄空间结构识别理论框架、特色保护类村庄空间演化影响机理分析的理论框架和具体的衡量指标与方法研究中，主要采用逻辑推演方法来进行理论模型构建，从而为实证研究提供更全面系统的理论认知。具体在进行不同类型特色保护类村庄空间结构识别、特色保护类村庄空间结构演化特征分析、特色保护类村庄空间演化影响因素分析及影响因素交互作用探测时，更多采用定量研究的方法进行评估和衡量。

**5. 计量分析与空间分析相结合方法**

本课题依据构建的特色保护类村庄空间结构识别、特色保护类村庄空间结构演化与特色保护类村庄空间演化影响机理分析的理论框架和技术方法，采用各种数理统计方法进行指标的度量与测算。在此基础上，借助标准差椭圆分析、核密度估计、网格维分析和探索性空间数据分析等多种 GIS 空间分析方法，对特色保护类村庄空间结构特征进行定量分析；并进一步借助地理探测器多层次空间分异测算的优势，能够很好地探测某因子在多大程度上解释了属性的空间分异性，并辅之相关性分析、叠置分析、缓冲区分析等方法，最终实现各类型图谱的空间分析与可视化表达。

## （二）技术路线

本课题在阅读大量相关文献以及梳理研究思路的基础上，牢牢把握新时代乡村振兴与特色保护类村庄振兴发展两大关键维度，遵循"理论分析—结构辨识—过程透视—机理揭示—政策建议"的逻辑思路，在系统梳理相关基础理论，深入剖析新时代乡村振兴核心要义、内在逻辑与实施路径的基础上，着重探讨和揭示湖北省特色保护类村庄空间结构特征、演化过程及影响机理，并进一步提出符合新时代乡村振兴战略的特色保护类村庄统筹保护与振兴发展行动议程与实践方案。本课题研究思路可用图 1.2 所示的技术路线更清晰、直观地表达。

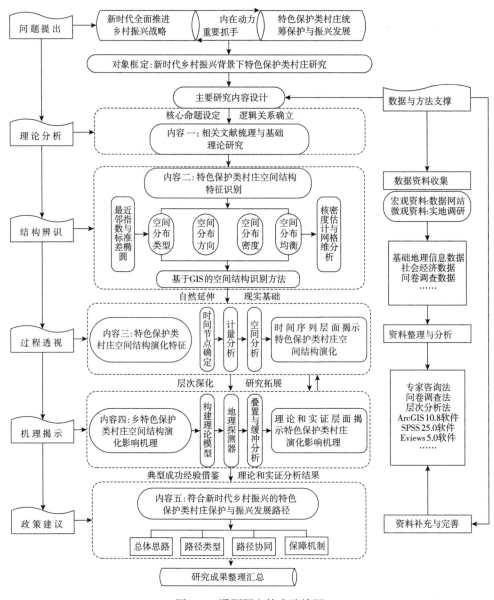

图 1.2 课题研究技术路线图

# 五、本章小结

首先，基于现实需求、战略规划及理论渊源的多重驱动，提出了本研究选题的现实背景、政策背景和理论背景，并进一步阐述了本研究的理论意义和现实意义。就理论意义来看，一方面通过深入剖析新时代乡村振兴战略的核心要义、内在逻辑及实施路径，有助于拓展和深化对新时代乡村振兴战略理论内涵和价值意蕴的认识；另一方面通过深度挖掘面向新时代乡村振兴战略目标的特色保护类村庄空间结构识别、演化过程及影响机理理论框架体系，有助于特色保护类村落保护与发展助推乡村全面振兴的理论边界与研究深度；同时通过系统阐释新时代面向乡村振兴战略的特色保护类村庄振兴发展策略，有助于扩展并深化乡村振兴的应用范畴，也可以为乡村治理和保护提供重要的理论支撑。就现实意义来看，一方面有利于完善省域尺度特色保护类村庄统筹保护与发展理论框架和逻辑体系，丰富村庄振兴发展促进乡村振兴战略在村级层面有效落地的支撑思路与手段，为我国现阶段全面推进乡村振兴战略提供强有力的支撑；另一方面有利于优化特色保护类村庄空间实现分区管控，实现村庄主体功能定位，有效布局村庄发展、土地利用、基础建设、产业发展、生态环境保护等，促进乡村空间集约集聚发展和城乡地域统筹协调发展；同时有利于更有效地保护和传承村庄的特色历史文化，建立和完善湖北省特色保护类村庄空间布局基本情况档案台账，为新时代全面推进乡村振兴战略的持续深化提供全面系统的数据资料储备；有利于分类推进典型区域乡村振兴发展，对于破解农村发展不平衡不充分问题具有重要的现实意义。其次，通过研究背景及研究意义的系统梳理，归纳提出了本研究的研究目标、研究思路和主要研究内容。其研究目标是通过全面把握新时代乡村振兴战略的核心要义、内在逻辑及实施路径，明晰特色保护类村庄振兴发展与乡村振兴战略的目标耦合关系；进而系统揭示特色保护类村庄空间结构特征及演化影响机理，形成完整的影响机理分析框架模型，并进一步开展实证探究；最终科学提出全面推进乡村振兴战略进程中特色保护类村庄统筹保护与发展对策建议，为充分发挥其在乡村振兴中的示范带动作用及更好带动周边地区振兴发展提供参考和借鉴。其研究内容主要包括文献梳理与基础理论研究、湖北特色保护类村庄空间结构识别研究、湖北特色保护类村庄空间结构演化特征研究、湖北特色保护类村庄演化影响机理研究、湖北特色保护类村庄保护与发展政策建议等五个部分。最后，归纳本课题主要采用的研究方法和课题研究技术路线，主要研究方法包括文献梳理方法、多学科综合分析方法、规范研究与实证研究相结合方法、逻辑思维推演与定量研究相结合方法、计量分析与空间分析相结合方法。

# 第二章　研究现状与述评

中国现有约 69.15 万个村庄，村庄作为中国农村社会经济活动的基本单元，是国家实施乡村振兴战略的重要细胞和空间单元，也是留得住乡愁、凝结独特乡村文化的特殊地理空间载体。自 2002 年中央和地方政府开展聚焦文化遗产村落评选及保护的一系列冠名制度建立以来，学术界针对特色村落的关注和研究掀起一阵热潮，诸多学者分别以历史文化名村、传统村落、少数民族特色村寨、特色景观旅游名村等完整性和活态特征明显的特色村落为研究对象进行探究，同时还相继出现了针对景区村庄、乡村旅游重点村、休闲乡村的一系列卓有成效的研究。乡村振兴成为国家重大战略后，进一步将上述特色资源富集、列入各级名录进行保护的村庄统称为特色保护类村庄，明确其为推进乡村振兴的四种村庄基本类型之一。特色保护类村庄作为分类推进乡村发展的基本村庄类型之一，是推动乡村全面振兴的重要抓手，国家层面对其统筹保护、利用与发展关系的深刻阐释，反映了对特色村落统筹保护与利用的最新认识和实践，为其建设提供了战略支撑与理论保障。由于特色保护类村庄概念提出时间相对较短，直接以特色保护类村庄为对象的研究相对较少，但与特色保护类村庄研究密切相关的文献较多。鉴于此，本研究分别从历史文化名村相关研究、传统村落相关研究、少数民族特色村寨相关研究、特色景观旅游名村相关研究、其他类型特色村庄相关研究和面向乡村振兴的特色保护类村庄研究六个方面系统梳理相关研究成果（见图 2.1），为新时代乡村振兴战略背景下特色保护类村庄研究问题提出、研究目标设定、研究内容设计和研究方法选择奠定文献基础。

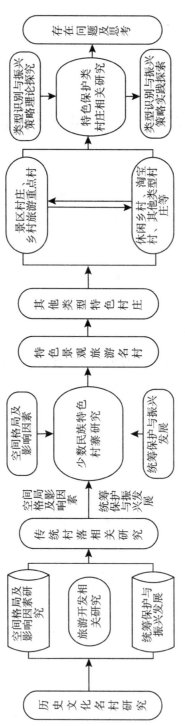

图2.1 国内外研究现状与述评研究思路

# 一、历史文化名村相关研究

纵观已有研究成果，构成开放的历史文化村镇研究的学术框架（陈征等，2013），但明确以历史文化名村为对象的相关研究内容，主要集中在历史文化名村空间结构（格局）及影响因素分析、历史文化名村保护与发展策略探讨及历史文化名村旅游开发相关研究等方面。

## （一）历史文化名村空间格局及影响因素研究

历史文化名村作为重要的文化资源，其空间结构特征及影响机理研究是历史文化名村保护和活化利用的重要前提和依据，既有利于从空间上认识历史文化资源分布特征，也有助于了解历史文化资源空间分异的影响机制。现阶段，从已有研究成果来看，诸多学者通常把历史文化名镇和历史文化名村放在一起，分别以全国、典型流域、典型省域等为对象进行空间格局及影响因素探究，较多侧重于宏观和中观层面分析。

从宏观层面全国尺度来看，主要研究成果如下：胡海胜和王林（2008）以目前批准的 157 个历史文化名镇名村为例，运用空间结构分析方法，从省域结构特征、区域结构特征和空间分布类型三个层面，揭示历史文化名镇名村空间结构特征，以期为名镇名村的保护和利用提供有益启示，也为今后评选历史文化名镇名村提供借鉴。吴必虎和肖金玉（2012）对全国 5 批 350 处历史文化名镇名村空间分布规律及其与区域经济、旅游发展水平的相关性进行分析，并结合历史、地理、社会、文化等因素，综合剖析历史文化村镇空间分布形成原因。李亚娟等（2013）以评选出的中国历史文化名村为研究对象，分析中国古村落的空间分布特征，探讨其影响因素和分布原因，以期为我国古村落遗产的识别、评定及保护性开发利用提供思路，引导各区域古村落的空间均衡分布和发展。陈征等（2013）选取全国 5 批共 350 个历史文化名镇名村为研究样本，运用地理数学方法和 GIS 空间分析工具，从定量和定性两方面分析国家级历史文化村镇的空间分布特征。王镕等（2019）以 2003—2015 年住房和城乡建设部和国家文物局统计的 528 个历史文化名镇名村为研究对象，利用 GIS 和空间统计学的计算方法，着重研究和探讨中国传统文化名镇名村的变化趋势、空间分布以及影响因素。

从宏观层面流域尺度来看，主要研究成果如下：赵宏波等（2021）基于建设部和国家文物局发布的七个批次国家级历史文化村镇数据和历史文化名城数据，分析了黄河流域历史文化名城名镇名村的空间分布特征与地域分布规律，然后利用最邻近指数分析集聚程度并判断其空间分布类型，最后利用地理探测器对其空间分异的影响因素进行分析。朱庆伟等（2023）以沿黄9省及自治区为研究区域，以黄河流域267个国家级历史文化名城名镇名村为研究对象，利用最近邻指数法、核密度估计法及地理探测器等方法揭示黄河流域历史文化名城名镇名村的时空分布特征及影响因素。

从中观层面省域尺度来看，主要研究成果如下：王晖和谢盟月（2015）以历史文化底蕴丰厚的山西省为研究区域，分析历史文化名城名镇名村的时空分布特征和成因，以期对其今后历史文化名城名镇名村的评定及历史文脉的延续提供引导。李琪等（2016）以江西省120个历史文化名镇名村为例，利用核密度最邻近指数、地理集中指数、洛伦兹曲线、核密度分析和空间自相关等方法，从省域角度探讨江西省历史文化名镇名村的空间分布规律，探究其空间分布的成因，以期为江西省历史文化名镇名村的保护与经济协调发展提供参考。陈郁青（2019）以2003—2019年公布的福建省201个国家级和省级历史文化名镇名村为研究对象，利用GIS空间分析技术、计量地理及人文地理分析方法，分别从市域结构、地理区域结构和垂直结构探究福建省历史文化名镇名村的空间分布特征，并对其空间分布影响因素进行分析。Wang等（2022）以湖北省44个历史文化名镇或名村为研究对象，借助于最近距离分析、核密度分析、缓冲区分析和不平衡指数分析等地理信息技术（GIS）工具，确定了其集聚和线性分布区域，并结合历史地理因素和现状保存相关因素进一步分析其空间分布的成因，最后提出了湖北省历史文化名镇（名村）的保护与发展建议。

## （二）历史文化名村保护与发展研究

我国历史文化村镇保护始于20世纪80年代末，先是陆续将一批村落中的古建筑群列为重点文物保护单位；20世纪90年代以后，不少地方政府陆续进行了历史文化村镇的命名和保护工作；进入21世纪以来，随着2000年"皖南古村落"西递、宏村申报世界文化遗产的成功，2002 年《中华人民共和国文物保护法》关于"历史文化村镇"保护的明确规定，以及 2003 年我国首批历史文化名镇名村的公布命名，标志着我国历史文化村镇保护制度的基本建立，历史文化村镇保护开始步入法制化轨道，也预示着历史文化村镇的保护与发展进入一个崭新的阶段（赵勇等，2005；赵勇等，2008）。早期针对历史文化名村保护与发展研究主要着眼于保护规划、保护制度的建立、保护评价指标体系构建及评价方法的运用等研究内容，既有侧重于宏观层面的理论探讨，又有侧重于单体建筑或单个村庄的微观层面分析，主要以定性分析方法为主。随着研究范围的不断拓展和细化、研究方法的不断丰富和完善，逐渐延伸到了制度设计和实施过程两个层面，探索促进历史文化名村保护从标准化生产的规范时代向量身定制的精准时代转变，为历史文化名村保护发展提供更多样化的路径选择。但整体上看，在"保护为主"方针的指引下，历史文化名村保护与发展相关研究主要围绕"保护什么"和"如何保护"展开（芮旸等，2022），前者主要涉及历史文化名村保护类型与保护内容，后者主要涉及历史文化名村保护策略与技术方法。本部分将分别从宏观层面理论探讨和中微观层面实证分析两个方面，对历史文化名村保护与发展研究相关文献进行系统梳理。

从宏观层面理论探讨来看，主要研究成果如下：刘沛林（1998）全面论述了建立"中国历史文化名村"保护制度的构想，对历史文化名村的确认条件、保护内容、原则、方式、措施及开发方向等作了具体的分析，以期在一定程度上推动古村落文化与景观的有效保护。赵勇等（2005）在梳理了国内外历史小城镇、村落保护的演变发展基础上，重点阐述了我国历史文化村镇保护的内容与方法，保护内容上要在以往偏重于物质文化遗产保护的前提下，进一步加重非物质文化遗产的保护；保护方法上要探索运用历史学、地理学、建筑学、社会学以及景观生态学等多学科的方法进行保护。赵勇等（2006）在构建历史文化村镇保护评价体系的基础上，以中国首批历史文化名镇（村）为例，对专家关于名镇（村）保护状况的主观评判进行调查，据此对中国首批名镇（村）保护状况进行分类评价。孙运宏和宋林飞（2015）梳理了实践中历史文化名村保护面临的一些困境与难题，提出了当代中国历史文化名村保护应加大相关政策和资金的供给，在保护村落整体格局的基础上，注重文脉传承与历史文化的深度呈现，促进政府、社会力量和民众的共同参与，促进村落的活力再生和美丽乡村建设等建设性对策。张侃（2015）结合历史文化名镇名村考古调查和生态文明先行示范区的建设目标，借鉴相关不同学科的理论与实践，从不同角度对历史文化名城名镇名村保护过程中存在的问题进行宏观思考，阐述将来可能建构的保护框架设想。

从中观层面实证分析来看，主要研究成果如下：刘芝凤（2018）基于闽台两地多个乡村的田野调查数据，以闽台历史文化名村为例，探讨了逆城市化进程中古村落发展现状、古村落保护重要性及古村落保护与开发的对策建议，以期更好地实现逆城市化进程中古村落文明的承继与发展。孙亮等（2019）以宁波市不同特色历史文化名村为例，分别提出了地缘环境特色的"整体式"、宗族结构特色的"院落式"和外部职能特色的"线路式"等精准保护路径，探索促进历史文化名村保护从标准化生产的规范时代向量身定制的精准时代转变，进一步提升保护规划的科学性。陈悦（2019）围绕实施过程评估这一核心，将一套完整的实施评估方法，运用于历史文化名村保护规划评估中，从规划编制和规划管理两个阶段，从制度设计和实施过程两个层面，发现制度缺失或不当是造成名村保护规划实施效果不理想的最根本原因，从而提出相应的改善策略。

从微观层面实证分析来看，主要研究成果如下：张强（2012）以张谷英村为例，采用模糊评判的方法，主要从张谷英村的资源价值评价、发展现状以及旅游开发等几个方面来进行阐述，并给出关于张谷英村的相关保护策略。李连璞（2013）基于多维属性整合视角，以选取的 7 个历史文化名村为例，通过构建可持续发展评价指标体系，对其可持续发展现状进行分析并划分可持续发展类型；从每一类型中选取一个，在指出保护区模式、社区参与模式及城镇化模式特征的基础上，归纳出判别标准作为模式选择的重要依据，采用相关人士评价的方法，计算出其遗产保护、旅游开发和社区发展指数，辨别出在时间序列上处于不同阶段的历史文化名村各自应采取的旅游发展模式。杨开（2017）以江西省峡江县湖洲村为例，基于村庄保护现状和综合视角下的村庄价值体系分析，因地制宜提出了价值导向下的村庄保护措施和实施导向下的村庄发展策略，实现历史文化名村系统保护与可持续发展的双重目标。林祖锐等（2018）以 LAC 理论为指导，以国家级历史文化名村小河村为例，结合古村落旅游容量特征，构建古村落旅游容量指标体系，制定与古村落旅游资源特色、发展特色相融合的评价标准，对古村落旅游容量模型进行实证分析。张星等（2020）以宁波市憩桥村为例，通过对"村"的价值的判断，探讨城边型历史文化名村的整体保护方法；通过对"城"的条件分析，适应性调试保护发展模式，以期为城边型历史文化名村的保护发展提供弹性多样的路径选择。

## （三）历史文化名村旅游开发相关研究

历史文化村落是我国遗产保护体系的重要组成部分，是我国历史、文化、艺术传承的载体。在旅游业高速发展的大背景下，历史文化村落作为旅游业发展中的新秀，因其悠久的历史、独特的地域文化、别具一格的传统建筑、高品质的遗存资源、扎根民间的民俗文化和特有的地方氛围越来越受到旅游者的青睐（吴文智和赵磊，2010）。部分研究者对历史文化名村旅游资源价值等相关内容进行研究，如侯晓飞（2011）在对历史文化名村进行理论研究的基础上，分析其旅游资源的价值构成，建立中国历史文化名村旅游资源价值综合评价模型，以国家级历史文化名村皇城村为例，对其旅游资源进行综合评价，提出了旅游资源开发和保护的原则及初步开发思路。费巍（2015）从博弈论与演化博弈的视角出发，研究历史文化名镇名村生态旅游开发与管理中旅游企业、原住民、当地政府相关部门等利益相关者的博弈行为和策略选择，以期为政府相关部门制定有关历史文化名镇名村的生态旅游开发与旅游经济发展政策提供理论参考和决策依据。朱鹤等（2018）以历史文化名村福州市仓山区城门镇落林浦为案例区，基于社会交换理论构建假设模型，并通过结构方程模型（SEM）验证，探讨目的地居民对地方旅游发展潜力认知、地方感、旅游发展影响感知对其支持度的影响。

# 二、传统村落相关研究

传统村落原称"古村落"①，是指形成年代较早，拥有物质形态和非物质形态文化遗产，具有较高的历史、文化、科学、艺术、社会、经济价值，应予以保

---

① 2012 年 9 月，经传统村落保护和发展专家委员会第一次会议决定，将习惯称谓"古村落"改为"传统村落"，以突出其文明价值及传承的意义。

护的村落（熊梅，2014）。根据住房和城乡建设部、原文化部等四部委2012年印发的《传统村落评价认定指标体系（试行）》，传统村落是指时间上至少在1980年以前修建、有留存较好的历史建筑和传统格局、承载独特的非物质文化遗产并具有一定活力的村落（曹迎春和张玉坤，2013）。自2012年国家层面启动实施传统村落保护工程，目前已有8155个传统村落被列入名录、实施挂牌保护制度。传统村落作为历史文化、民俗风情、建筑艺术的重要载体，是中国优秀传统文化的重要组成部分；同时也面临着传统村落中流传的传统文化逐步被遗忘，历史建筑逐渐被替代，部分传统村落的历史风貌特征出现淡化甚至消失等一系列突出问题。传统村落一直以来是城乡规划学、地理学、建筑学等多学科的重要研究对象，中央和地方政府针对传统村落相关政策文件的出台，使得传统村落保护与振兴受到社会各界更高程度的关注，为我国传统村落风貌保护指明了行动路径，也为探索传统村落空间分布、推进特色景观保护与发展提供了创新空间。目前针对传统村落的研究成果逐渐增多，本部分主要从传统村落空间分布格局及其影响机理研究、传统村落保护与发展对策研究、传统村落旅游开发研究等方面，对传统村落相关研究进行系统梳理。

## （一）传统村落空间格局及影响因素研究

传统村落数量庞大、覆盖面广、类型丰富，探究传统村落空间分布格局及其影响因素对传统村落的传承和发展有重要价值。诸多学者基于不同的研究视角，采用不同的研究方法，分别以全国、区域、省域、市域等为范围尺度，侧重于从宏观和中观维度层面定量探讨传统村落时空分布特征及影响因素，以期为传统村落的保护和发展提供有力支撑。

从宏观层面全国尺度来看，主要研究成果如下：刘大均等（2014）运用空间分析方法，以1561个国家传统村落为研究样本，分析全国传统村落空间分布特征及规律，以期为全国传统村落的合理开发与保护提供参考和借鉴。康璟瑶等（2016）以2012年以来住房和城乡建设部公布的3批共2555个传统村落为研究对象，通过GIS技术与方法，分析中国传统村落的空间分布特征，定量探讨传统村落分布与地形、人口、经济、交通、城市格局之间的关系。李江苏等（2020）以中国传统村落为对象采用核密度方法识别核心和次核心，在此基础上构建"格网分析—空间自相关—地理加权回归"的影响因素研究方法并进行实践分析。凡来等（2023）以第 1—6 批中国传统村落为研究对象，利用核密度分析方法分析其空间分布特征和趋势，探究其旅游发展空间格局；并将其同中国乡村旅游重点村和集中连片保护利用示范区进行叠加分析，加强认识其旅游发展格局；利用相关性分析方法识别各影响因素与旅游发展之间的作用关系，运用地理加权回归模型，探讨各影响因素的空间异质性，从而分析其影响机制。

从宏观层面区域尺度来看，主要研究成果如下：关中美等（2017）以中原经济区内 286 个国家级传统村落为研究对象，选取 2012 年、2013 年、2014 年和 2016 年 4 个时间截面，深入分析中原经济区传统村落的时空演化特征，定量探测传统村落布局的影响因素，以期为传统村落的保护现状和发展提供有力支撑。马勇和黄智洵（2017）以长江中游城市群 170 个传统村落为研究对象，采用定性与定量相结合的方式并通过多维度考量传统村落空间分布格局及可达性的影响因素，并应用地理空间统计分析方法 GWR 回归模型探究长江中游城市群传统村落可达性水平影响因子的制约机制。卢松等（2018）以徽州地域 119 个国家级传统村落为研究对象，用 GIS 技术与方法，从时间和空间两个尺度揭示徽州传统村落的分布特征，探讨影响徽州传统村落时空分布的因素。李久林等（2019）运用 GIS 空间分析技术对古徽州传统村落空间分布特征进行分析并厘清其主要驱动因素，进一步梳理传统村落发展现状及其存在的问题，基于区域分布特征提出文化整体视角下整体性保护体系构想，为古徽州传统村落的保护发展、保护传承提供基础支持。王培家等（2021）以我国西南地区 1912 个传统村落为案例，运用计量地理法与 GIS 空间分析探索传统村落空间分布格局，并对其影响机理进行探究。黄卉洁等（2021）以西北地区 314 个传统村落为探究对象，借助 ArcGIS 和 Google Earth 等分析软件研究传统村落旅游资源的空间模式、关联及密度特征和影响机制，以便为西北地区的空间格局分异特征、地区间旅游经济协作、乡村旅游振兴和可持续发展提供更多科学依据。居肖肖等（2022）以浙江、安徽、陕西、云南四省传统村落为研究对象，以多区域传统村落的空间分布差异性分析为切入点，综合运用统计学数值分析和 GIS 空间分析等技术方法，对不同省份传统村落空间分布格局及其影响因素进行对比分析，总结各省传统村落空间分布特征与其影响因素的差异性，并提出了差异化保护和开发对策。

从宏观层面省域尺度来看，主要研究成果如下：李伯华等（2015）运用 GIS 空间分析工具，对湖南省省级及以上官方公布的 101 个传统村落空间分布进行分析，总结了传统村落的空间分布特征，并进一步对其分布的影响因素进行探究，结果表明相对封闭的区域环境、险要的地形、不太便利的交通以及相对落后的社会经济等因素，都为传统村落的保护提供了重要条件，成为影响湖南传统村落分布的重要因素。孙军涛等（2017）以山西省 156 个"传统村落"为研究对象，运用 GIS 的空间分析方法，从宏观角度综合分析山西省传统村落空间分布特征，研究影响山西省传统村落的空间分布的要素，为山西省传统村落保护与开发提供理论支撑。彭璟和李军（2020）采用 GIS 空间分析和量化测度相结合的研究方法，以国家权威部门公布的 209 个湖北省传统村落为研究对象，对其空间分布特征及其影响因素进行深入分析。杨燕等（2021）利用 ArcGIS 空间分析和数理统计分析等方法，对贵州省苗族传统村落的空间结构进行科学识别的基础上，进一步采用地理探测器模型从自然和人文地理因素层面揭示苗族传统村落空间分布的影响因素，以期为苗族传统村落的保护与合理开发提供科学依据。闫芳等（2022）以河南省入选中国传统村落名录的 205 个国家级传统村落为研究对象，从全域的视角研究河南省国家级传统村落空间分布特征及其形成机理，提出传统村落保护和发展策略。

从中观层面市域尺度来看，主要研究成果如下：梁步青等（2018）以赣州客家传统村落为研究对象，通过实地调研与地图分析，提取村落建设年代信息，研判村落传统属性，在传统村落地理信息时空数据库构建的基础上，从空间和时间两大维度对赣州客家传统村落的空间分布特征及历史演化过程进行综合分析。宋玢等（2021）以地处黄土高原沟壑地区的榆林市国家级传统村落为例，利用 GIS 空间分析、形态指数、空间句法等空间分析方法，从宏观空间分布到个体形态特征，揭示地域环境与村落选址、形态生成及空间组织的内在关联性。

## （二）传统村落保护与发展研究

传统村落是传承中华优秀传统文化的宝贵"基因库"。随着工业化、城镇化和乡村旅游开发等带来的建设性、开发性与旅游性破坏，传统村落受到不断冲击和多重挑战，甚至濒临消亡。根据中国村落文化研究中心对中国具有历史、民族、地域文化和建筑艺术研究价值的传统村落调查结果显示，从 2004 年至 2010 年传统村落消亡 3998 个，每天消亡近 1.6 个（陈淑飞和许艳，2019）。诸多学者分别侧重不同方面内容，针对传统村落的保护与发展进行探究，研究内容既包括不同空间格局影响因素分析基础上的不同保护模式探讨，又包含传统村落保护度评价和传统村落保护发展对策建议，同时还涉及特定区域传统村落保护水平的评估等内容，差异化推进传统村落保护与振兴发展、避免"千村一面"成为研究共识。

具体来看，许少辉等（2018）以苏州市陆巷村为研究对象，在系统梳理陆巷村的文化资源要素的基础上，指出了陆巷村保护与发展存在的问题，最后提出了全域旅游背景下陆巷村活态保护和文化复兴的发展思路及建议。杨立国等（2018）从原真度、活态度、完整度、传承度四个方面，构建了传统村落保护度评价指标体系及其评价函数，在对其保护状态进行阶段划分的基础上，以湖南省首批中国传统村落为例进行实证分析。陈淑飞和许艳（2019）以乡村振兴战略为背景，对山东省国家级传统村落的数量、类型、分布特征以及保护发展面临的主要问题进行了深入分析，分别从发展机制、发展规划、发展动力、配套政策和运作模式等方面提出了加强山东传统村落保护发展的对策建议。许建和等（2020）以湖南省 658 个传统村落为研究对象，采用 ArcGIS 空间分析工具对传统村落空间分布格局及其影响因素分析的基础上，采用特征类型分析法综合提出湖南省传统村落产业展示模式、区域聚合模式与遗产保护模式 3 种类型。杨浏熹（2021）基于乡村振兴战略背景，在系统梳理我国传统村落的保护现状及面临困境的基础上，归纳出西南传统村落的"活态"特征，最终提出了西南传统村落的活态化保护路径。唐承财等（2021）从利益相关者理论出发，以 9 个北京市首批市级传统村落为案例地，分析多主体对北京传统村落文化遗产保护传承的感知评价，从内容内涵、途径方式、参与主体和最终目标方面构建其保护传承提升模式。Fu 等（2021）在对湖南省西部 7 个传统村落 584 座传统民居建筑及其周边环境进行详细调查的基础上，利用 GIS、RS 和 GPS 技术，构建了传统民居空间数据库，通过构建评价指标体系，采用建筑评价法对传统民居单体建筑质量进行评估，并结合地方尺度上的历史文化要素以及自然地理环境要素，从整体上综合量化民居建筑遗产价值，从而系统地揭示评价指标如何影响传统村落的价值。王淑佳等（2022）在理论层面构建传统村落评价体系模型和保护影响因素模型的基础上，以西南地区 1910 个传统村落为例，采用地理分析技术探讨宏观视角下西南地区传统村落区域保护水平的空间分异及影响因素。李春青等（2023）基于活态遗产保护方法，对我国传统村落的保护要素的构成及分类进行探讨，研究传统村落遗产的有形实体与无形文化双重保护与共时呈现，以期为我国传统村落保护工作建言献策。

## （三）传统村落旅游相关研究

乡村振兴战略背景下，传统村落因历史建筑集聚及民族文化深厚，少数民族集聚的地域性、传统聚落的景观异质性、民族文化的稀缺性以及产业振兴的迫切性，具备旅游开发的理想资源条件，旅游开发成为民族传统村落改善民生、助推乡村振兴的重要手段。从研究内容看，传统村落旅游相关研究主要集中在传统村落的旅游响应度、传统村落旅游资源价值测度与提升、传统村落旅游竞争力或开发潜力、传统村落旅游开发影响机制、传统村落旅游适应性、传统村落旅游发展中居民诉求和传统村落功能演变研究等诸多方面。

具体来看，窦银娣等（2018）以永州市 24 个传统村落为例，从旅游可持续开发视角，提取主要影响因子，构建旅游开发潜力评价体系，并依据不同的开发类型，提出针对性的发展策略，为传统村落旅游开发可持续发展奠定基础。卢松和张小军（2019）以徽州地区的 119 个中国传统村落（截至 2016 年底）为样本，通过实际调研与 GIS 空间分析相结合，探讨了徽州传统村落旅游开发的时空演化过程。陈晓艳等（2020）基于居民和游客视角，以苏南传统村落为例，借助扎根理论及因子分析，探讨传统村落旅游地乡愁的测度和资源价值，为将传统村落建设成让人"记住乡愁"的宜居宜游的美丽乡村提供参考，并为传统村落旅游地实现乡村振兴提供理论借鉴。朱烜伯等（2021）以欠发达地域的典型代表湘西州传统村落为研究对象，运用空间句法模型，从拓扑学联结的角度，分析各传统村落交通可达性，并尝试对湘西州传统村落旅游开发进行空间区划。朱炫伯等（2021）在对民族传统村落旅游进行合理定位的基础上，解析该类地域旅游给经济、社会、生态系统等带来的复杂影响，并以湖南省湘西州典型民族传统村落为例，探寻乡村振兴背景下旅游开发对民族传统村落的影响过程。刘沛林等（2022）借助景观基因与传播学理论，从传统村落文化景观传播与旅游经济发展的现状问题出发，尝试构建传统村落景观基因数字化传播路径的逻辑框架，并以张谷英村为案例地进行实证，探索张谷英村景观基因数字化传播路径，以促进张谷英村数字旅游经济的发展，提升旅游价值。陆林等（2022）以安徽省黄山市传统村落西溪南村为例，通过对多元利益主体进行深度访谈，运用扎根理论方法从微观视角探索旅游开发背景下传统村落功能演变的过程与机制。张强等（2022）以古徽州国家传统村落为对象，从 5 个维度构建传统村落旅游竞争力评价指标体系，对传统村落的旅游竞争力进行综合评估，运用 DEM 模型实现古徽州传统村落旅游竞争力的多视角下可视化，并分别从表面和剖面解析其空间形态特征。窦银娣等（2022）以中国传统村落张谷英村为例，建立传统村落"三生"空间旅游适应性评价体系，分析与测度旅游驱动下的传统村落"三生"空间旅游适应性程度，为传统村落活态化发展提供决策依据和经验借鉴。何艳冰等（2022）在厘清旅游类传统村落韧性与高质量发展关联逻辑的基础上，构建包含经济、社会、生态、制度、文化 5 个子系统的韧性评价指标体系，以河南省为例，运用灰色关联模型和耦合协调度模型定量测度传统村落韧性及其子系统协调发展程度，据此探究不同韧性水平传统村落旅游高质量发展路径。张家其等（2023）以湖南省湘西州少数民族传统村落为例，通过引入旅游共生理论，解析村落旅游开发过程中利益相关主体之间共生关系和共生关联因素，探究少数民族传统村落旅游共生模式的性质和特征。曾灿等（2023）以"美丽中国中脊带"为研究对象，借助熵值法、TOPSIS 法计算研究区涉及的 97 个研究单元传统村落的旅游响应度，分析市级、省级、不同区段、不同景观区划等层面的传统村落旅游响应特征及空间分布差异，了解我国典型地区传统村落旅游开发利用状况。谢双玉等（2024）以湖北省恩施州二官寨村为例，运用内容分析法、扎根理论分析法探究传统村落旅游发展中的居民诉求类型，探析产生这些诉求的影响因素，在此基础上构建传统村落旅游发展中居民诉求及其生成机制的理论模型，为传统村落旅游可持续发展决策提供参考依据。

# 三、少数民族特色村寨相关研究

党的十九大报告将"农业现代化"扩展为"农业农村现代化"，要求新农业新农村建设齐头并进。在加强乡村生态环境建设的同时，通过打造特色生态古镇古村落，以村寨为集体建设乡村特色小镇，有助于乡村振兴战略的实施，加快农村现代化建设。特色生态古镇古村落的建立能够在保留乡村原有优美环境、历史背景、风俗习惯、人文价值的前提下，留下美丽、留住乡愁，将生态环境建设与旅游产业相结合，为美丽乡村的建设提供更广阔的发展空间。少数民族特色村寨是指少数民族人口相对聚居，且比例较高，生产生活功能较为完备，少数民族文化特征及其聚落特征明显的自然村或行政村。受益于历史文化名村和传统村落研究的积淀，学术界针对少数民族特色村寨（村庄）从一开始就重视空间分析和保护发展研究，揭示列入各级名录的少数民族特色村寨（村庄）空间分布特征，致力于探索少数民族特色村寨（村庄）的旅游发展模式和乡村振兴路径。

## （一）少数民族特色村寨空间格局及影响因素研究

少数民族特色村寨作为一种较为独特的地域空间单元，其空间格局及影响因素研究不仅对完善聚落地理学研究框架和深化聚落地理学研究内容具有重要的意义，而且事关少数民族特色村寨科学评定、有效保护和联动开发，并对少数民族特色村寨文化传承利用，复兴中华民族优秀传统文化均具有重要的时代意义。已有学者分别探讨了全国、长江经济带、省域等不同尺度的少数民族特色村寨空间分异及影响因素，能够为系统评定和保护少数民族特色村寨提供科学参考。陈国磊等（2018）以全国1057个少数民族特色村寨为对象，运用ArcGIS空间分析技术方法探究少数民族村寨的空间分异及规律，探究影响其空间分布格局形成的内外在因素，结果显示其空间结构与分布规律受自然地理和人文地理因素综合影响较显著，前者为内生基础，后者是外在推手。覃小华等（2022）基于长江经济带国家级少数民族特色村寨数据，运用 GIS 技术及空间统计方法对三批次长江经济带 936 个少数民族特色村寨地域空间分布格局进行分析，并结合地理探测器模型探索影响少数民族特色村寨空间格局的因素，结果显示自然地理因素、经济发展水平、资源禀赋条件、人口分布状况、文化服务环境等因素对少数民族特色村寨地域空间格局影响显著，且影响程度存在空间差异。高文静等（2022）以云南 511 个国家级和省级少数民族特色村寨为研究对象，在探究全省民族村寨整体分布特征的基础上，进一步刻画不同民族的民族村寨空间分布格局及影响因素，以期为云南少数民族特色村寨的整体保护与社会经济发展的平衡提供理论指导，助力民族文化复兴和乡村振兴战略的有效实施。王兆峰和刘庆芳（2019）选取2014 年和 2017 年两批中国少数民族特色村寨，运用地理集中指数、不均衡指数、G 指数、核密度分析，揭示少数民族特色村寨的空间异质性特征，进而利用地理探测器、叠加分析和邻域分析等方法，探测中国少数民族特色村寨空间异质性的形成因素，结果显示其分布受经济、社会、文化和生态等多重因素的影响。

## （二）少数民族特色村寨保护与发展研究

国内学者从不同研究视角对少数民族特色村寨保护与发展进行了深入的研究，取得了较丰富的研究成果，从研究内容来看，已有研究主要集中在特色村寨保护与发展的意义、经验做法、模式、现状、对策思考等；从研究方法来看，大多采用定性描述的分析方法，定量研究方法主要用于对特色村寨保护与发展的评价体系研究，但是在这些指标体系研究中较少涉及特色村寨建设过程评价研究。刘志宏和李钟国（2015）以广西少数民族村寨为例，分析城镇化对少数民族特色村寨保护与规划建设所带来的影响，并进一步提出了有效保护和规划建设少数民族特色村寨的策略。李杰等（2016）在总结少数民族特色村寨建设内涵的基础上，借鉴一般项目建设过程评价体系，对特色村寨建设实施过程阶段和建设完成阶段进行指标设计，以便准确识别实际建设状况与预期目标的偏差，制定合理的纠偏策略，最终实现建设目标。整体上看，由于自然、历史等原因，少数民族特色村寨的保护与发展仍面临许多困难和问题，主要表现在：这些村寨多位于边远落后地区，经济发展问题突出；受自身条件限制，传统经济转型困难；在工业化、城镇化的背景下，民族文化传承遭受巨大冲击；受多种因素影响，许多传统民居被造价低廉的简易建筑所取代，村寨的民族特色和乡村特色急速消失。因此，做好少数民族特色村寨保护与发展工作，在促进经济发展的同时抢救和保护少数民族传统文化刻不容缓。

## 四、特色景观旅游名村相关研究

建设特色景观旅游名镇名村是当前我国推进乡村振兴、新型城镇化建设及乡村旅游业发展的重要抓手。特色景观旅游名镇名村作为一种承载多维价值功能和富有文化特色的城乡地域形态，研究建设特色景观旅游名镇名村空间分布及影响因素能够在一定程度上为特色景观旅游村镇的空间优化及建设发展提供实证依据，对于推动乡村振兴战略与城乡融合发展、助力美丽中国建设具有重要的理论与现实意义。已有研究成果中特色景观旅游名村通常与特色景观旅游名镇一起作为研究对象进行分析，主要成果如下：吴儒练等（2022）以全国553个特色景观旅游名镇名村为研究对象，运用 GIS 空间分析法、基尼系数和地理探测器等方法，对特色旅游村镇的空间分布特征及影响因素进行深入分析，结果表明特色景观旅游村镇空间分异特征受到经济基础、旅游发展、城镇化水平、交通条件、区域文化等经济社会因素和高程、河流、气候等自然环境因素的叠加影响，以期为特色景观旅游村镇的空间优化及建设发展提供实证依据。孙枫等（2017）以全国553个特色景观旅游名镇名村为例，通过 GIS 空间分析方法探索特色景观旅游名镇名村总体分布特征与成因，并结合典型案例，提出市场拉动型、景区依托型、交通推动型和人口驱动型4种旅游村镇发展模式，为中国其他旅游村镇走"特色型村镇"道路提供借鉴，服务于新型城镇化建设。

## 五、特色保护类村庄相关研究

党的十九大报告提出了"乡村振兴战略"，实施乡村振兴战略是决胜全面建成小康社会、全面建设社会主义现代化国家的重大历史任务，是解决农村发展不平衡不充分问题的重要举措（张军，2018），为实现乡村价值和要素功能的优化重组，分类推进乡村发展，实现乡村全面振兴指明了方向，也为新时期城乡融合

发展提供了重要政策制度保障（叶强等，2017；龙花楼等，2018）。乡村振兴和
转型发展是破解区域不均衡和不充分发展的重要战略，以及促进城乡融合一体化
发展的重要手段和途径。乡村振兴成为国家重大战略后，申报并获得相应称号的
村庄得到了更高层面的重视和更为系统的保护。国家进一步将上述特色资源富
集、列入各级名录进行保护的村庄统称为特色保护类村庄，明确其为推进乡村振
兴的四种村庄基本类型之一，要求其形成特色资源保护与村庄发展的良性互促机
制。在整体保护的基础上兼顾发展，推动保护与发展的关系由对立走向共生，构
成了特色保护类村庄振兴的关键。

　　整体上看，由于乡村振兴作为国家级战略提出的时间不长，全面推进乡村
振兴战略的实践刚刚起航，面向乡村振兴战略实施的村庄分类或村庄识别研究
开展时间相对较短，已有研究主要集中在村庄规划编制实施方面（张晓蕾等，
2020；邵万等，2021）。但在新时代分类推进乡村振兴的战略背景下，村庄分
类研究正由研究薄弱点，逐渐成为诸多学者进行学术理论探究和不同层级政府
层面实践探索共同的热点。同时，受益于中国乡村类型学研究的丰厚积淀（段
德罡等，2018），现阶段仍然取得了一定的研究成果。本部分主要从特色保护
类村庄类型识别与振兴策略理论探究和实践探索两个方面对现有文献进行系统
梳理。

## （一）特色保护类村庄类型识别与振兴策略理论探究

　　村庄是中国农村社会经济活动的基本单元，是保障国土生态安全、维持人地
关系和谐的基础（俞孔坚等，2006；Li et al.，2019）。村庄分类是促进乡村振兴
战略规划在村级层面有效落地的先导工作，对于实现国家乡村振兴战略的阶段性
目标具有重要意义，有必要面向乡村振兴战略细分类型以因类精准施策。因此，
科学明晰村庄类型、把握村庄发展阶段，进而明确村庄振兴路径，不仅是特色保
护类村庄振兴实践的迫切需求，也是乡村振兴研究的基础和难点。现阶段，在乡
村振兴国家战略背景下，部分学者基于不同的研究视角、采用不同的研究方法、
针对不同的研究内容，以特色保护类村庄为对象，从宏观和微观层面对村庄类型
识别与振兴策略理论进行相关探究，宏观层面主要是在全国范围展开，侧重于理
论依据和框架模型分析基础上的宏观类型划分；而微观层面普遍是在县域范围和

村域尺度展开，通过综合村庄不同维度的定量评价或定性判断结果进行归类。村庄类型识别结果显示，既有对国家《乡村振兴战略规划》确定的村庄类型的完全遵循、个别增减和复合，也有对以上基本类型的进一步变换和细分。

从宏观层面全国尺度来看，主要研究成果如下：杨坤等（2021）针对特色保护类村庄内蕴的保护与发展对立统一关系，借鉴共生理论构建共生系统概念模型，根据系统类型及构成的差异划分村庄振兴类型，在此基础上以筛选出的 8173个国家级特色保护类村庄作为实证研究样本，初步提出一套简便实用的类型识别流程及方法，据此逐层判断样本类型并分类明确提出了 7 种乡村振兴模式。芮旸等（2022）认为乡村是中国传统文化的基因库，村庄是中华文化基因的"携带者"和"传承者"，基于种群生态学视角将全国共有的 8173 个国家级特色保护类村庄视为一个种群，对其动态变化的时空过程进行整体描摹，进而面向乡村振兴战略，依据种群内个体的关系特征开展分类并提出相应振兴对策。

从微观层面县域尺度来看，主要研究成果如下：文琦等（2019）基于乡村地域系统发展和城乡融合发展理论，以宁夏国家级贫困县同心县为例，通过构建西北干旱贫困地区乡村振兴村落类型识别体系和技术方法，将乡村类型划定为集聚提升类村庄、三产融合类村庄、城郊融合类村庄、特色保护类村庄、搬迁撤并类村庄 5 种类型，并结合不同乡村振兴模式提出了相应的发展路径（详见表 2.1）。李裕瑞等（2020）基于国家有关规划文件提出的四种村庄类型，探索建立了面向新时期乡村振兴战略的村庄分类原则、分类方法和分类模型，进一步从村庄特色、村民生存、发展建设、城村联系、村庄功能五个维度，提出了村庄分类的参考指标体系，并选取宁夏回族自治区盐池县作为案例区，对全县 102 个行政村进行二级分类，为科学开展村庄分类提供科学依据，进而助力村庄转型与振兴。乔陆印（2019）以山西省长子县为案例区，在简要解析影响村庄分布、演进及发展潜力关键因素的基础上，尝试整合地理信息数据和农村土地调查数据，构建乡村振兴村庄类型识别方法体系，并按照"自然因素—振兴潜力—发展现状—资源基础"的逻辑思路逐级识别乡村主导类型，将县域村庄识别为城郊融合型、集聚提升型、传统农业型、特色保护型、搬迁撤并型 5 类，并结合不同的乡村振兴模式提出相应的发展导向与振兴策略。张晓燕等（2019）以湖北兴山县昭君村为观察对象，在剖析文化振兴与村落旅游发展的互动关系和内在机理的基础上，深度解析了特色保护类村落旅游业助推文化振兴的困局，并从六大方面提出了实现文化振兴的突破路径。

从微观层面村域尺度来看，主要研究成果如下：徐钰清和李华宇（2022）以景德镇市礼芳村这一典型特色保护类村庄为例，从守底线、强特色和促发展三个层面出发，对国土空间规划背景下特色保护类村庄的乡村振兴发展路径进行了全面探究。冯德东等（2022）基于系统学理论，以特色村落贵州省江口县坝梅村为例，梳理了特色村落农村居民点空间系统形成机制，提出了特色保护类村域农村居民点空间重构框架，以期为特色保护类村庄空间整治提供可能的理论启示与案例借鉴。

表 2.1 不同类型村庄的乡村振兴政策与途径

| 乡村类型 | 主要特征 | 政策措施 | 途 径 |
|---|---|---|---|
| 集聚提升类 | 乡村主体缺乏，村庄老弱化程度较高，具有一定产业发展基础。 | 完善农村养老体制机制和农业基础设施建设；完善人才引进和返乡创业鼓励机制。 | 老年农业、鼓励返乡创业 |
| 三产融合类 | 乡村主体较好，青壮年劳动力较多，但缺乏产业支撑，村庄经济发展落后。 | 培育发展特色产业，延长农业产业链，实现三产融合发展，促进农村农业农民现代化。 | 村企合作社、农业合作社、特色农业与旅游业 |
| 城郊融合类 | 地理区位优越，多位于城郊融合区或乡镇中心区。 | 统筹城乡发展空间，推进重点镇、中心镇建设，促进城郊融合发展。 | 城郊融合发展、就地城镇化 |
| 特色保护类 | 乡村主体兴旺，产业发展较好，地域特色鲜明。 | 重构乡村内部生产、生活、生态空间，缩小城乡公共服务差距，建设生态宜居乡村。 | 优化乡村空间、促进城乡公共服务均等化 |
| 搬迁撤并类 | 乡村主体老弱化、产业空心化、资源贫瘠化、环境污损化 | 进行村庄搬迁撤并，促进迁出区生态恢复和迁入区社会重构与治理能力提升。 | 易地搬迁、生态补偿 |

资料来源：文琦等（2019）。

## （二）特色保护类村庄类型识别与振兴实践探索

村庄类型识别与振兴实践探索是理论探究的最终归宿和落脚点，不同层级地方政府也逐渐开始结合乡村振兴战略要求对村庄分类进行了初步探索，虽然已有实践探索分类结果与国家乡村振兴战略规划及最新文件的要求不尽一致，过于多样化的村庄分类也不利于从宏观层面了解全国村庄的总体情况。但部分省级、市级和县级地方政府相继出台的面向规划建设的村庄分类方案，既能够为村庄分类积累丰富经验，也能够在一定程度上为区域村庄规划与建设提供指引，同时也为相关研究奠定了良好的实践基础。

省级层面村庄类型识别与振兴实践探索：如福建省自然资源厅组织制定了《福建省村庄规划编制指南（试行）》（闽自然资〔2019〕3号）①，明确将全省行政村划分为集聚提升中心村庄、转型融合城郊村庄、保护开发特色村庄、搬迁撤并衰退村庄和待定类五大类型。针对不同类型村庄，结合当地自然条件、经济社会发展水平、产业特点等，提出了差异化的规划编制内容、编制深度和成果表述，以及不同的规划建设指导意见进行分类引导。江苏省自然资源厅印发了《江苏省村庄规划编制指南（试行）（2020年版）》（苏自然资发〔2020〕127号）②，将全省自然村庄划分为集聚提升类村庄、特色保护类村庄、城郊融合类村庄、搬迁撤并类村庄和其他一般村庄五大类型；其中前三种属于规划发展村庄，是乡村地区经济社会发展和人口集聚的主要空间载体，可在不突破村庄（行政村）建设用地规模的前提下，允许优化自然村建设用地布局、新建翻建农房以支撑村庄发展需求；特色保护类村庄可按照风貌保护和特色塑造等需求，妥善安排各类配套设施、景观绿化等用地。北京市将村庄分为城镇化整理、迁建、保留发展三种类型，每种类型按照空间位置、发展条件以及现实可操作性分为三小

---

① 福建省自然资源厅. 福建省自然资源厅关于印发《福建省村庄规划编制指南（试行）》的通知［EB/OL］.［2021-09-10］. https：//zrzyt. fujian. gov. cn/zwgk/zfxxgkzl/zfxxgkml/flfgjgfxwj/201909/t20190918_5025427. htm.

② 江苏省自然资源厅. 江苏省自然资源厅关于印发《江苏省村庄规划编制指南（试行）（2020年版）》的通知［EB/OL］.［2023-04-18］. http：//zrzy. jiangsu. gov. cn/gtxxgk/nrglIndex. action？type＝2&messageID＝2c90825473c5ca240173c6bc1e8e003a.

类，初步形成了符合北京乡村发展特点的村庄分类体系。贵州省自然资源厅印发了《贵州省村庄规划编制技术指南（试行）》（黔自然资函〔2021〕688 号）①，在综合分析村庄自然资源、历史文化、发展条件等基础上，因地制宜地将行政村范围内自然村（组）划分为集聚发展类村庄、整治提升类村庄、特色保护类村庄、城郊融合类村庄、搬迁撤并类村庄和暂不分类村庄等村庄类型。

市级层面村庄类型识别与振兴实践探索：如江西省九江市创新开展了两级村庄分类实践，在市域村庄调查分类中，结合乡村发展实际需求，细化全市村庄类型，形成以集聚提升类、城郊融合类和特色保护类 3 大类为框架、细分为 11 种类型的二级村庄分类。② 广东省广州市从城市建设的角度将村庄分为城中村、城边村、远郊村、搬迁村四类；四川省巴中市要求从保护、保留、整治、撤并、新建等方面确定村庄类型；四川省成都市在全市统筹谋划，将全市行政村分为示范引领型、特色发展型、改造提升型、搬迁撤并型四类。

县级层面村庄类型识别与振兴实践探索：如浙江省龙游县根据《龙游县域乡村建设规划（2016—2035 年）》③，将全县自然村庄划分为集聚村、控制村和萎缩村三种类型，实行分类管控。广东省海丰县依据《海丰县县域乡村建设规划（2015—2035 年）》④，将全县村庄划分为环境改善和特色营造两个阶段类型；环境改善阶段的村庄是指基本生活条件比较完善，但是"脏乱差"现象普遍，农房风貌杂乱，亟待开展村庄环境整治，全面提升人居环境品质的村庄；特色营造阶段的村庄是指基本生活条件比较完善、环境卫生干净、村容村貌整洁，正在通过整合提升特色优势、创建美丽乡村的村庄。

———————

① 贵州省自然资源厅. 贵州省自然资源厅关于印发《贵州省村庄规划编制技术指南（试行）》的通知［EB/OL］.［2023-04-18］. https：//zrzy. guizhou. gov. cn/wzgb/zwgk/zfxxgk/fdzdgknr/zcwj/zcfg/202201/t20220121_72373919. html.

② 九江市自然资源局. 九江市：细分村庄类型 强化规划统筹［EB/OL］.［2021-09-10］. http：//bnr. jiujiang. gov. cn/zwzx_255/gzdt/201912/t20191216_3065283. html.

③ 龙游县人民政府. 关于印发《龙游县村庄分类管控细则（试行）》的通知［EB/OL］.［2021-09-10］. http：//www. longyou. gov. cn/art/2018/12/21/art_1243352_28034687. html.

④ 海丰县人民政府. 关于印发《海丰县县域乡村建设规划（2015—2035 年）》规划草案的通知［EB/OL］.［2023-04-18］. http：//www. gdhf. gov. cn/hfxgkml/zwgk/1200/1202/content/post_378113. html.

# 六、其他类型特色村庄相关研究

## （一）景区村庄相关研究

党的十九大报告在"三农"问题基础上提出乡村振兴，这一战略是新时代背景下国家解决农村社会矛盾的重要抓手（姜长云，2018），弥补了乡村建设在全面建成小康社会中的短板问题，为景区村庄建设提供了战略支撑与理论保障（刘彦随等，2016）。景区村庄是以村庄、社区及其村民或居民生产、生活范围为核心，以自然景观、田园风光、建筑风貌、历史遗存、民俗文化、体验活动、特色产品为主要吸引物，具有一定的公共服务设施及旅游配套服务的区域。其概念最早出现在 2017 年浙江省出台的《浙江省 A 级景区村庄服务与管理指南》（浙旅规划〔2017〕104 号）①，浙江省提出"万村景区化"，到 2020 年全省将打造 1 万个 A 级及以上的景区村庄，景区村庄建设开始在浙江省各村庄全面展开。景区村庄是近年来国内对乡村旅游与美丽乡村相结合进行探索的新模式，充分激活了乡村人口、产业、土地等要素活力，有效提升着乡村地域发展水平，成为构建新型化乡村"人—地—业"地域的新路径（杨园园等，2019），开展景区村庄研究对乡村高质量发展与转型升级具有重要理论与实践意义。但整体上，由于景区村庄是近年来国内对乡村旅游与美丽乡村相结合进行探索的新模式，提出时间相对较短，与景区村庄直接相关的理论和实践研究相对较少，主要体现在景区村庄空间分布特征与可达性、景区村庄空间结构特征与影响因子分析两个方面。

具体来看，宋楠楠等（2019）以浙江省首批命名的 285 个 3A 级景区村庄为研究对象，根据村庄旅游资源和发展特色在景区村庄类型划分的基础上，利用数学模型和 ArcGIS 软件综合分析不同类型景区村庄的空间分布形态和可达性，为景区村庄的布点选址和建设开发提供科学依据。陈慧霖等（2022）基于乡村振兴

---

① 浙江省文化和旅游厅. 关于印发《浙江省 A 级景区村庄服务与管理指南》等文件的通知 [EB/OL]. [2023-04-24]. ttps：//ct. zj. gov. cn/art/2017/8/11/art_1229678759_2422266. html.

战略背景，结合浙江省 2017—2020 年 3A 级景区村庄建设实况，应用 ArcGIS10.6 空间分析法与地理探测器，探究 3A 级景区村庄空间结构特征，讨论具有不同自然特征与人文特征的因子对 3A 级景区村庄空间分布的影响程度，并提出浙江省 3A 级景区村庄建设空间结构优化的思路。胡计龙（2019）基于乡村振兴战略背景，在总结景区村庄的特点及构成要素的基础上以村庄现存特色资源优势为依据划分出景区村庄的四大发展模式，以浙江省三个景区村庄为案例，提出景区村庄规划设计的策略，最后通过引入嘉兴市永红村 3A 级景区村庄规划设计案例实践进行实证研究。李政欣（2019）以杭州市 3A 级景区村庄为实证研究对象，以村庄综合品质为切入点，在构建 3A 级景区村庄的综合品质评价指标体系的基础上，深入分析和评价杭州市 3A 级景区村庄的综合品质，最后提出杭州市 3A 级景区村庄综合品质的提升策略。

## （二）乡村旅游重点村相关研究

乡村旅游重点村是推进乡村旅游高质量发展的典型示范，对优化乡村旅游供给、引领乡村旅游发展、促进乡村振兴等方面具有重要意义。为进一步深化旅游业供给侧结构改革，推进乡村旅游可持续发展，中国自 2014 年开始规划乡村旅游重点村建设，力图通过典型示范引领乡村旅游高质量发展。国家发展改革委、文化和旅游部于 2019 年启动全国乡村旅游重点村名录建设工作，主要从资源禀赋富集度、文化传承与保护完好度、乡村民宿特色度、旅游产品成熟度、基础设施完善度、就业致富带动作用六方面对各乡村进行考核测评。截至 2022 年 11 月，先后公布了四批全国乡村旅游重点村名录，全国共有 1399 个乡村入选（第一批 320 个，第二批 680 个，第三批 199 个，第四批 200 个），标志着乡村旅游重点村建设逐渐步入体系化、制度化的新阶段。研究乡村旅游重点村的空间分布格局，对乡村旅游重点村建设、乡村旅游开发与产业引导等规划具有重要意义。现阶段，较多学者侧重从宏观层面（全国尺度和区域尺度），针对中国乡村旅游重点村空间分布特征、类型结构及影响因素进行了一系列卓有成效的研究，相关研究成果为乡村旅游重点村空间格局优化提供了理论依据，同时为持续推进的乡村旅游重点村遴选、建设提供具有现实意义的分类引导和科学指导。

从宏观层面全国尺度来看，主要研究成果如下：马斌斌等（2020）以全国首批 320 个乡村旅游重点村为研究样本，借助 ArcGIS 软件对其空间分布特征、均衡态势、分布密度进行定量化表征；在此基础上，对乡村旅游重点村目的地类型、旅游产品结构进行了梳理识别，并揭示了其空间分异规律与类型结构特征；最后运用地理联系率、矢量数据缓冲区分析等方法剖析了其内在影响因素。朱媛媛等（2020）以中国首批 320 个乡村旅游重点村为研究对象，结合中国的自然环境基底、文化旅游资源的空间分异、社会经济发展水平等因素，综合运用 ArcGIS 空间分析、数理统计分析等方法探析中国乡村旅游重点村空间分布特征及影响因素。Zhang 等（2021）基于乡村振兴战略背景，以 2019 年中国文化和旅游部首批公布的 320 个国家乡村旅游重点村为研究对象，利用 GIS 分析工具，对乡村旅游重点村空间分布特征进行分析和探讨，并进一步识别其如何受某些影响因素的影响。王秀伟等（2022）以 2019 年和 2020 年公布的前两批共 1000 个全国乡村旅游重点村为研究样本，从宏观尺度研究乡村旅游重点村的整体空间分布特征和分异规律，结合对乡村旅游重点村的结构类型分析，从中观尺度探讨各类乡村旅游重点村的空间分布状况，并进一步揭示各类乡村旅游重点村空间分布的影响因素。翁钢民等（2021）以全国乡村旅游重点村为例，综合运用各种地理分析软件，对乡村旅游重点村空间分异的结构特征、类型特征、密度特征、关联特征进行研究，借助地理探测器对影响乡村旅游重点村空间分异的各类因素进行因子探测和交互探测，并进一步探讨乡村旅游重点村空间分异的形成机理。刘宇杰等（2022）以全国首批"乡村旅游重点村"中的 314 个村为研究对象，运用 ArcGIS 空间分析方法探讨中国乡村旅游重点村空间分布特征，并进一步采用地理探测器等方法揭示影响"重点村"空间分布规律的因素。

从宏观层面区域尺度来看，主要研究成果如下：鲁承琨（2022）以东北地区 36 个市（州）范围内的 87 个乡村旅游重点村为研究对象，运用最邻近指数、核密度分析、空间自相关等空间统计方法，阐释了东北地区乡村旅游重点村空间分布特征及影响因素。罗丽等（2022）以西南地区乡村旅游地为研究对象，通过空间分析模型和 ArcGIS 分析软件，对西南地区 200 个乡村旅游重点村进行空间分布特征进行量化分析，并进一步对不同区域旅游产品结构和类型进行梳理，综合探析其空间结构异化特征，最后运用地理联系率和空间数据叠加法综合剖析其内在的分布规律，并提出相应发展策略。曹开军等（2022）以中国西北五省三批次

212 个乡村旅游重点村为研究对象，借助 GIS 空间分析技术分析乡村旅游重点村空间演变特征并测度其空间可达性，结果表明乡村旅游重点村的空间分布特征与可达性耦合性高。

## （三）休闲乡村相关研究

休闲乡村是以休闲旅游者需求和居民品质生活追求为导向，以休闲乡村资源为基础，以传统村落为载体，以休闲农业和相关休闲设施为支撑，休闲氛围浓郁、休闲功能完备、休闲产业特征鲜明的特色化新型乡村（罗烨欣等，2021）。中国最美休闲乡村示范点的确立为乡村旅游增添了新的旅游吸引形式，基于各种示范点的乡村旅游，成为新时期我国农村经济实现转型的重要途径之一。休闲乡村的发展是推进休闲农业持续健康发展并促进农业强、农村美、农民富的有效途径，农业农村部多次开展美丽休闲乡村推介活动，通过立标杆引领休闲农业往高标准高质量方向发展。中国最美休闲乡村以建设美丽宜居乡村为目标，以推进生态文明、实现人与自然和谐发展为核心，促进休闲农业与乡村旅游的可持续发展，休闲乡村建设已经成为乡村振兴战略实施的重要选择路径，部分学者开展了不同尺度下休闲乡村空间分布特征及影响因素分析研究，取得了一定的研究成果。

具体来看，熊浩等（2019）采用 GIS 空间分析方法，基于 220 个中国最美休闲乡村示范点数据，探讨了多尺度下中国休闲乡村空间分布特征及其影响因素，结果显示示范点空间分布受多种因素的影响，其中旅游资源禀赋、客源市场、区域交通、经济发展等自然及人文因素影响较显著。鄢慧丽等（2019）借助于 ArcGIS10.2 软件平台，运用最邻近指数、不均衡指数、核密度分析、空间自相关分析等空间分析方法，对标记在地图上的 370 个示范点空间分布特征及影响因素进行探究，结果显示示范点空间分布主要受旅游资源禀赋、区域交通、客源市场、经济发展等因素的影响。罗烨欣等（2021）选取沿海地区最美休闲乡村分布最多的省份之一的福建作为研究区域，运用 ArcGIS 空间分析方法和数理统计方法，对 2014—2020 年福建省 142 个最美休闲乡村示范点的空间分布特征进行探究并进一步探索空间分布的影响因素，最后提出福建省休闲乡村发展的优化路径与建议。王兆峰和史伟杰（2022）以 2014—2020 年美丽休闲乡村作为样本数据，采用 GIS 空间分析方法，从全国和省域尺度探究美丽休闲乡村空间异质性特征，并通过构建影响要素指标体系辨识各类美丽休闲乡村空间异质性的主要人文驱动因素，并进一步探讨美丽休闲乡村自然分布规律。

### （四）淘宝村相关研究

"淘宝村"是"互联网+村域经济"的典型产物，是中国农村电子商务的典型地理集聚形态（曾亿武等，2015）。阿里研究院中国淘宝村研究报告中将"淘宝村"定义为①：大量网商集聚在某个村落，以淘宝为主要交易平台，以淘宝电商生态系统为依托，形成规模和协同效应的网络商业群聚现象。2009 年，中国最早的"淘宝村"出现在长江三角洲地区，主要包括江苏省睢宁县沙集镇东风村和浙江省义乌市青岩刘村等村庄。近年来，"淘宝村"爆发式的增长，不仅改变了人们的生活习惯和传统的商业空间格局，也逐渐引起越来越多不同领域学者们的关注。已有研究成果既包括宏观层面全国淘宝村空间分布特征及影响因素研究，又包括中观层面典型省域的探讨，还包括微观层面典型村域重构过程及其内在逻辑机制分析，同时还包括面向乡村振兴的典型淘宝村发展转型及其现代化治理框架探索等。

从宏观层面全国尺度来看，主要研究成果如下：徐智邦等（2017）采用 2013—2015 年"淘宝村"的空间统计数据，借助 GIS 空间分析和空间计量经济学的方法，对中国"淘宝村"的变化趋势、空间分布特征以及其驱动因素进行研究。赵军阳等（2017）采用 2009—2016 年中国淘宝村数据，从时间与空间尺度两个视角出发，运用标准差椭圆分析法、中心要素分析法和空间自相关分析法，探讨了全国、省域、市域三种尺度下中国淘宝村时空格局变化特征及趋势。辛向阳和乔家君（2018）从宏观层面采用 GIS 空间分析方法分析淘宝村集聚时空演变，探讨其集聚特征以及形成机制，结果显示淘宝村形成的关键在于具有商业经营思维的能人，政府牵头创立淘宝村的工作重点应放在能人的发现与培育上。汪凡和汪明峰（2020）基于 2013—2018 年阿里研究院公布的淘宝村数据，采用多

---

① 阿里研究院 . 中国淘宝村研究报告（2015）［EB/OL］. http：//i. aliresearch. com/img/20151224/20151224230229. pdf，2015-01-24.

种 GIS 空间分析方法及回归分析，在系统梳理淘宝村发展状况的基础上对淘宝村的集聚特征进行探究，并对淘宝村的影响因素进行定量研究，结果显示集聚效应、政府政策、信息通信和人口等是淘宝村空间分布的主要影响因素。王明杰等（2022）以 2015—2020 年全国淘宝村最新数据为研究样本，以市域作为研究单元，通过识别全国淘宝村的空间发展过程及空间格局变化规律，构建基于专业村发展影响因素和农村电商发展条件的综合评价体系，全面探讨淘宝村空间格局演化及影响因素，为电子商务专业村发展提供科学依据。

从中观层面省域尺度来看，主要研究成果如下：李楚海等（2021）选取我国淘宝村最发达的省份浙江省作为研究区，采用 2016—2020 年淘宝村统计数据，对淘宝村的集聚特点、区域联系特征和影响因素进行了探讨分析，结果显示浙江省淘宝村的发展受到多种因素影响，路网密度和经济基础对淘宝村发展意义重大。

从微观层面村域尺度来看，主要研究成果如下：杨忍（2021）以行动者网络视角为切入点，基于全球化、城镇化和信息化背景，选择广州市番禺区南村镇里仁洞村作为典型案例区，深入解析珠三角都市圈典型淘宝村重构过程中多主体参与和协同过程及其内在逻辑机制。林元城等（2022）基于实现乡村振兴的产业及治理要素，以广州市城郊典型淘宝村大源村为例，深入剖析淘宝村发展转型的过程、机制和效应，厘清其发展转型过程中的现代化治理模式、逻辑和路径，构建起面向乡村振兴并与淘宝村发展相适应的现代化治理框架。

## （五）其他类型村庄相关研究

村庄是乡村治理的对象和乡村振兴的基本单元。周扬等（2020）以全国 340 余万个自然村庄为研究对象，集成不同类型多源数据，综合运用多种研究方法，开展中国村庄空间分布格局及其分异规律研究，探明村庄分布影响因素，以期为全面推进乡村振兴国家战略落地提供理论参考和决策依据。专业村是村域经济发展的特殊形式，是实现乡村振兴的重要抓手。朱乾坤等（2022）通过 2009 年和 2018 年 2 次问卷调查获取河南省专业村数据，分别筛选出 487 和 668 个专业村，从不同类型、不同分区研究专业村的空间格局与集聚程度，在一定程度上揭示了河南省专业村的空间分异特征与集聚状况。Wang 等（2021）利用卫星影像解译、社会经济统计和实地调查数据，运用景观格局分析、核密度估算和空间计量模型等技术，分析了1995—2015年中国乡村聚落空间格局演变及其影响因素。国家森林乡村建设是实施乡村振兴战略和改善农村人居环境的重要措施。孔雪松等（2022）从全国、区域和行政尺度分析了国家森林乡村空间格局、数量规模和内部分异特征，并基于森林乡村与人口耦合关系及乡村可达类型识别，分析了全国森林乡村的分区格局及不同类型区森林乡村建设的重点方向。Gong等（2022）以7586个国家森林乡村为例，采用最近邻指数、泰森多边形、冷热点分析、核密度指数等方法，对中国国家森林乡村空间分布特征及其影响因素进行研究，为中国国家森林乡村的评价与建设以及未来村庄美化和乡村振兴战略的实施提供参考。

## 七、研究现状述评与思考

村庄是乡村治理和乡村振兴的基本单元，特色保护类村庄作为分类推进乡村发展基本村庄类型之一，是推动乡村全面振兴的重要抓手。开展特色保护类村庄空间结构特征及其演化影响机理研究对全面推进乡村振兴国家战略落地具有重要的理论价值和实践意义。整体上看，通过对国内外已有相关研究的系统梳理和总结，发现已有研究取得了较丰硕的成果，为推动特色保护类村庄空间结构识别、演化特征影响机理及统筹保护与振兴发展研究提供了良好的借鉴之处，但仍存在一些不足和需要完善之处，主要表现在以下四个方面：

（1）从研究对象来看，早期涉及特色保护类村庄的研究较多以历史文化名村、传统村落、少数民族特色村寨、特色景观旅游名村、景区村庄、乡村旅游重点村等单一类型特色村庄（村落）为主，限于政策发展原因的影响并非直接聚焦特色保护类村庄本身；乡村振兴成为国家重大战略后，申报并获得相应称号的村庄得到了更高层面的重视，虽然出现了少量直接聚焦特色保护类村庄的研究，但整体上深度聚焦特色保护类村庄的系统性和综合性探究仍然相对不足，难以支撑现阶段全面推进乡村振兴战略。

（2）从研究内容来看，已有针对特色村庄的主题涵盖了村庄空间结构识别、空间分异及影响因素、空间可达性、功能演变、发展模式、保护水平评价及保护对策探究等诸多方面。其中，不同类型特色村庄空间格局及其影响因素始终是研究者关注的热点和主要内容，并在此基础上进一步尝试从宏观理论和微观实证层面探讨其保护与发展路径，但村庄空间结构特征及影响因素研究较多侧重于单一时间节点的定量探讨，且缺乏不同地貌区村庄空间结构差异性探讨，同时面向乡村振兴战略的特色保护类村庄统筹保护与振兴发展路径探究依然相对匮乏。

（3）从研究尺度来看，虽然已有针对单一类型特色村庄的研究涵盖了全国、区域、流域、城市群、省域、市域、村域等不同尺度范围，但直接聚焦特色保护类村庄整体的研究较多侧重于全国宏观尺度及县域、村域等微观尺度理论框架探讨及构建基础上的实证分析，而针对中观尺度典型省域特色保护类村庄空间演化特征及影响机理的探讨尚未出现，同时缺乏对省域内部不同地貌类型空间结构及演化特征的深入探讨。

（4）从研究方法来看，借助于空间计量分析模型对特色保护类村庄不同层面空间演化特征的定量探究相对比较欠缺。因此，当前亟需从理论层面剖析乡村振兴的科学内涵和理论基础，在此基础上借助更适宜的空间计量分析方法，定量探讨省域尺度特色保护类村庄空间结构识别及其影响机理，并进一步提出面向乡村振兴战略的特色保护类村庄统筹保护与振兴发展路径。

湖北省是中华文明的重要发祥地之一，特色保护类村庄的形成历史悠久、地域特色鲜明且文化底蕴深厚。同时，湖北作为长江经济带发展、促进中部地区崛起、长江中游城市群建设等重大国家战略的重要承载地，承担着"建成支点、走在前列、谱写新篇"的历史使命，在长江经济带高质量发展中起着承上启下的关键作用，其快速的经济社会发展和城镇化进程必然对城乡发展格局产生深刻影响，导致村落空间形态、分布格局、发展规模快速演化，特色保护类村庄在保护发展的过程中也面临不断被破坏和濒临消亡的困境。新时代乡村振兴战略的实施，为特色保护类村庄保护发展确立了全新的城乡关系，激发了特色保护类村庄新活力，特色保护类村庄统筹保护与发展迎来重大历史机遇。因此，选取长江经济带中部典型省份湖北省为案例区，开展新时代乡村振兴战略背景下特色保护类村庄空间演化特征及影响机理研究，对传承与延续乡村文明、留住乡愁提供历史参考和借鉴，同时能够在一定程度上为探索推进中国式现代化的湖北实践提供支撑，助力谱写新时代湖北高质量发展新篇章。

基于上述分析，本课题以新时代全面推进乡村振兴战略为研究背景，牢牢把握新时代乡村振兴与研究特色保护类振兴发展两大关键维度，遵循"理论分析—结构辨识—过程透视—机理揭示—政策建议"的逻辑思路，以人地关系系统理论、共生理论、乡村地域系统发展理论和城乡融合发展理论等相关理论为基础，在系统梳理与全面阐释新时代乡村振兴战略的核心要义、内在逻辑及实施路径的基础上，以长江经济带中部典型省份湖北省为案例区，综合运用GIS多种空间分析及计量模型，从空间分布类型、空间分布方向、空间分布密度、空间分布均衡性、空间分布集聚性等方面，分别识别了2009—2020年湖北省特色保护类村庄整体、不同类型特色保护类村庄、不同地貌区特色保护类村庄空间结构演化特征，并进一步系统揭示了湖北省特色保护类村庄空间演化的影响机理；针对不同乡村发展类型，结合区域资源禀赋、经济发展阶段、产业基础、人居环境等因素，科学甄别其特色资源和统筹保护发展路径，提出统筹保护与发展对策建议，拓宽了当前特色村落助推乡村全面振兴的研究内容和研究视角，为湖北省特色保护类村庄空间优化、统筹保护与持续发展及全面推进乡村振兴国家战略落地提供理论依据和决策参考。

# 八、本 章 小 结

村庄作为中国农村社会经济活动的基本单元，是国家实施乡村振兴战略的重要细胞和空间单元，也是留得住乡愁、凝结独特乡村文化的特殊地理空间载体。特色保护类村庄作为分类推进乡村发展的基本村庄类型之一，是推动乡村全面振兴的重要抓手，国家层面对其统筹保护、利用与发展关系的深刻阐释，反映了对特色村落统筹保护与利用的最新认识和实践，为其建设提供了战略支撑与理论保障。本章节在上一章节研究背景与研究意义、研究目标与研究内容、研究方法与技术路线归纳和阐释的基础上，对国内外研究现状及进展进行系统梳理，主要内容涵盖历史文化名村相关研究（包括历史文化名村空间格局及影响因素研究、历史文化名村保护与发展研究和历史文化名村旅游开发相关研究）、传统村落相关研究（包括传统村落空间格局及影响因素研究、传统村落保护与发展研究和传统村落旅游相关研究）、少数民族特色村寨相关研究（包括少数民族特色村寨空间格局及影响因素研究和少数民族特色村寨保护与发展研究)、特色景观旅游名村相关研究、其他类型特色村庄相关研究(包括景区村庄相关研究、乡村旅游重点村相关研究、休闲乡村相关研究、淘宝村相关研究和其他类型村庄相关研究)、特色保护类村庄相关研究(包括村庄类型识别与振兴策略理论探究和村庄类型识别与振兴实践探索)六个方面,已有研究取得了较为丰硕的成果,为推动特色保护类村庄空间结构识别、演化特征影响机理及统筹保护与振兴发展研究提供了良好的借鉴之处,但仍存在一些不足和需要完善之处。基于此,本书以长江经济带典型省份湖北省为研究对象,综合运用 GIS 多种空间分析及计量模型,从空间分布类型、分布方向、分布密度、分布均衡性等方面识别了湖北省特色保护类村庄整体及不同类型空间结构演化特征,揭示了空间演化的影响机理,并提出统筹保护与发展对策建议,拓宽了当前特色村落助推乡村振兴的研究内容和研究视角,为湖北省特色保护类村庄保护与持续发展及全面推进乡村振兴国家战略落地提供理论依据和决策参考。

# 第三章 相关概念与理论基础

## 一、相 关 概 念

### (一) 乡村振兴战略

党的十九大作出了实施乡村振兴战略的重大部署，确立了"产业兴旺、生态宜居、乡风文明、治理有效、生活富裕"的总体发展思路，提出要建立健全城乡融合体制机制，坚持农业农村优先发展，实施乡村振兴战略，着力弥补全面建成小康社会的乡村短板。使用"振兴"一词意义非凡，突出了乡村振兴在民族复兴中的地位。只有乡村"振兴"起来，自强、自立起来，才能形成与城市平起平坐的地位，就像中华民族实现伟大复兴才能屹立于世界民族之林一样。而"乡村"一词也很有意义，它体现了调整现有城乡关系的指向。与城市相对应的是乡村而不是农村，城市与乡村的关系不仅仅是城市与农业的关系。乡村不是城市的附属物，它不仅是农业发展的区域，也是人类重要的生存空间。未来的城乡关系是城乡融合发展，乡村必将具有并且保持和城市不同的独特价值。提出并实施乡村振兴战略，也表明乡村的振兴取决于乡村自身，乡村人必须真正成为乡村发展的主体，成为实施乡村振兴战略的中坚力量。乡村振兴是包括产业振兴、人才振兴、文化振兴、生态振兴、组织振兴的全面振兴，实施乡村振兴战略的总目标是实现农业农村现代化，总要求是产业兴旺、生态宜居、乡风文明、治理有效、生活富裕，制度保障是建立健全城乡融合发展体制机制和政策体系（习近平，2022）。

党的二十大报告提出要全面推进乡村振兴。一是要与巩固脱贫攻坚成果有效衔接。脱贫攻坚和乡村振兴在时间上具有连续性，在内容上存在承接性。2020

年我国全面建成小康社会，并宣布打赢脱贫攻坚战，同时也集中力量全面推进乡村振兴。在巩固脱贫攻坚成果的基础上，乡村振兴战略着力解决脱贫后的持续发展问题。二是助力共同富裕。乡村振兴与共同富裕在目标上具有一致性。乡村振兴旨在解决发展不平衡的问题，通过五大振兴的协同发展打造现代版的"大同社会"。共同富裕致力于实现全体人民的共富，实现物质和精神上都富裕。实现共同富裕需要通过扎实推动乡村振兴来落实（赵延安和陈凤仪，2023）。此外，在党的十九大报告的基础上，党的二十大报告强调要加快建设农业强国，扎实推动乡村产业、人才、文化、生态、组织振兴。2023 年中央一号文件指出："强国必先强农，农强方能国强。"全面推进乡村振兴战略是"三农"工作的新阶段，守好"三农"基本盘至关重要。建设农业强国，实现农业农村现代化，需要明确把握"五大振兴"与乡村振兴的逻辑关系和"五大振兴"的内在要求。①产业振兴是核心，是全面推进乡村振兴的经济基础。经济基础决定上层建筑，生产力决定生产关系，产业振兴是其他振兴的基础，引领四大振兴发展；产业振兴是核心，为其他振兴提供经济支持和物质支撑。②人才振兴是支撑，是全面推进乡村振兴的人力资源。人作为最活跃的因素，既是乡村振兴的主体力量，也是乡村振兴的受益对象，离开了人，其他振兴都是空谈；人才振兴为其他振兴提供人力资源，促进人才要素在四大振兴之间流动。③组织振兴是保障，是全面推进乡村振兴的坚强保证。组织振兴是所有振兴的根本保障，是其他振兴实施的根本方法；组织振兴不仅要发挥党组织的领导作用，还要建设和利用好农村经济组织、社会组织和自治组织等。④文化振兴是灵魂，是全面推进乡村振兴的精神支柱。作为一种精神力量，优秀文化能够培育人积极向上的内核观念，从而影响社会交往和互动；而不良文化对政治经济具有反作用，从而影响社会发展和变革。⑤生态振兴是要求，是全面推进乡村振兴的发展底线。生态环境部、农业农村部、国务院扶贫办综合司联合印发的《关于以生态振兴巩固脱贫攻坚成果进一步推进乡村振兴的指导意见（2020—2022 年）》表明生态振兴为其他振兴提供生态资源，落实可持续发展。五大振兴是相互联系、相互支持、相互促进的有机统一整体，构成了乡村振兴战略的五个关键要素，体现了乡村振兴的总要求，契合建设社会主义现代化强国"五位一体"总布局，对于切实解决"三农"问题具有重要意义（赵延安和陈凤仪，2023）。

## （二）历史文化名村

历史文化名村是具有重大历史意义、传统文化以及经济价值的村庄，蕴藏着丰厚的文化遗迹和内涵，是我国传统文化的重要载体，不仅可以体现不同地域、民族和历史阶段当地的传统文化和传统风貌，更能体现出该地区千百年来的深厚历史底蕴。国内外历史文化名村称谓有所差异，国外多称"历史小城镇"（Smaller Historic Town）、"古村落"（Old Village and Hamlet）等（赵勇等，2005）。国内以历史文化名村为对象的研究始于 20 世纪 90 年代（刘沛林，1998），以中国历史文化名村保护制度的建立为主要内容；随着 2003 年中国住房与城乡建设部和国家文物局共同颁布了《中国历史文化名村或中国历史文化名镇评选办法》及中国第一批历史文化名村名录；2008 年国务院公布《历史文化名城名镇名村保护条例》，引发了地理学、规划学、建筑学、生态学等学科对历史文化名村的研究热潮，标志着我国历史文化名村保护与发展的新起点（唐春媛，2011）。此后，至 2018 年先后公布了七批中国历史文化名村名录共计 487 个，这些历史文化名村能够较好体现所在地区的农耕文化、历史价值和民族风情（赵勇和张捷，2006），其评定有效地保护了濒临灭绝的人类历史文化遗产，为传统古村落的传承和延续注入了新的活力，开辟了新的发展之路。2003 年、2005 年、2007 年、2008 年、2010 年、2014 年和 2018 年住房和城乡建设部、国家文物局分别认定了第一批至第七批"中国历史文化名村"，共计 487 个（第一批 12 个、第二批 24 个、第三批 36 个、第四批 36 个、第五批 61 个、第六批 107 个、第七批 211 个）。一大批古村落被纳入保护名录，得到真实、完整的保护，为全面系统地保护好各类历史文化资源、讲好中国故事、传承好中华文明奠定了重要基础。

表 3.1　　　　第一批至第七批"中国历史文化名村"省域分布情况

| 省域 | 第一批 | 第二批 | 第三批 | 第四批 | 第五批 | 第六批 | 第七批 |
|------|--------|--------|--------|--------|--------|--------|--------|
| 北京 | 1 | 1 | 1 | 0 | 1 | 1 | 0 |
| 天津 | 0 | 0 | 0 | 0 | 1 | 0 | 0 |

续表

| 省域 | 第一批 | 第二批 | 第三批 | 第四批 | 第五批 | 第六批 | 第七批 |
|---|---|---|---|---|---|---|---|
| 河北 | 0 | 1 | 3 | 2 | 1 | 5 | 20 |
| 山西 | 1 | 3 | 4 | 5 | 10 | 9 | 64 |
| 内蒙古 | 0 | 1 | 1 | 0 | 0 | 0 | 0 |
| 辽宁 | 0 | 0 | 0 | 0 | 0 | 0 | 1 |
| 吉林 | 0 | 0 | 0 | 0 | 0 | 1 | 0 |
| 黑龙江 | 0 | 0 | 0 | 0 | 0 | 0 | 0 |
| 上海 | 0 | 0 | 0 | 0 | 0 | 2 | 0 |
| 江苏 | 0 | 0 | 2 | 0 | 1 | 7 | 2 |
| 浙江 | 2 | 0 | 2 | 1 | 9 | 14 | 16 |
| 安徽 | 2 | 2 | 3 | 3 | 2 | 7 | 5 |
| 福建 | 1 | 2 | 3 | 3 | 7 | 13 | 28 |
| 江西 | 1 | 2 | 3 | 6 | 5 | 6 | 14 |
| 山东 | 0 | 1 | 1 | 1 | 1 | 1 | 6 |
| 河南 | 0 | 1 | 0 | 1 | 0 | 0 | 7 |
| 湖北 | 0 | 1 | 1 | 1 | 2 | 2 | 8 |
| 湖南 | 1 | 0 | 3 | 0 | 4 | 7 | 10 |
| 广东 | 2 | 3 | 3 | 3 | 4 | 7 | 3 |
| 广西 | 0 | 0 | 2 | 1 | 1 | 5 | 20 |
| 海南 | 0 | 0 | 0 | 0 | 3 | 0 | 0 |
| 重庆 | 0 | 0 | 0 | 0 | 0 | 1 | 0 |
| 四川 | 0 | 2 | 0 | 1 | 1 | 2 | 0 |
| 贵州 | 0 | 1 | 2 | 4 | 4 | 4 | 1 |
| 云南 | 0 | 1 | 1 | 2 | 1 | 4 | 2 |
| 西藏 | 0 | 0 | 0 | 0 | 0 | 3 | 1 |
| 陕西 | 1 | 1 | 0 | 0 | 0 | 1 | 0 |
| 甘肃 | 0 | 0 | 0 | 0 | 0 | 2 | 3 |
| 青海 | 0 | 0 | 1 | 0 | 1 | 3 | 0 |
| 宁夏 | 0 | 0 | 0 | 1 | 0 | 0 | 0 |

续表

| 省域 | 第一批 | 第二批 | 第三批 | 第四批 | 第五批 | 第六批 | 第七批 |
|---|---|---|---|---|---|---|---|
| 新疆 | 0 | 1 | 0 | 1 | 2 | 0 | 0 |
| 合计 | 12 | 24 | 36 | 36 | 61 | 107 | 211 |

## （三）传统村落

传统村落原称"古村落"，2012 年传统村落保护和发展专家委员会第一次会议决定，将习惯称谓"古村落"改为"传统村落"，以突出其文明价值和传承意义。早期国内诸多学者针对古村落基本概念内涵从不同层面进行了解读，已有研究主要从古村落的物质及非物质文化属性视角来对其进行概念界定。刘沛林（1998）认为古村落是一种崇尚自然，追求人与自然和谐并存、稳定发展的聚居空间，且能够从其营造理念、空间形态、精神内涵等方面较好地反映出当地的人居思想及文化。冯骥才（2006）提出古村落是农业文明发展进步的载体，由于自然、历史、民族文化差异的影响，而分别具有鲜明的地域特性，同时也兼具物质与非物质文化遗产两重属性，且保持了完整、系统的原有建筑格局及风貌。田密蜜等（2010）强调古村落是指存在于中级尺度地理空间的，由古民居建筑群、自然环境、人类活动遗迹、特有的文化内涵及地域风格艺术的外在表现所组成的综合性景观体。李亚娟等（2013）指出古村落是具有人类历史文化遗产性质的乡村聚落，是人类社会结构最基本的构成单元和乡村文化的原始载体，而历史文化名村则是其中最为典型的代表。李伯华等（2017）认为传统村落作为农耕文明的主要载体，其价值主要体现在文化、历史、美学及经济四个方面。吴平（2018）指出传统村落是我国漫长农耕文明史的产物，其村落系统主要由传统生产、传统文化及传统环境三部分组成。综上可见，虽然不同学者界定的概念内涵有所差异，但现有概念从不同角度阐明了古村落或传统村落的特征。2012 年住房城乡建设部 文旅部 国家文物局 财政部关于开展传统村落调查的通知（建村〔2012〕58 号）中明确指出：传统村落是指形成年代较早，拥有物质形态和非物质形态文化遗产，具有较高的历史、文化、科学、艺术、社会、经济价值，应予以保护的村落。2012 年、2013 年、2014 年、2016 年、2019 年和 2022 年住房和城乡建设部、文旅部、财政部等分别认定了第一批至第五批"中国传统村落"，共计8155个（第一批646个、第二批915个、第三批994个、第四批1598个、第五批2666个、第六批1336个），标志着我国已经形成世界上规模最大、内容和价值最丰富、保护最完整、活态传承的农耕文明遗产保护群，传统村落快速消失局面已得到有效遏制。

表3.2　　　　　　第一批至第五批"中国传统村落"省域分布情况

| 省域 | 第一批 | 第二批 | 第三批 | 第四批 | 第五批 | 第六批 |
|---|---|---|---|---|---|---|
| 北京 | 9 | 4 | 3 | 5 | 1 | 4 |
| 天津 | 1 | 0 | 0 | 2 | 1 | 4 |
| 河北 | 32 | 7 | 18 | 88 | 61 | 70 |
| 山西 | 48 | 22 | 59 | 150 | 271 | 69 |
| 内蒙古 | 3 | 5 | 16 | 20 | 2 | 16 |
| 辽宁 | 0 | 0 | 8 | 9 | 13 | 15 |
| 吉林 | 0 | 2 | 4 | 3 | 2 | 12 |
| 黑龙江 | 2 | 1 | 2 | 1 | 8 | 12 |
| 上海 | 5 | 0 | 0 | 0 | 0 | 0 |
| 江苏 | 3 | 13 | 10 | 2 | 5 | 46 |
| 浙江 | 43 | 47 | 86 | 225 | 235 | 65 |
| 安徽 | 25 | 40 | 46 | 52 | 237 | 70 |
| 福建 | 48 | 25 | 52 | 104 | 265 | 58 |
| 江西 | 33 | 56 | 36 | 50 | 168 | 70 |
| 山东 | 10 | 6 | 21 | 38 | 50 | 43 |
| 河南 | 16 | 46 | 37 | 25 | 81 | 70 |
| 湖北 | 28 | 15 | 46 | 29 | 88 | 64 |
| 湖南 | 30 | 42 | 19 | 166 | 401 | 46 |
| 广东 | 40 | 51 | 35 | 34 | 103 | 29 |
| 广西 | 39 | 30 | 20 | 72 | 119 | 62 |
| 海南 | 7 | 0 | 12 | 28 | 17 | 12 |

| 省域 | 第一批 | 第二批 | 第三批 | 第四批 | 第五批 | 第六批 |
|---|---|---|---|---|---|---|
| 重庆 | 14 | 2 | 47 | 11 | 36 | 54 |
| 四川 | 20 | 42 | 22 | 141 | 108 | 63 |
| 贵州 | 90 | 202 | 134 | 119 | 179 | 33 |
| 云南 | 62 | 232 | 208 | 113 | 93 | 69 |
| 西藏 | 5 | 1 | 5 | 8 | 16 | 45 |
| 陕西 | 5 | 8 | 17 | 41 | 42 | 66 |
| 甘肃 | 7 | 6 | 2 | 21 | 18 | 54 |
| 青海 | 13 | 7 | 21 | 38 | 44 | 60 |
| 宁夏 | 4 | 0 | 0 | 1 | 1 | 20 |
| 新疆 | 4 | 3 | 8 | 2 | 1 | 35 |
| 合计 | 646 | 915 | 994 | 1598 | 2666 | 1336 |

## （四）少数民族特色村寨

少数民族特色村寨作为传统文化的基因库和少数民族独特文化的象征和载体，在构筑少数民族精神家园、增强少数民族文化自信和传承中华优秀传统文化中发挥着重要作用（李忠斌等，2014）。保护少数民族特色村寨就是保护少数民族特色文化，留住特色乡愁。少数民族特色村寨在产业结构、民居式样、村寨风貌以及风俗习惯等方面都集中体现了少数民族经济社会发展特点和文化特色，集中反映了少数民族聚落在不同时期、不同地域、不同文化类型中形成和演变的历史过程，相对完整地保留了各少数民族的文化基因，凝聚了各少数民族文化的历史结晶，体现了中华文明多样性，是传承民族文化的有效载体，是少数民族和民族地区加快发展的重要资源。① 从 2009 年起，国家民委与财政部联合开展了少数民族特色村寨保护与发展试点工作，到 2014 年对首批中国少数民族特色村寨

---

①　中华人民共和国国家民族事务委员会. 国家民委关于印发少数民族特色村寨保护与发展规划纲要（2011—2015 年）的通知［EB/OL］. 2012-12-07 https：//www. neac. gov. cn/seac/xwzx/201212/1003273. shtml.

（340 个）进行了命名挂牌，对少数民族特色村寨保护与发展工作起到重要的示范推动作用，再到以省级行政单位为中心的地方少数民族特色村寨的评定，体现出新时代国家对少数民族特色村寨保护发展工作的重视和支持。其中，2012 年 12 月国家民委印发的《少数民族特色村寨保护与发展规划纲要（2011—2015 年）》中明确指出："少数民族特色村寨是指少数民族人口相对聚居，且比例较高，生产生活功能较为完备，少数民族文化特征及其聚落特征明显的自然村或行政村。"进一步突出了少数民族特色村寨在建造民族精神家园、树立民族文化自信和传承民族传统文化方面发挥着重要的作用（王兆峰和刘庆芳，2019），通过深入挖掘少数民族特色村寨的留存特征和规律，揭示少数民族特色村寨在文化融合历史中的发展演变规律，对铸牢中华民族共同体意识有重要的推动作用。2014 年、2017 年、2019 年国家民委分别命名了第一批、第二批和第三批中国少数民族特色村寨，共计 1057 个（第一批 340 个、第二批 717 个、第三批 595 个），进一步扩大了少数民族特色村寨品牌的影响力和辐射力，更好地为少数民族特色村寨保护与发展工作发挥示范和辐射作用。

表 3.3　　　　第一批至第三批中国少数民族特色村寨省域分布情况

| 省域 | 第一批 | 第二批 | 第三批 | 省域 | 第一批 | 第二批 | 第三批 |
|------|--------|--------|--------|------|--------|--------|--------|
| 北京 | 4 | 7 | 2 | 湖北 | 21 | 28 | 15 |
| 天津 | 1 | 1 | 1 | 湖南 | 27 | 31 | 29 |
| 河北 | 9 | 24 | 20 | 广东 | 7 | 10 | 2 |
| 山西 | 0 | 0 | 1 | 广西 | 59 | 38 | 40 |
| 内蒙古 | 3 | 40 | 45 | 海南 | 3 | 11 | 9 |
| 辽宁 | 4 | 31 | 7 | 重庆 | 5 | 17 | 4 |
| 吉林 | 9 | 11 | 19 | 四川 | 5 | 50 | 69 |
| 黑龙江 | 4 | 17 | 8 | 贵州 | 62 | 151 | 99 |
| 上海 | 0 | 0 | 0 | 云南 | 41 | 113 | 93 |
| 江苏 | 1 | 3 | 4 | 西藏 | 10 | 8 | 11 |
| 浙江 | 6 | 15 | 19 | 陕西 | 5 | 6 | 0 |
| 安徽 | 2 | 10 | 1 | 甘肃 | 5 | 12 | 10 |

| 省域 | 第一批 | 第二批 | 第三批 | 省域 | 第一批 | 第二批 | 第三批 |
|------|--------|--------|--------|------|--------|--------|--------|
| 福建 | 10 | 32 | 26 | 青海 | 9 | 11 | 22 |
| 江西 | 3 | 9 | 3 | 宁夏 | 12 | 8 | 0 |
| 山东 | 0 | 0 | 7 | 新疆 | 8 | 22 | 27 |
| 河南 | 5 | 1 | 2 | 合计 | 340 | 717 | 595 |

## （五）特色景观旅游名村

特色景观旅游名镇名村是指景观特色明显、旅游资源丰富并已形成一定旅游规模、人居环境较好的建制镇、集镇、村庄，是具有典型性和示范性的旅游导向型村镇①。发展全国特色景观旅游名镇名村，有利于保护村镇的自然环境、田园景观、传统文化、民族特色、特色产业等资源，促进城乡统筹协调发展。国家住房和城乡建设部、原国家旅游局在 2010 年、2011 年和 2015 年间相继公示了第一批 105 个、第二批 111 个和第三批 337 个，共计 553 个全国特色景观旅游名镇名村示范名单，旨在从政策上对特色景观旅游村镇保护发展给予支持，将旅游业作为引导新型城镇化建设、提振乡村经济的重要突破口，同时也为我国乡村旅游发展提供了新的机遇与发展思路。建设特色景观旅游名村是当前我国推进乡村全面振兴、新型城镇化建设及乡村旅游业发展的重要抓手。

## （六）特色保护类村庄

2018 年中共中央、国务院印发了《乡村振兴战略规划（2018—2022 年）》②（以下简称《规划》），明确要求分类推进乡村发展，确立了"顺应村庄发展规律和演变趋势，根据不同村庄的发展现状、区位条件、资源禀赋等，按照集聚提

---

① 住房与城乡建设部. 关于开展全国特色景观旅游名镇（村）示范工作的通知［EB/OL］. 2009-01-15［2023-04-24］. http：//www. gov. cn/zwgk/2009/01/15/content_1206419. htm.

② 中华人民共和国中央人民政府. 中共中央 国务院印发《乡村振兴战略规划（2018—2022 年）》［EB/OL］. 2018-09-26［2023-04-19］. http：//www. gov. cn/zhengce/2018-09-26/content_5325534. htm.

升、融入城镇、特色保护、搬迁撤并的思路，分类推进乡村振兴"的行动指南和总体部署。其中，针对特色保护类村庄，《规划》中进一步明确指出：历史文化名村、传统村落、少数民族特色村寨、特色景观旅游名村等自然历史文化特色资源丰富的村庄，是彰显和传承中华优秀传统文化的重要载体。统筹保护、利用与发展的关系，努力保持村庄的完整性、真实性和延续性。切实保护村庄的传统选址、格局、风貌以及自然和田园景观等整体空间形态与环境，全面保护文物古迹、历史建筑、传统民居等传统建筑。尊重原住居民生活形态和传统习惯，加快改善村庄基础设施和公共环境，合理利用村庄特色资源，发展乡村旅游和特色产业，形成特色资源保护与村庄发展的良性互促机制。特色保护类村庄的概念在《规划》中首次正式提出，其通常是指历史文化名村、传统村落、少数民族特色村寨、特色景观旅游名村等自然历史文化特色资源丰富的村庄，具有丰富历史、文化、经济和艺术等价值，是传承和发展中华优秀传统文化的重要载体（芮旸等，2022）。本研究根据是否被收录入"中国历史文化名村""中国传统村落""少数民族特色村寨""全国特色景观旅游名村"等情况，明确是否为特色保护类村庄范畴；同时对于研究区域其他具有历史文化底蕴、少数民族特色或旅游产业基础且当地一致认为可以纳入特色保护类的村庄，也可纳入特色保护类，着力实现应保尽保、有效传承。

# 二、理 论 基 础

## （一）共生理论

共生（symbiosis）是地球上复杂生物起源的关键，是自然界的普遍现象。对共生现象的研究已从生物学领域扩展到社会科学领域；对共生概念的认知也相应由不同种属生物共同生活的状态和方式，延伸为事物之间的相互依存关系和共同进化过程（袁纯清，2008；杨玲丽，2010）。共生系统有 3 个要素：共生单元、共生模式和共生环境。共生单元是指构成共生体或共生关系的基本能量生产和交换单位，它是形成共生体的基本物质条件。共生模式，也称共生关系，是指共生单元相互作用的方式或相互结合的形式。它既反映共生单元之间作用的方式，也反映作用的强度；既反映共生单元之间的物质信息交流关系，也反映共生单元之间的能量互换关系。共生关系在行为方式上，存在寄生关系、偏利共生关系和互惠共生关系；在组织程度上，存在点共生、间歇共生、连续共生和一体化共生等多种状态。共生环境是指共生关系即共生模式存在发展的外生条件。共生单元以外的所有因素的总和构成共生环境。与植物共生的菌类存在土壤环境或水环境，植物存在大气环境及相关环境。与企业共生体对应的有市场环境和社会环境。共生系统是指由共生单元按某种共生模式构成的共生关系的集合，共生系统的状态是由共生组织模式和共生行为模式的组合决定的。共生的基本原理是指反映共生系统形成与发展中的一些内在的必然联系，是共生系统赖以形成与发展的基本规则，是理解共生关系的要害所在。共生理论分析的基本逻辑是从共生现象的识别开始寻求共生单元之间的关系（袁纯清，1998）。

特色保护类村庄作为中华民族千百年来利用和改造自然而形塑出的独特地理事物，是承载华夏文明基因密码的有机生命体，存在与发展也遵循共生系统进化的基本原理（冯淑华，2013；杨坤等，2021）。共生单元指在村庄内外存在物质交换、能量转换和信息交流并因此形成共生关系的基本单位，是共生系统的构成基础；共生模式是共生单元之间关联作用的方式，按能量分配关系分为偏利共生、非对称互利共生和对称互利共生3种行为模式，按相互结合程度分为间歇共生、连续共生和一体化共生3种组织模式；共生环境是共生关系产生和演化的外部环境，是共生单元外所有因素的总和，包括乡村振兴的制度和政策环境、投融资环境、市场环境、人才环境等。

## （二）多源流理论

多源流框架模型（Multiple Streams Framework，MSF），是由美国政治学家约翰·W. 金登（2004）在其著作《议程、备选方案与公共政策》中首次提出的用来解释政策如何制定的一种方法。该方法在系统的层面上提出理论框架，将整个系统或独立的决策作为分析单元，试图解释为何有些问题和决策受到决策者关注和支持，而另一些则被忽略。多源流理论认为对于同样的环境或现象有着多种思考方式和状态即决策提议或备案，最终选择的政策是在若干因素推动和影响下做出的集体选择。整个系统中存在问题、政策、政治三种源流，各源流具有自身的决策选择动力和规则，当三者结合在某个问题上时，这一问题获得决策者高度关注的可能性就会大大提高。其中，问题源流来源于实际情况，问题中必须包含明确的可感知的因素；政策源流是在政策原汤中漂浮的各种思想，它主要来自政策共同体，政策共同体人员包括官员、学者、研究人员等；政治源流则包括国民情绪、公众舆论、权力分配格局、政治领袖的执政理念、政府变更等因素。政策形成过程中，三大源流的结合是关键，只有在某一个关键时间点，三大源流汇合到一起，问题才会被提上议事日程，这个时间点就是政策之窗。

因此，以三大源流模型对乡村振兴战略政策过程进行分析，能够有效揭示乡村振兴战略是如何形成的。借鉴西方公共政策过程分析中应用较为广泛的多源流框架（Multiple Streams Framework），分析乡村振兴被纳入国家政策议程的耦合逻辑，系统梳理乡村振兴政策的形成过程和关键影响因素。具体来看，基于问题源流—政策源流—政治源流的多源流框架模型（MSF），对我国乡村振兴政策的演变过程进行系统分析，探索揭示乡村振兴政策的问题源流、政策源流、政治源流和政策之窗，厘清不同发展阶段乡村振兴的关键维度、核心要素及特殊要义，进而全面掌握我国乡村振兴的政策安排、实践成效和现实困境。多源流理论模型分析框架详如图 3.1 所示。

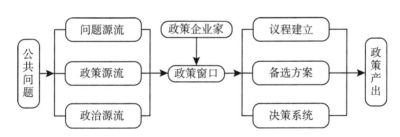

图 3.1　多源流理论模型分析框架

## （三）人地关系系统理论

人地关系指人类社会活动与地理环境之间的关系，具有动态性、复杂性、开放性等特点，且随着社会的进化不断向广度和深度发展。"人"指人类社会，包括人口、社会、经济等要素；"地"指地理环境，包括资源、环境等要素（刘彦随等，2019）。人地关系理论的产生和发展经历了漫长的发展过程。在对古代人地关系的认知中中国有"天命论""天人合一""人定胜天"，西方有"神的干预""上帝主宰一切"等人地相关思想。近代人地关系论最早起源于 19 世纪初期，德国地理学家 Ritter 最早阐述了人地关系理论，奠定了人文地理学基础。随后，Ratzel 和 Semple 的环境决定论、Blache 和 Brunhes 的或然论的相继提出，进一步发展了人地相关思想。20 世纪上半叶还出现了适应论、生态调节论、文化决定论、环境感知论等反映人地关系视角的不同理论。国内地理学历来重视人地关系的研究，吴传钧院士创造性的提出人地关系地域系统思想，认为人地关系是地理学的研究核心（陆大道和郭来喜，1998；吴传钧，1991）。20 世纪末至今，人地关系理论的研究统一于人地协调发展论，并先后产生了人地系统优化论、人地关系辩证论、人地差异协同论、人地协调共生论、人地关系构型论、人地太极图论、人地关系分形论等新型人地关系理论（方创琳，2004），整个研究发展历程源自人类对人地关系认识的不断深化和升华，进一步推进了人地关系理论的深度和广度。

当前，随着工业化和城镇化进程的不断推进，人类对自然界的改造规模不断扩大，速度和强度也不断拉大，人口、生态、社会经济出现全球性失调现象，人地关系呈现负向反馈，如耕地数量质量双下降、生态环境退化、非农建设和农业生产之间的冲突、建设用地和生态用地之间的冲突等，表现在国土空间上就形成了国土空间利用结构、国土空间景观格局、国土空间集约利用、国土功能空间格局等变化情况，能直观地反映人地关系的变化。如何扭转人地关系的恶化趋势，保持人类系统与自然环境系统各要素在结构和功能上的相对均衡是当前国土空间可持续发展的重中之重。在国土空间的语境下，人地关系中的"人"在特定的地域空间上从事的生产生活活动，"地"指与人类活动联系紧密，在人的作用下逐渐改变且呈现出一定地域差异的国土空间。准确厘清国土空间利用与社会经济、生态环境之间的关系，把握国土空间利用结构和功能变化规律，促进农业生产、城镇开发、生态保护功能之间协调发展，推进国土功能分区优化，引导人地关系实现正向反馈。

## （四）乡村地域系统发展理论

乡村地域系统是在特定乡村范围内，由自然环境、资源禀赋、区位条件、经济基础、人力资源、文化习俗等要素相互作用构成的具有一定功能和结构的开放系统（龙花楼等，2017），是人地关系地域系统在乡村地理学研究实践中的理论拓展，其本质上是由人文、经济、资源与环境相互联系、相互作用下构成的具有一定结构、功能和区际联系的乡村空间体系，是一个由城乡融合体、乡村综合体、村镇有机体、居业协同体等组成的地域多体系统。乡村地域系统发展理论是依据"点—轴"理论（陆大道，2002）、乡村地域多体系统理论（刘彦随，2018）等发展而来。如何从空间层面选择具备振兴条件的村落成为乡村振兴成败的重要因素，掌握村落在时空上成长、衰退、壮大等演变过程以及驱动因素，科学评判村落发展条件，选择合适的振兴极成为乡村振兴的关键。在空间中，具有优势的村落率先实现了产业更替，经济发展快于其他村落，成为产品和要素的集聚与扩散中心，与之相连的交通线、河流水域促进了优势村落与周围村落的联系，使得村落由散点分布、点与点连接、点与多点连接、点与域面交融的演变过程。村域在时空层面经历了低效均衡发展阶段、优势村落极化阶段、点域要素互馈阶段和城乡交互融合阶段（文琦等，2019）。乡村地域系统发展阶段演化过程及典型特征详见表 3.4。

表 3.4 　　　　　　　　　乡村地域系统发展阶段演化过程及典型特征

| 阶段类型 | 时间划分 | 演化发展过程 | 典型特征 |
|---|---|---|---|
| 低效均衡发展阶段 | 原始社会时期 | 早期的村落由群落协作生产生活模式逐步演变而来，即由原始的采集、狩猎相互协作形成生活共同体，随着时间推移，群落规模扩大，社会文明出现，生产力水平提升，出现了村落中心景观。交通条件的改善为村落间的联系提供了便利，村与村的不同属性产品交易（换）日益增加，具有优势的村获得的利润逐年增加，村落间的差距逐步扩大，出现部分村级中心，但该时期空间结构整体处于无组织状态，生产效率低下，村落在区域格局中仍呈现散点状分布，处于低效均衡发展阶段。 | 散点状独立分布 |

续表

| 阶段类型 | 时间划分 | 演化发展过程 | 典型特征 |
|---|---|---|---|
| 优势村落极化阶段 | 产业革命时期 | 社会分工更加细化，农业资源和地理区位优势明显的村落发展较快，随着生产力水平的进一步提升，劳动力从农业中解放出来，促使手工业和商品贸易逐渐发展起来，推动村落规模和配套设施发展，要素加速沿着交通线流动汇集，部分具有辐射范围的中心村落形成，空间局部进入有序状态，城市雏形出现。这时优势村落对周边的劳动力、资金、资源等均呈现出极化效应。 | 线状分布趋势明显 |
| 点域要素互馈阶段 | 现代经济时期 | 受资源、政策、科技水平、生产力发展的影响，节点村域规模继续扩大，点、线、网、面区域发展景观格局逐步形成，空间结构发生巨变，不同等级域面出现，城乡功能分异清晰，城乡要素流动进一步增强，努力缩小村落间、城乡间的差距。 | 网状分布趋势增强 |
| 城乡交互融合阶段 | 信息化时期 | 城乡间受时空距离的约束大大缩小，加之基础设施与公共服务越来越完善，城乡交互作用更加充分，线状交通、河流等作用拓宽，形成了点、通道、面的网络格局，最终形成了点域系统结构。区域进入全面有序状态，空间结构进入点域融合的高级均衡阶段。 | 域面融合发展 |

资料来源：文琦等（2019）。

乡村地域系统发展理论是从空间层面出发，依据村落演化周期和特征，科学识别乡村发展阶段和类型，从而寻找乡村振兴极（陆大道，2002），以点带面，促进城乡交互融合。因此，乡村振兴应从区域整体出发，以经济中心为源，依托线状基础设施，吸引人口、产业向区域增长极集聚，使不同强度的经济中心沿交通线从发达区域向不发达区域纵深发展推移，逐步形成地域、市域、县域、乡域、村域"五域"层次，通过不同地域之间资源要素的跳跃式配置，加速开发重点逐级传递扩散，结合村域类型进行有选择性的扶持发展，积极发挥乡村振兴极的作用，形成特色乡镇、重点乡镇和中心乡镇，分类推进乡村发展，实现乡村振兴。乡村振兴不是每个村都要振兴，也不是每个村同时振兴，而是乡村地域系统的全面振兴（刘彦随等，2019）。乡村地域系统发展理论从国家整体经济的视角，对村域的空间结构演进与城乡发展转型进行理论解析，为乡村振兴战略实施提供理论依据。

## （五）城乡融合发展理论

城乡融合发展理论是从城乡发展关系出发，依据人地关系地域系统理论发展而来的（陆大道，2002）。中国自改革开放以来，城市发展优于农村，随着城乡居民收入、公共服务等差距的日益扩大，乡村对人口、资源等要素的极化作用被城市弱化，甚至完全取代，生产生活等要素逐级向乡域、县域、市域、地域流动，促使这些地区进入"极化效应阶段"，致使以人口流出、耕地撂荒、房屋闲置等为特征的农村衰败问题出现，加速了乡村功能和价值的丧失，城乡二元结构凸显。自 21 世纪以来，伴随城市辐射带动作用减弱、内部竞争加剧、经济产出偏低，为了有效缓解"城市病"，开始向乡村增加投资和消费，加之国家政策对城乡发展不平衡的调控，如新型城镇化、国家精准扶贫方略、乡村振兴战略等，同时，由于乡村闲置土地租金成本较低，农户、企业等通过较低成本流转土地，逐渐在农村形成家庭农场、农村专业合作社和农业企业等多种经营方式，促使农业向规模化、集约化、专业化和信息化的现代农业发展，在此过程中必将会使科学技术、文化生活、思想观念等经济和社会方面的进步因素向农村涓滴，促使城市反哺农村，工业反哺农业的"涓滴效应"形成，给乡村发展带来机遇。因此，对于贫困地区农村而言，在乡村振兴的过程中，农村的土地资源和后续资金与技术的注入为其提供村落极化的动力，通过对农村主体、资源禀赋、产业基础等要素的识别与研判，合理划分村落类型，分类分区推进乡村发展，最终涓滴效应会大于极化效应占据优势，经济发展从城市向农村延伸，推动城乡要素自由流动，结构功能优化重组，实现乡村振兴（文琦等，2019）。

乡村振兴系统是在统筹城乡发展关系的基础上，由农民、产业、乡村、城镇和区域等各要素交互作用构成的具有一定结构和功能的开放系统（李红波等，2018）。乡村振兴系统是由不同要素构成的具有一定结构和功能的开放系统，主要包含乡村振兴内生系统和外援系统。实施乡村振兴战略，就是要促进城乡要素自由流动，促进系统内部结构功能优化重组，实现城乡资源共享、人才人力互助、市场需求互动、产业优势互补、全面融合发展，重塑乡村价值，保障国家粮食安全，激活农村主体活力，完善乡村治理体系，推进农业农村现代化。从结构上讲，农民、产业和乡村等子系统构成乡村振兴系统的内生系统，城镇化、工业化、区域发展政策等构成其外援系统。随着"极化—涓滴效应"和"四化"（工业化、城镇化、农业现代化、信息化）的不断发展和推进，乡村振兴内生系统和外援系统各要素之间进行着物质、信息和能量流动，互相发生作用，影响着乡村价值和功能发生转变。乡村振兴系统中乡村具有生产、生活、生态、社会和文化价值，用其独有的资源禀赋和农业生产功能，为城市供应农副产品，保障国家粮食安全，提供人力资本、土地资源等要素；城市的发展促进了城镇化和工业化水平提升，为乡村剩余劳动力提供就业岗位，供应生产生活物品，将先进的理念、技术、思想、文化等要素传递到乡村。城乡之间通过政府和市场发挥作用，实现人流、物流、资金流和能量流的互相流通。在此过程中，要减少政府干预，发挥市场在资源配置中的决定性作用，通过完善市场机制体系，激发主体和要素活力，调动城乡各方积极性、主动性和创造性。政府的作用应发挥在不同层面提升城乡发展的组织力上，从国家层面总体布局协调、省市县层面围绕自身优势和特色发展、农户层面注重小农户和现代农业结合，从而促进乡村地域系统向良性状态转变，实现城乡资源共享。城乡融合发展理论从城乡发展关系的视角，对村域的空间结构演进与城乡发展转型进行理论解析，为乡村振兴战略实施提供理论依据。

## 三、乡村振兴战略理论解析

党的十九大报告提出了"乡村振兴战略"，为实现乡村价值和要素功能的优化重组，分类推进乡村发展，实现乡村全面振兴指明了方向。实施乡村振兴战略是党中央着力解决农业农村发展不平衡不充分问题，为决胜全面建成小康社会，开启全面建设社会主义现代化国家新征程所作出的又一重大战略部署。学术界掀起了一股乡村振兴方面的研究热潮，诸多研究者主要从乡村振兴的国家战略政策解读、乡村振兴主体选择、乡村特色产业发展、乡村振兴制度安排、乡村遗留问题等方面开展研究（廖彩荣和陈美球，2017；龙花楼，2017；郭晓鸣，2018；叶兴庆，2018），取得了一系列丰硕的研究成果。但从整体上来看，由于乡村振兴战略提出的时间相对较短，仍然需要进一步从理论层面深入剖析乡村振兴战略的科学内涵和理论基础。本部分重点从新时代实施乡村振兴战略的现实性、新时代乡村振兴战略的核心要义、新时代乡村振兴战略的总体要求、新时代乡村振兴战略的内在逻辑、新时代乡村振兴战略实施的路径、新时代乡村振兴战略推进的关键点和新时代乡村振兴战略的路径保障等方面，对新时代乡村振兴战略进行深度解析和阐释，为新时代全面推进乡村振兴背景下特色保护类村庄研究奠定理论基础。

## （一）新时代实施乡村振兴战略的现实性

### 1. 新时代实施乡村振兴战略有助于解决长期困扰的"三农"问题

中国是农业大国，高度发达的农耕文明，因其所具有的地域多样性、民族多元性、历史传承性和乡土民间性，赋予了中华文化绵延不断、长盛不衰的基因和厚重感。乡村振兴是实现城乡、区域和人口均衡发展的必要条件。现代化的红利、改革开放的成果，并没有很好地惠及广大农村和农民，占人口绝大多数、地域面积绝大多数的农村，存在着明显的"不平衡不充分"。工业文明发育得十分充分的城市和广大农村地区发展的不平衡，成为中国现代化进程中的一个巨大的"短板"。乡村振兴是推动新型城市化、实现中国经济可持续发展的需要。实施乡村振兴战略，最终目标就是要全面促进农村经济、社会、文化振兴和生态文明进步，使广大农村居民能够与全国人民一道同步实现小康，最终实现城乡共同繁荣和农业农村现代化。由此可见，乡村振兴战略是加快农业农村现代化、提升亿万农民获得感幸福感、巩固党在农村的执政基础和实现中华文明伟大复兴的必然要求。新中国成立以前，我们党探索出了"农村包围城市，最后夺取城市"的道路，农村和农民为中国革命的胜利作出了很多牺牲；新中国成立初期，工业部门借助"工农产品剪刀差"的形式积累资金，农业、农村和农民为我国现代工业体系的建立做出了巨大贡献。但是长期以来，我国城乡二元结构问题突出。与城市相比，农村发展滞后、农业基础不稳、农民收入较低。随着改革开放和工业化、城市化的推进，大量农村青壮年劳动力逐年向城市转移，"空巢老人""空心村"的现象有增无减，农村老龄化严重，乡村凋敝的现象逐步显现（张春华，2017）。

进入新世纪以来，我国经济社会发展进入加速转型阶段，城市与乡村之间、工业与农业之间、市民与农民之间，发展差距呈现扩大趋势。从 2004 年开始，中央一号文件一直重点关注"三农"问题，体现了党中央对农业、农村、农民的高度重视，也彰显了"三农"问题在我国"重中之重"的地位。近年来，中央出台一系列惠农、富农、强农的政策，促进了粮食生产连获丰收、农民收入不断增加、农村民生不断改善。党的十七大报告提出，"统筹城乡发展，推进社会主义新农村建设，要加强农业基础地位，走中国特色农业现代化道路，建立以工促农、以城带乡的长效机制，形成城乡经济社会发展一体化新格局"。党的十八大报告提出，"城乡发展一体化是解决'三农'问题的根本途径。要加大统筹城乡发展力度，增强农村发展活力，逐步缩小城乡差距，促进城乡共同繁荣。坚持工业反哺农业、城市支持农村和多予少取放活方针，加大强农惠农富农政策力度，让广大农民平等参与现代化进程、共同分享现代化成果"。党的十九大报告首次将乡村振兴作为战略提出。党的二十大报告提出，"全面建设社会主义现代化国家，最艰巨最繁重的任务仍然在农村。坚持农业农村优先发展，坚持城乡融合发展，畅通城乡要素流动"。但迄今为止，"三农"长足发展问题没有彻底有效解决，仍然是制约我国经济社会发展的重要因素。所以实施乡村振兴是解决此问题的重要战略。党的十九大报告将"乡村振兴战略"纳入决胜全面建成小康社会、开启全面建设社会主义现代化国家新征程的"七大战略"中进行部署，体现了党中央对农业农村现代化建设的高度重视和对广大农民的深切关怀。有关部门对多元化的乡村发展理念应加以重视，促成传统农业与新型农村产业相辅相成、共建共兴。乡村振兴的重点在于农民，我们应相信农民、依靠农民、培育农民，完善知识型、创新型农村人才培养方案，为新农民的发展提供良好的环境。

**2. 新时代实施乡村振兴战略是实现"中国梦"的必由之路**

2012 年 11 月，习近平总书记在参观"复兴之路"展览时首次提出"中国梦"。他指出，实现中华民族伟大复兴，就是中华民族近代以来最伟大的梦想。这一执政理念，既饱含着对中国国情和历史的深刻洞悉，又彰显了全国各族人民的共同愿望和宏伟愿景。"中国梦"的核心目标概括为"两个一百年"奋斗目标，即"到中国共产党成立 100 周年和中华人民共和国成立 100 周年时，逐步并最终顺利实现中华民族的伟大复兴，具体表现是国家富强、民族振兴、人民幸福、社会和谐"。"中国梦"是中华民族的梦想，也是每个中国人的梦想；既是城市市民的梦想，也是广大农民的梦想；既包括城市的现代化，也包括农村的现代化；既需要工业、服务业等二三产业的发展，也需要第一产业农业的发展。我国是一个农业大国，在中国五千年的悠久历史中，农民一直占据着重要的、不可忽略的地位，大量的农村人口时刻提醒我们，要实现社会主义共同理想，复兴中华民族，就不容忽视农业、农村、农民问题，只有六亿多农民实现了富裕昌盛的梦想，全体中国人民的"中国梦"才能实现（文丰安，2018）。如果没有农业、农村、农民的发展和富裕，"中国梦"就是残缺的；缺少乡村振兴的"中国梦"是不完整的。

### 3. 新时代实施乡村振兴战略是实现共同富裕的题中之义

现阶段实现共同富裕需要满足三个条件：一是"共同"要以社会主义公有制为前提；二是"富裕"要以生产力的高度发展为基础；三是"共同富裕"要以消除城乡差别为条件。新时代乡村振兴通过巩固和完善农村基本经营制度、发展农村生产力、促进城乡融合发展，为实现农村共同富裕提供了制度前提、物质基础和必要条件（燕连福等，2023）。

乡村振兴通过完善农村基本经营制度，为共同富裕提供制度前提。马克思主义认为，生产资料公有制是实现共同富裕的前提条件。在资本主义社会中，工人阶级受到资产阶级无情的剥削和压迫，资产阶级一极是资本和财富的大量积累，而在工人阶级一极却是被剥削、受奴役，最终造成资本家与工人之间的贫富两极分化。因此，马克思和恩格斯指出："共产党人可以把自己的理论概括为一句话：消灭私有制。"① 新时代乡村振兴就是要不断完善农村基本经营制度，发展壮大社会主义公有制经济的重要形式——农村集体经济，引领农民走上共同富裕的道路。习近平总书记明确指出："巩固和完善农村基本经营制度，走共同富裕之路"（习近平，2019）。一方面，乡村振兴坚持农村土地集体所有，促进劳动力与土地两个基本农业生产要素有机结合。农村集体土地经营获得的收入和积累有利于增加农村公共资源供给的投入，为农村教育、医疗、养老等公共资源的供给提供保

---

① 马克思恩格斯文集．第 5 卷．北京：人民出版社，2009.

障，提升农村社会公共福利水平，有效避免私有制条件下公共资源分布的不均衡和贫富差距的扩大。另一方面，乡村振兴坚持发展农村集体经济，农村全体成员入股农村集体经济，共享农村集体经济发展的红利。此外，农村集体经济的发展和壮大，有利于吸引物质资本、人力资本和社会资本流向农村，从而推动城乡资源要素均衡互补流动，提升农村经济社会发展水平。同时，农民作为农村集体经济的主要成员，能够继承和发展集体资源要素，有效避免贫富差距的代际传递。因此，可以说农村基本经营制度和农村集体经济的发展，为实现农民群众共同富裕提供了重要制度保障（燕连福等，2023）。

乡村振兴通过发展农村生产力为共同富裕奠定物质基础。马克思主义非常重视发展生产力，认为只有社会生产力水平高度发展才会创造出极为丰富的物质资料，为共产主义的实现奠定物质基础。只有社会生产力的高度发达，才能为共同富裕的实现奠定坚实的物质基础。推进乡村振兴的关键，就是要在解放和发展农村社会生产力上狠下功夫，久久为功。通过培育大批"新农人"、发展壮大农村产业、提升农业科技水平，让农民在提升劳动素质的同时共享科技赋能产业增值的效益，推动农村居民迈向共同富裕。习近平总书记指出，解放和发展社会生产力是社会主义的本质要求，是中国共产党人接力探索、着力解决的重大问题（习近平，2018）。作为促进农村社会发展最为活跃的要素，农村生产力的提高离不开高素质的劳动者、蓬勃发展的产业以及科学技术的进步。首先，乡村振兴把高素质劳动者作为推动农村经济发展和农民收入增加的重要支撑。通过实施新型职业农民培训工程，组织开展职业技能培训，构建适应现代农业发展需要的培育体系，进而提升农村劳动力素质，激发农民内生动力，增强农民致富能力。其次，乡村振兴将农村产业兴旺发展作为推动生产力快速发展的主要抓手。通过转变农业农村发展经营的方式，寻找发展新思路、培育发展新产业、构建发展新模式，促进农村三产融合发展，让广大农民群众拥有更多就业机会，共享产业高质量发展的成果。最后，乡村振兴坚持不懈地提高科学技术水平，为农村生产力发展赋能。科学技术水平是第一生产力。通过提高科学技术水平，服务农村生产劳动，优化农村产业结构，提高农业经济水平（燕连福等，2023）。

乡村振兴通过缩小城乡差距为共同富裕提供必要条件。马克思主义认为"消灭城乡对立不是空想，不多不少正像消除资本家与雇佣工人的对立不是空想一样，消灭这种对立日益成为工业生产和农业生产的实际要求"①。新时代通过乡村振兴缩小城乡发展差距，要在工业反哺农业、城市支持乡村的同时，构建城乡融合发展格局，改变城乡二元结构，最终形成城市与农村共同发展。习近平总书记指出："促进共同富裕，最艰巨最繁重的任务仍然在农村"（习近平，2021）。共同富裕最终能否实现是由社会发展的短板所决定的。中国拥有世界上最多的农村人口，即便我国城镇化率达到70%，农村依然有4亿多人口，这部分农民的发展问题如果没有得到合理解决，全体人民共同富裕就不可能实现。如果说全面建成小康社会的底线任务在于打赢脱贫攻坚战；那么，实现全体人民共同富裕的底线任务则是促进乡村全面振兴。推动乡村全面振兴，必须重新塑造城乡之间原有关系，走一条城市与乡村融合发展的道路。一方面，要增强城市与农村之间统筹发展的力度，通过构建城市与农村协同化发展机制，推动工业反哺农业、城市支持乡村发展，形成城乡互补，共同发展的新型城乡关系。另一方面，要支持农业农村农民优先发展，特别要加大对欠发达农村地区的支持力度。通过促进工业化、信息化、城镇化、农业现代化同步发展，推动城乡发展一体化，从根本上改变农业是"四化同步"的短腿问题，确保农民农村在迈向共同富裕的道路上一个也不掉队（燕连福等，2023）。

**4. 新时代实施乡村振兴战略是推进和拓展中国式现代化的必然要求**

西方现代化道路和发展中国家追寻现代化的实践表明，其发展结果都面临马克思所指出的人与自然关系疏离、人与人之间关系异化、人与其创造物关系异化的深刻危机。中国实施乡村振兴战略，是对马克思主义发展观的坚持和发展，是不断追寻和探索人与自然和谐共生、人与人、文明与文明和谐共处、城市与乡村共同繁荣的现代化道路的伟大实践。与资本至上、利益至上、人类中心主义、片面追求经济增长而忽视自然和社会价值的现代化不同，中国乡村振兴战略坚持以人民为中心的发展思想，贯彻落实新发展理念，不仅是推进和拓展中国式现代化的生动实践，也是构建人类文明新形态的有益探索（黄承伟，2022）。全面推进乡村振兴、实现农业农村现代化是中国式现代化的题中之义。党的二十大闭幕

---

① 马克思恩格斯文集．第3卷．北京：人民出版社，2009.

后，习近平总书记在陕西省延安市和河南省安阳市考察时强调，全面建设社会主义现代化国家，最艰巨最繁重的任务仍然在农村。要全面学习贯彻党的二十大精神，坚持农业农村优先发展，发扬延安精神和红旗渠精神，巩固拓展脱贫攻坚成果，全面推进乡村振兴，为实现农业农村现代化而不懈奋斗（习近平，2022）。"乡村振兴是包括产业振兴、人才振兴、文化振兴、生态振兴、组织振兴的全面振兴，是'五位一体'总体布局、'四个全面'战略布局在'三农'工作的体现。我们要统筹推进农村经济建设、政治建设、文化建设、社会建设、生态文明建设和党的建设，促进农业全面升级、农村全面进步、农民全面发展"，"没有农业现代化，没有农村繁荣富强，没有农民安居乐业，国家现代化是不完整、不全面、不牢固的"（中央党史和文献研究院，2019）。从中华民族伟大复兴战略全局看，全面推进乡村振兴、实现农业农村现代化是中国式现代化的重要基础；从世界百年未有之大变局看，在中国式现代化进程中，全面推进乡村振兴、实现农业农村现代化发挥"压舱石"作用；从中国式现代化的特征和进程看，全面推进乡村振兴、实现农业农村现代化是中国式现代化的重要一环。

### （二）新时代乡村振兴战略的核心要义

学术界在探讨"三农"问题（农村、农业和农民问题）的时候，所论及的农村多是从政治概念上而言的。而这里所论及的乡村，则是一个富有民族特色的传统概念，譬如人们常说的乡风民俗、乡土气息、乡绅乡贤、乡村休闲等。乡村振兴不是对农村改革初始目标的提高，也不是对如火如荼的新农村建设的升级。之所以称之为乡村振兴，而不称其为农村振兴，是因为农村自古至今都是以农为本、以农为业的地方。从一定意义上说，乡村振兴是对乡村固有的传统价值的继承和发展，也是在新时代对这些价值的重新认定和正确定位（宋才发等，2019）。当下的乡村振兴是前无古人的一次全面振兴，包括文化振兴、人才振兴、生态振兴等，说明国家已不再只把眼睛盯在农业振兴上。有理由预见的是，在未来的社会里，乡村不再只是农民生产生活的"世袭地"，国外出现的"逆城镇化"现象也可能在中国乡村的大地上一展风采。因此，乡村振兴所要实现的目标，不只是实现贫瘠农村的振兴，还是实现国家的富强和中华民族的伟大复兴。这种对未来乡村的全新战略构想，绝不是"空穴来风""天方夜谭""坐而论道"，而是在总结农村发展历史经验与教训的基础上得出来的。当下实施乡村振兴战略的主要任务，是要普遍建立适应和促进城乡融合发展的政策体系和体制机制，构建支撑现代农业发展的生产体系、经营体系、产业体系，进一步巩固和完善农村基本经营制度体系，健全自治、法治与德治相结合的乡村治理体系。从新农村建设到美丽乡村建设，再到党的十九大隆重推出的乡村振兴战略，都表明党在新时代始终坚持城乡统筹发展的新思路，拿出了从根本上解决"三农"问题的新举措。乡村振兴战略不仅是当下乡村治理和乡村振兴的重大政治决策，而且是对未来美丽中国发展战略的顶层设计。

乡村振兴坚持以人民利益为中心，就是要把人民群众作为乡村振兴的对象，既充分发挥人民群众在乡村振兴中的主体作用，又让人民群众共享乡村振兴的积极成果。这不仅满足了我国新时代社会主要矛盾转化的客观需要，而且完全符合广大农村的实际情况，顺应了农民的殷切期盼，有利于促进人的全面发展和社会的全面进步。根据国家权威统计数据，在改革开放四十多年间，城乡之间的差距非但没有缩小，反而有所扩大。党的十九大报告中有关"要坚持农业农村优先发展"的原则，正是在这个大背景下提出来的（习近平，2017）。这既是党中央在认识上、观念上和工作部署上的重大创新，也是党中央自新中国成立以来第一次提出和强调"要坚持农业农村优先发展"。我国当下最大的发展"不平衡"，就是城乡经济社会发展不平衡；最大的发展"不充分"，就是农村尤其是少数民族地区农村发展不充分。坚持农业农村优先发展原则和实施乡村振兴战略，说到底都是针对发展"不平衡""不充分"的"短板"作出的战略安排。在我国这个农村人口仍然占大多数的国家里，如果不能够实现农业农村的现代化，就根本不可能实现整个国家的现代化，就无法实现中华民族的伟大复兴，这是被无数铁的事实证明了的真理。党的十九大报告之所以反复强调一定要"加快推进农业农村现代化"（习近平，2017），是因为不实现农业农村现代化，就没有完整的国家现代化。正在加快推进的乡村振兴战略，就是当下继续做好"三农"工作的总抓手。乡村振兴战略的总要求在"十三五"规划期间，既是美丽乡村的建设标准和评价尺度，也是农业农村的发展方向和具体目标。要通过实施乡村振兴战略，坚持农村土地集体所有制性质不动摇，大力发展乡村新型集体经济，让农民真正走上共同富裕的道路（习近平，2018），促进农村全面发展、农业全面升级、农民全面进步。乡村的成长过程必须始终围绕两个维度进行：一个是必须适应乡村经济社会发展的规律，另一个是必须满足居民生产生活的基本要求。

　　进一步说，乡村振兴必须依法保障农民的权益，给农民更多的获得感。民生工程是暖心工程，当下党和政府一切工作的落脚点就是保障和改善民生。无论是在物质利益方面，还是在精神生活方面，人们都具有更多、更高、更实在的获得感期待。在新时代，人们的获得感不断增强是一件好事，因为它意味着社会充满发展潜力，意味着需要促进机会均等和人们发展能力的普遍提升。实施乡村振兴战略的核心在于，让农民在共建共治共享的实践中，比过去任何时候都有更多的获得感。获得感是近年来在党的文件和相关法律法规中出现的一个新提法，它与原来的幸福感相比较，可以说既包括物质利益方面的获得感，也包括精神生活方面的获得感。获得感作为人们的一种"预期"，是人们对未来利益的设想，具有一定的可测算性和可衡量性。因此，在新时代用获得感取代幸福感，是一个更切合民意、更贴近民情、更温暖人心的好提法。切实实现农民的获得感，既深刻地体现了党立党为公、执政为民的本质，也体现了党以人民利益为中心的发展理念，更体现了乡村振兴战略所坚持的共建共治共享基本原则。只有实践才是检验真理的唯一标准。乡村振兴战略的每一项方针政策正确与否，要看其是否把工作的立足点和落脚点放在实现人民的获得感上面，是否使每一项方针政策都具有实实在在的含金量（宋才发，2018）。

　　构建乡村政策体系，整体上揭示了文明和谐社会建设的理念，是实现农民更多获得感的真实体现。譬如，涉及民生保障的农村养老保险制度、农村合作医疗制度等，均体现了人民群众对社会发展目标的价值追求。只有不断完善民生保障方面的政策和制度，给农民带来实实在在的利益，才能有效地增强农民的安全感、幸福感以及获得感。要以绿色发展理念引领乡村振兴，落实"节约优先、保护优先、自然恢复为主"（李劲民，2013）的方针，严守生态环境保护红线，统筹乡村的山、水、田、林、湖系统治理。在当前和今后一个相当长的时期内，农业发展的基本方向是绿色兴农和质量兴农。为此，要进一步完善"三个制度"，突出"四个重点"。从完善"三个制度"方面来说，首先，农村基础设施建设制度，是改变城乡基础设施建设"差序格局"，实现乡村宜居、农民乐居的基础；其次，完善农地"三权分置"制度，是激发农村活力，促进农民增收的制度保障，其中，集体所有权是前提和根本，农户承包权是基础和保证，土地经营权是关键和核心，解决好了"三权分置"问题，就会增强农民的实惠感；最后，健全乡村治理制度体系，重点是加强乡村基层民主协商制度建设，关键是搞好农村新型社区治理。"四个重点"分别是治理乡村生态环境突出问题，推进乡村人居环境整治和美丽宜居环境建设，加大乡村生态环境保护和修复力度，建立健全乡村生态效益补偿机制。

## （三）新时代乡村振兴战略的总体要求

在中国特色社会主义新时代，乡村是一个可以大有作为的广阔天地。实施乡村振兴战略，要全面准确把握"产业兴旺、生态宜居、乡风文明、治理有效、生活富裕"的总要求，建设产业发达、人口充足、文教昌盛、治理高效、设施完备、环境优美，与城镇化相匹配的社会主义现代乡村。五年来，各地各部门贯彻落实习近平总书记重要论述，统筹推进乡村产业、人才、文化、生态、组织"五个振兴"，促进城乡融合发展，实现了乡村振兴良好开局。

### 1. 产业振兴为实现乡村全面振兴奠定坚实基础

产业振兴是乡村振兴的重点。产业兴旺，是解决农村一切问题的前提。大力发展乡村产业，是谱写乡村振兴宏大文章的龙头环节，要求主题突出、特色鲜明、体系健全、切实有效。习近平总书记强调："农业农村工作，说一千、道一万，增加农民收入是关键。"[①] 要紧紧抓住产业发展这个"牛鼻子"，牢牢把握为农民增收这一根本目的和价值指向，为实施乡村振兴战略奠定坚实的物质基础。近年来促进产业兴旺的政策体系初步形成，《中华人民共和国乡村振兴促进法》《乡村振兴战略规划（2018—2022年）》中对产业振兴有专门阐述，《全国乡村特色产业发展规划（2020—2025年）》《关于推动脱贫地区特色产业可持续发展的指导意见》等政策文件，都对发展特色产业、促进产业融合发展、完善联农益农机制提出明确要求。实现乡村产业振兴，必须要坚持绿色发展理念，立足农业

---

① 习近平在山东考察时强调 切实把新发展理念落实到实处 不断增强经济社会发展创新能力［N］.人民日报，2018-06-15（1）.

资源多样性和气候适应性优势，按照"农业农村经济适应市场需求变化、加快优化升级、促进产业融合的新要求"（习近平，2020）。选好产业促增收、发展产业促兴旺，实现从"生产发展"到"产业兴旺"的转变。要以提高农业综合效益为着眼点，发挥特色资源优势，做好"特"字文章，加快培育优势特色农业，打造高品质、有口碑的农业"金字招牌"（习近平，2022）。加强科技兴农融合，创新农业产业业态，贯通产加销，融合农文旅，推动乡村产业发展壮大，让农民更多分享产业增值收益①。要放眼大农业发展视野，揪住农业供给侧改革主题，紧紧围绕发展现代农业，围绕农村一二三产业融合发展，构建乡村产业体系。大力推进农业生产全环节升级，积极探索从田间到餐桌的现代农业全产业链发展路径，延伸延展乡村产业的价值链、效益链。

### 2. 人才振兴为实现乡村全面振兴注入新动能

人才振兴是乡村振兴的重要支撑。全面推进乡村振兴，人才支撑是关键。改革开放以来，农村劳动力的大规模转移为我国经济持续高速增长和城镇化快速发展提供了活力，同时也给广大农村带来了人口总数稀释与结构失衡等问题，造成了农村人口、农业生产和农村生活一定程度的"空心化"。实现乡村全面振兴，关键在人，要有人气、有人才、有人干，必须把人力资源开发放在最优先位置，立足本土、吸引返乡、吸纳人才，大力加强乡村人力资本培育与开发，积极营造农村广阔天地大有作为的干事兴业氛围，吸引包括致富带头人、返乡创业大学生、退役军人等在内的各类人才在乡村振兴中建功立业。近年来《关于加快推进乡村人才振兴的意见》《"十四五"农业农村人才队伍建设发展规划》等一系列政策文件的出台，为促进人才返乡、下乡、兴乡，推进乡村全面振兴提供了有力支撑。要立足本土大力培养本土人才。农民群众对农业发展熟门熟路、对乡村建设知根知底，是乡村振兴战略的实施主力和共享主体。要广泛依靠农民，教育引导农民，组织带动农民，针对他们的实际水平和农业农村现代化需要，开展多渠道、多路径教育培训，让他们不断提升生产经营能力、拓宽产业发展门路，真切

---

① 习近平在广西考察时强调 解放思想深化改革凝心聚力担当实干 建设新时代中国特色社会主义壮美广西［N］.人民日报，2021-04-28（1）.

感受到农业生产的希望和农民职业的体面，能够安心和舒心地留在乡村、建设乡村。通过深入推进科技特派员制度，让广大科技特派员把论文写在田野大地上，使科技能够在农业、农村和农民手中生根发芽，提升农村人力资本、增强农民致富本领。通过内挖潜能、外拓市场，吸引各类外出人员返乡创业。制定和完善人才、财税等优惠政策，营造良好的创业环境，增强在外乡贤、原籍大学生以及优秀外出务工人员回乡干事创业的信心和吸引力。外拓市场则要巧借血缘、亲缘、地缘等外力，搭建感情联络平台，增进各类人才立志返乡创业兴业的机缘与激情。激励和引导各类人才扎根基层，其中大学生村官思维敏捷、视野开阔，在推广科学知识、创新发展思路、弘扬文明新风、推进乡村善治等方面具有一定优势；并且他们通过一段时间的乡村工作，对乡村振兴也有了一定的认识和感情基础。同时，用人主体要发挥主观能动性，增强服务意识和保障能力，通过建立健全相关激励机制，拓宽他们施展才华、大显身手的空间，鼓励他们筑梦乡村、扎根基层、圆梦田野，为乡村人才振兴带来倍增效能。

### 3. 文化振兴为实现乡村全面振兴铸造灵魂

文化振兴是乡村振兴的灵魂。实践表明乡村文化具有的经济功能有力促进产业发展，乡村文化具有的秩序功能有力推动乡村治理，乡村文化具有的生态功能有力促进美丽乡村建设，乡村文化具有的政治功能有力促进民族合力凝聚。文化振兴是引爆产业兴旺的深厚底蕴和持久动能，是推进生态宜居、乡风文明和治理有效的价值引领和精神内核，是生活富裕的生动表达。实现乡村文化振兴是实施乡村振兴战略的铸魂之本、提质之基。乡村振兴既要塑形也要铸魂。要深入挖掘、继承、创新优秀传统乡土文化，培育文明乡风、良好家风、淳朴民风，焕发乡村文明新气象。一方面要加强价值引领，多措并举塑造文明新风；要切实加强农村文化惠民工程建设，多方合力，不断构建、完善农村公共文化服务体系，为推动农村文化繁荣发展奠定基础、练就内力；要大力加强社会主义核心价值观的培育和实践，坚持教育引导、实践养成、制度保障"三管齐下"，统筹推进农村文化各项工作。根据不同生活习惯和民俗特点，贴近农村生产与农民生活实际，以农民喜闻乐见、热心参与的群众性文化活动为载体，深化文明素质教育，推动乡村文化建设，提升成风化俗能力，重塑乡村文明新风；通过深入开展文明家庭和文明村镇创建活动，发挥优良家风、文明乡风典型示范作用，不断形成文明新风融汇农村生产生活的浓厚氛围。另一方面要挖掘文化资源，扎根乡村焕发乡村文化活力。农耕文明是乡村文化的基础，村庄是乡村文明的载体，人们日用而不觉的村规民约、风俗习惯、生活禁忌等非正式制度文化形态是乡村文明最传统、最主要的表现。需要把握好特色村寨保护与发展、耕读文化传承与乡村文化繁荣的相互关系，深入挖掘农耕文化中蕴含的优秀思想观念、人文精神、道德规范，将其有效地融入乡村文化建设之中，净化乡村文化生态，发展特色文化产业，提升文化生活品质。丰富的地方文化资源是得天独厚的文化宝藏，是发展乡村旅游、促进乡风文明、增强乡村善治的宝贵财富。需要深入发掘地方文化的时代价值，让优秀的文化基因得以充分展示和传承，使之成为乡村振兴的文化名片和不竭动力。其中，红色文化是中国共产党及其领导下的广大人民群众在革命实践中形成的先进文化，在广大农村具有深厚的地域根基和情感基础，充分利用红色资源和传承红色基因，开展红色教育、发展红色旅游、强化组织建设、传承文明家风、推进治理有效等是振兴乡村的好做法。

**4. 生态振兴为实现乡村全面振兴提供保障**

生态振兴是乡村振兴的基础。生态振兴就是全面提升农村环境、产业、文化、治理等，将农村打造成为人与自然、人与人和谐共生的美丽家园，构建人与自然和谐共生的乡村发展新格局。生态振兴的目标就是要实现既有优美的自然环境作为基础，又有良好的生态经济作为保障的乡村经济社会可持续发展。生态振兴是推动乡村全面振兴的重要引擎，既能为生态宜居美化外在形式，也能为产业兴旺和生活富裕注入内在动能。习近平总书记从"绿水青山就是金山银山"的生态价值理论阐释，到"村容整治""生态宜居"的具体实践指导，阐明了乡村生态振兴的内涵与要求。一方面要增强生态保护意识，强化生态保护责任。生态环境是关系党的使命宗旨的重要政治问题，全党必须以高度的政治责任和使命担当，健全环境保护的长效机制，落实环境保护的"红线"与第一责任，绝不能为了乡村经济的一时发展而牺牲生态环境。另一方面要坚持绿色发展理念，创新绿色发展方式。良好的生态环境是农业农村绿色发展的优势与财富。必须把握好生产方式与生活方式的相协调、共促进关系，强化人与自然和睦共处、和谐共生的发展理念，创新发展低碳绿色的生产经营方式方法，守住生态保护红线，推动乡村自然资本加快增值，让良好生态成为乡村振兴的支撑点，实现乡村生态效益向综合效益协调发展转变。同时要加大农村生活基础设施建设，加强乡村生态保护与修复。通过稳步推进垃圾处理、污水处理、厕所革命等重大工程，不断完善农村公共基础设施、优化农村人居环境，使乡村环境更加宜居宜业，农村生活更加和谐优美；注重汇集社会各方资源，调动一切有生力量，通过共建共创、共治共享等举措，加快推动城镇基础设施、公共服务向农村延伸，让乡村既能守住"乡愁"底色，也能彰显现代生活本色。

**5. 组织振兴为实现乡村全面振兴激活关键**

组织振兴是乡村振兴的保障。乡村组织振兴既包括加强各类组织的自身建设与能力提升，也包含协调各类组织关系和提升协同作战能力。习近平总书记强调，要打造千千万万个坚强的农村基层党组织，培养千千万万名优秀的农村基层党组织书记，深化村民自治实践，发展农民合作经济组织，建立健全党委领导、政府负责、社会协同、公众参与、法治保障的现代乡村社会治理体制，为实施乡村振兴战略提供组织和制度保障。首先，必须坚持党管农村的重大原则。办好农村的事情，实现乡村振兴关键在党。必须加强和完善党对"三农"工作的领导，健全党管农村工作的领导体制、工作机制、法治体系，确保党在农村工作中把好方向、总揽全局、协调各方、促进发展。其次，着力提升农村基层党组织能力。要突出抓基层、强基础、固根本的工作导向，通过选好配好农村党组织书记、配齐配强农村党的组织，激发基层组织活力；建立中央统筹、省负总责、市县乡抓落实的"五级书记"齐抓乡村振兴的管理体制与责任传导机制，提振基层组织的政治执行力；严格党员组织生活，加强党员教育管理、理论学习和技能培训，整体提升农村党员的带头致富、引领发展能力。再次，建立健全党组织领导下的现代乡村治理体系，协同推进乡村善治。要充分发挥党组织的政治领导、榜样示范、组织协调等优势，加强对农村群众性自治组织、经济组织、群团组织和社会组织等机构的指导和培训，增强协同推进乡村善治责任，凝聚协同推进乡村善治合力。

## （四）新时代乡村振兴战略的内在逻辑

从党的十八大开始，中国特色社会主义进入新时代，习近平总书记在一系列重要讲话中相继阐述了关于乡村振兴的理论，逐渐形成了新时代乡村振兴战略。新时代乡村振兴战略根源于马克思主义乡村发展理论，继承了中国传统文化中的重农思想，是新时代乡村振兴实践的理论升华，是习近平治国理政方略的重要组成部分。新时代乡村振兴战略是在中国社会主要矛盾变化的背景下对于如何实现城乡统筹发展的战略谋划，是新时代中国乡村建设现代化的行动指南和根本遵循，蕴含着传承创新的理论逻辑、遵循规律的科学逻辑、坚持方向的价值逻辑、扎根中国的实践逻辑、与时俱进的时代逻辑，这五重逻辑从不同向度阐明和揭示了新时代乡村振兴战略的本质特征，是我们把握和理解新时代乡村振兴战略的重要维度（胡俊生等，2022）。

### 1. 新时代乡村振兴战略蕴含着传承创新的理论逻辑

新时代乡村振兴战略的理论渊源来自马克思主义的"三农"理论，也是对中国传统文化中重农务本思想的扬弃，蕴含着传承创新的理论逻辑。新时代乡村振兴战略旗帜鲜明地坚持了马克思主义乡村发展思想的根本立场，将马克思主义基本原理创造性地与新时代中国乡村振兴实践相结合，是中国特色社会主义乡村振兴理论和实践结合的最新成果。新时代乡村振兴战略不仅开辟了马克思主义乡村发展思想的新境界，还积极扬弃了中国传统重农务本思想。中国古代文明建立在农耕社会的基础上，历朝历代都把农业生产放在国之根本的位置，重农抑商成为古代社会的政策主线。新时代乡村振兴战略扬弃了中国传统重农务本思想，坚持把农业放在基础性地位，筑牢农业的基础，是乡村振兴的根本出路。新时代乡村振兴战略是对马克思主义乡村发展理论和中国传统重农思想的继承和发展，是马克思主义"三农"思想和中国乡村振兴实践的时代结合（胡俊生等，2022）。新时代乡村振兴战略蕴含了马克思主义的观点和方法，对新时代中国特色社会主义乡村振兴的基本问题进行了深刻回答，提出了一系列重要观点，从理论和实践两个层面深刻回答了中国特色社会主义乡村振兴的一系列重大问题，总结了中国特色社会主义乡村振兴的基本经验，深化了对中国特色社会主义乡村振兴的整体性认识，实现了马克思主义"三农"理论的又一次飞跃，事关中国特色社会主义乡村振兴的原则、方向和蓝图，极具理论价值和现实指导意义（胡俊生等，2022）。

**2. 新时代乡村振兴战略蕴含着遵循规律的科学逻辑**

新时代乡村振兴战略深刻把握了乡村建设本身的特殊规律，把新时代的乡村建设工作上升到了新的科学高度，蕴含着遵循乡村建设本质和发展规律的科学逻辑。乡村振兴建设除了遵循经济建设规律之外，还有其自身独特的本质规律，其规律反映在乡村振兴建设过程中各要素之间的必然联系，各要素之间的矛盾构成了乡村建设的基本矛盾，基本矛盾不断发展运动的过程就是乡村振兴建设的基本规律。新时代乡村振兴战略立足中国乡村振兴的客观实践，深刻把握乡村建设本身的本质规律，作出了一系列重要谋划，是指导新时代乡村建设的总体规划。满足农民对于美好生活的需要是乡村振兴的根本问题，建设新农村必须遵循乡村自身发展规律，充分考虑农村实际，保留乡村风貌，留得住青山绿水，记得住乡愁，最终实现产业兴旺、生态宜居、乡风文明、治理有效、生活富裕的乡村振兴目标。这和中国特色社会主义建设规律高度契合，并赋予了新时代意义，揭示了新时代乡村振兴的基本规律和辩证思想（胡俊生等，2022）。

经济社会的发展最终是为了人的发展，我国的经济发展要惠及全体人民，特别是在乡村居住的人们，这是社会主义社会的本质要求。新时代乡村振兴战略从人是人的本质主体角度主体层次中定位新时代乡村振兴的基本功能和普遍本质。依据马克思人的全面发展和自由解放的观点，习近平从人的发展角度提出，"缩小城乡居民收入差距，让广大农民尽快富裕起来"（习近平，2016），这也是马克思主义关于人的全面发展理论的价值表达。新时代乡村振兴战略科学总结了改革开放以来，特别是进入新时代以后中国特色社会主义乡村建设的基本经验，深化了对社会主义乡村建设规律的认识，体现了时代要求和中国特色，表明了追求真理和尊重规律的科学态度，表现出强大的真理力量。

**3. 新时代乡村振兴战略蕴含着坚持方向的价值逻辑**

中国是一个农业大国，中国共产党人一直高度重视"三农"问题。毛泽东指出，农民问题是国民革命的中心问题。解决农民农村问题，必须坚持社会主义方向。新时代乡村振兴战略必须坚持社会主义方向，重点解决土地所有权、承包权和经营权的问题，健全乡村治理体系。新时代乡村振兴战略强调，中国的乡村振兴建设必须坚持农民的主体地位，强化农民的主人翁意识，使建设成果惠及全体农民，反映了中国特色社会主义乡村建设的需求，体现了社会主义制度的本质要求，体现了社会主义社会在经济建设层面的质的规定性，体现了坚持社会主义方向的价值逻辑。坚持乡村振兴的社会主义方向，是乡村振兴建设的原则要求。社会主义道路是中国人民在长期探索实践中的必然选择，是一百多年近现代史演进的历史选择。坚持乡村振兴为农民服务，彰显了农民的主体地位和人民至上的价值取向。习近平强调，人民对美好生活的向往就是我们的奋斗目标。农民在全体国民中占据重要地位，保证农民过上美好生活，是我国全面脱贫、全面建成小康社会的重要保障。现在，我们正朝着第二个百年目标迈进，在实现现代化的过程中，一个都不能少，必须统筹城乡发展，必须把增加农民收入"作为实施乡村振兴战略的中心任务"（习近平，2018），乡村振兴与否决定着广大农民的幸福感和获得感，也决定着全面小康社会的底色和社会主义现代化的质量。新时代乡村振兴战略立足于保障民生，促进社会公平正义，集中彰显了以人民为中心的战略定位。要建设中国特色的乡村文明，必须以新时代乡村振兴战略为指引，这是明确有力的价值引领，是中国特色社会主义本质规定的价值表达（胡俊生等，2022）。

**4. 新时代乡村振兴战略蕴含着扎根中国的实践逻辑**

马克思主义实践观认为，实践是人所特有的对象性活动，是主观之于客观的活动，认识来源于实践并指导进一步的实践，实践和认识统一于实践活动中。乡村建设实践是社会实践的基本内容之一，乡村振兴建设是新时代中国乡村振兴战略的实践需要，本质上需要科学思想的指导。新时代乡村振兴战略是新时代乡村建设的产物，是乡村振兴实践的指引，坚持了马克思主义的指导，并和中国具体国情相结合，扎根中国大地指导乡村振兴实践（胡俊生等，2022）。走什么样的乡村建设之路，并不是由理论决定的，而应该根据中国的客观实际而定。习近平强调，我国乡村振兴道路怎么走，只能靠我们自己去探索，中国的乡村振兴之路一定要以中国的基本国情为依据，选择适合中国特色社会主义的理论作指导，独具特色的历史文化传承决定了我国的乡村振兴必须走自己的道路。新时代乡村振兴建设是中国改革开放进入深水区的进一步实践，没有任何现成的经验，没有任何固定的模式，只能依据中国实际情况，结合中国乡村发展阶段的特征，在实践的过程中探索和总结中国乡村发展的道路。扎根中国进行乡村建设，不是故步自封，不是因循守旧，没有先进经验的借鉴，也就不能展现现代乡村文明的世界性意义。因此，必须具有海纳百川的胸怀，坚持兼容并包的方针，坚持我者和他者相互促进的路线，走中国特色社会主义乡村振兴之路，形成自我优势和特色模式，"我国干好乡村振兴事业，本身就是对全球的重大贡献"（中共中央党史和文献研究院，2019）。新时代乡村振兴战略借鉴了西方乡村建设的经验，但又不拘泥于抽象的理论，而是在尊重中国具体实践的基础上，坚持了马克思主义实践的观点，具有鲜明的具体性和针对性，对中国的乡村振兴具有根本性的实践指导价值。

**5. 新时代乡村振兴战略蕴含着与时俱进的时代逻辑**

马克思主义认为，矛盾着的事物各有其特点，同一事物的矛盾在不同的发展阶段各有其特点，要求我们具体问题具体分析。乡村振兴建设不但是新时代国家建设的集中体现，而且具有鲜明的时代特征。习近平强调，全党同志要把乡村振兴作为中华民族伟大的重大任务，书写好中华民族伟大复兴的"三农"新篇章。新时代乡村振兴战略站在时代发展和中华民族复兴的高度，体现了新时代中国乡村建设的时代特征，蕴含着与时俱进的时代逻辑。新时代乡村振兴战略扬弃了中国传统重农务本思想，坚持了历史和现实的统一。党的十九大报告强调，农业农村农民问题是关系国计民生的根本性问题。党的二十大报告强调，"全面建设社会主义现代化国家，最艰巨最繁重的任务仍然在农村"。在中国大地上进行乡村建设，必须对传统重农务本思想进行积极扬弃，形成具有时代特征的社会主义乡村建设理论，这是对中国传统文化中精华的继承，具有深厚的历史底蕴和与时俱进的时代特征。中国乡村振兴建设的成功经验，是对新时代乡村振兴战略可信性和时代性的检验。中国特色乡村振兴建设的不断推进，也将持续为新时代乡村振兴战略的丰富和发展注入鲜活的时代内涵，并为新时代乡村振兴战略的丰富和发展提供广阔的时代空间。乡村振兴战略之所以在新时代彰显出强大的感召力，正是因为在对传统重农务本思想积极扬弃的同时，深深地扎根于新时代乡村振兴的生动实践之中。新时代乡村振兴战略是对马克思主义乡村建设理论的继承和发展，承继了中国传统文化中的重农思想，蕴含着与时俱进的时代逻辑，在马克思主义乡村建设战略发展史上具有里程碑意义。

## （五）新时代乡村振兴战略实施的路径

中央经济工作会议提出，2018 年及今后一段时期，乡村振兴要走城乡融合发展之路、共同富裕之路、质量兴农之路、乡村绿色发展之路、乡村文化兴盛之路、乡村善治之路、中国特色减贫之路。实施乡村振兴战略，是实现农业现代化、农民生活富裕、农村和谐美丽，从根本上解决新时代"三农"问题的重要举措，是"五位一体"总体布局在农村的具体落实。但是，要使乡村振兴达到产业兴旺、生态宜居、乡风文明、治理有效、生活富裕的要求，到 2020 年基本形成乡村振兴的制度框架和政策体系，到 2035 年取得农业农村现代化基本实现的决定性进展，到 2050 年乡村全面振兴，全面实现农业强、农村美、农民富，就需要从产业发展、生态环境、精神文明、社会治理、农民生活等各个方面入手，按照经济建设、社会建设、文化建设、政治建设、生态文明建设"五位一体"的内在要求，寻找有效的路径（唐任伍，2018）。

### 1. 通过深化农村体制机制创新和改革来实现乡村振兴

体制和机制问题是社会发展是否具有活力的总开关，只有有了活的机制和顺的体制，乡村社会才会更加活力涌现，乡村振兴等各项事业也才能够更加蓬勃发展[1]。改革创新是乡村振兴的引擎和动力源。要进一步全面深化农村的改革，就一定要做到把市场全面激活，主体、要素也要进一步释放，使各种渠道进一步打通，广大人民群众能够最大程度地共享发展的成果和红利，这是实现乡村振兴的必备条件。深化乡村改革，增加以完善产权制度和要素市场化配置为重点的制度性供给，激活主体、要素和市场的活力，提升农村的市场化程度，重点是提高"土地"这一农村最重要、最基本的生产要素的市场活力，形成所有权、承包权、

---

[1] 魏后凯. 坚定不移地实施乡村振兴战略［N］. 经济日报，2017-11-03.

经营权三权分置的市场格局，放活经营权，使土地成为农村、农民最活跃、回报丰厚的要素，有效增加农民的财产性收入，壮大乡村集体经济。有恒产者有恒心。党的十九大报告在强调保持土地承包关系稳定并长久不变的基础上，明确提出第二轮土地承包到期后再延长三十年，这在一定程度上稳定了土地承包者和经营者的预期，给他们吃了长效定心丸，有效避免了经营者在土地上竭泽而渔的短期行为，增强了他们保护土地资源、增加资本投入的信心。要在农村要适应规模经营且要形式多样，新型农业的经营主体要大力进行培育，农村社会服务体系进一步建立和健全，使现代农业在农村进一步得到拓展。要制定合适的政策，使农民能够积极返乡创业，使农村发展的新动能得到进一步激活（唐任伍，2018）。

**2. 运用现代科学技术加快推进农业现代化来实现乡村振兴**

现代化建设离不开科学技术的支撑。发挥科技引领作用，可以实现农村发展的弯道超车效应，迅速提高乡村发展水平，缩小城乡差距。当今时代已经进入工业革命4.0，大数据、互联网+等广泛融入人们的生产生活。实现乡村振兴，就需要将这些现代科学技术手段和农业有机结合起来，将现代生物技术、基因技术、信息技术、耕作技术、喷灌技术等注入到农业生产的每一个环节，构建起现代农业生产体系、产业体系、经营体系，延长产业链，融入供应链，提升价值链。同时引入现代企业制度，组建各类形式的农业企业，发展农业证券、保险，扶持高科技农业企业到国内外、境内外上市融资。深化农业供给侧结构性改革，调整优化农业结构，促进农村一二三产业融合发展，减少低效和无效供给，扩大有效供给，提高农业供给质量和效率，更好地满足消费者的多样化需求，真正使中国经济发展由数量型迈向质量型，由农业大国转变为农业强国。一是整合公共力量，不断加大对农村的资金、技术扶持力度，帮助乡村振兴，提高农业基础设施的科技含量，完善农业科技体系，依靠科技创新，提高农业农村发展水平。二是整合民间力量，准许和支持多元经济对农村科技的投入，扩大农村科技发展资金规模，为农业发展所需科技创新提供资金支持，同时坚持以市场为基础的导向，加大科技创新成果在农村环境保护、治理以及便利农村生活方面的作用，切实提高农村科技在各个领域的应用效率和效果。三是促进互联网技术、智能化技术和物联网技术等现代技术与农业农村的生产生活生态密切融合，充分利用近年来网络科技发展带来的便利性和快捷性优势，让农民充分享受现代科技成果，利用"互联网+"实现乡村振兴，实现乡村产业升级发展（唐任伍，2018）。

**3. 注入先进文化活化乡村精气神建设现代乡村文明实现乡村振兴**

文化是乡村振兴之魂，山川秀美的乡村注入先进文化才能显现出精气神，没有文化的乡村注定会死气沉沉。因此，深入挖掘中华优秀传统文化蕴含的思想观念、人文精神、道德规范，结合时代要求，推进中华优秀传统文化的创造性转化和创新性发展，让传统的单纯的对乡村文化输血向文化造血转变，使中华文化中的和谐、孝道、五伦等在乡村中展现出时代风采，寻回乡村文化基因，重构乡村的伦理秩序和文化生态，使中华民族传统优秀美德重新归附到乡村主体上，回归到广大村民的生活当中。另一方面，政府通过加大对乡村公共文化服务体系的投入，建设乡村图书馆、博物馆、艺术馆、体育馆、文化活动室等，活跃乡民的文化生活。"魂"与"根"相对接，乡土的温度得到延续，乡民心中沉寂已久的信仰和价值标准得到复苏，从而提升乡民道德水平、改善乡村社会风气、优化乡村治理结构，为乡村持续健康发展和振兴提供人才支撑和保障（唐任伍，2018）。

**4. 打破城乡经济社会二元体制构建城乡命运共同体来实现乡村振兴**

衰败的乡村烘托不出繁荣的城市。乡村不振兴，中华民族伟大复兴、中国梦的实现只是一句空话。打破城乡二元体制，首先要去除市民与农民的身份差异，摆脱束缚在农民身上的种种枷锁，按照统一的标准实施上学、就业、就医、养老和保险，城乡居民享受同样的公共服务。其次是政府按照城乡一体化的标准在乡村进行公共服务设施建设，包括水、电、气、路、网络、通信、卫生、垃圾处理等现代生活设施，教育、医疗、银行、保险等现代服务设施，实现公共设施"七通一平"，即给水通、排水通、电力通、电信通、热力通、道路通、煤气通和场地平整，让农民幼有所育、学有所教、劳有所得、病有所医、老有所养、住有所居、弱有所扶，享受城市居民所享受到的各种现代文明，真正使城乡结成命运共同体。乡村振兴的资金从哪里来，财政保障是基础、是"指挥棒"，引导金融和社会资本流向乡村；农村的自我发展是根本，是聚宝盆，是内生动力；激活乡村沉睡的要素和市场是关键，改革创新是激活要素的驱动器；金融倾斜是重点，是乡村振兴的"撬动杆""吸铁石";社会资本参与是乡村振兴的重要力量。① 乡村振兴了,城市才更有活力。

**5. 通过建立现代乡村治理体系来实现乡村振兴**

乡村振兴必须有现代化的乡村治理体系作保证。传统的乡村治理是碎片化、能人化、家族化,法治意识淡薄,治理理念、治理方式、治理水平远远不适应乡村振兴的需要,导致治理效率较差。因此,乡村治理体系和治理能力现代化关键在于建立起乡村治理法治、德治和自治相结合的善治模式。法治化就是要提高村民法治认识水平和法律保护意识,教育农民牢固树立学法、懂法、爱法、护法、用法的思想观念,厚植法治文化,奠定坚实的农民法律保护基础。德治就是要发挥基层党组织领导核心作用,以德化人,以德育人。健全完善村民自治制度,推进村务公开,发挥社会各类人才、新乡贤等群体在乡村治理中的作用,鼓励村民建立诸如生态环保、文化建设、道德文明之类的非政府组织和非营利组织参与乡村现代治理之中,走乡村善治之路,实现治理有效、乡风文明。

## (六) 新时代乡村振兴战略的路径保障

**1. 实现乡村振兴要加强以党组织为政治核心的基层组织建设**

实现乡村振兴需要加强基层党组织建设。党政军民学,东西南北中,党是领导一切的。党的二十大报告指出:"抓党建促乡村振兴。"乡村治理的实践经验证明,只有把党纪与国法紧密地结合在一起,才有可能实现德治与法治的统一;只有把党的领导与依法治村有机统一起来,才有可能建设乡村法治型党组织。因此,在整个乡村振兴的过程中,必须始终坚持基层党建与依法治村的高度统一,正确处理党与法、权与法的关系。在一些乡村的领导干部中,"家长制""官本位""特权思想""腐化堕落"等现象仍然比较严重;个别村干部"由我说了算"的问题还比较突出,基本的规则意识和法纪观念相对匮乏。要解决当下基层治理中的干部腐败问题,就要通过理论学习提高领导干部的理论素养,加强党性锻炼

---

① 三论乡村振兴:建设乡村的钱从哪里来 [N]. 农民日报,2018-01-09.

和党性修养，把德治与法治结合起来，把党纪与国法结合起来，把基层党建与乡村法治结合起来，多措并举，共同构建乡村治理的保障机制。加强乡村基层党组织建设，是乡村振兴的根本保障。通常来说，党纪只有严于国法，才能够体现其权威性。一定要用严厉的党规党纪约束干部，只有始终把党纪挺在前面，才能培养出农民信赖的好干部。要科学构建乡村基层党组织的绩效考评体系，基层党组织和党员干部绩效如何，必须有一个客观的评判标准，必须由乡村治理主体——农民说了算。要加强对村党支部书记、村主任的监督和管理，依法明确乡村干部的岗位职责，细化工作流程，健全村干部岗位目标责任制和年度目标责任制，将年终考核结果作为他们工作评定、岗位调整、评先树优、奖励惩处的主要依据。对少数村干部不作为、乱作为以及损害农民合法利益的行为，要及时予以查处和纠正；对少数失职渎职、玩忽职守、作风霸道、欺压群众的村干部，必须加大问责力度，依法依规严肃处置。

**2. 实现乡村振兴要加强社会主义核心价值观引领**

乡村振兴战略是新时代党推进农村社会全面发展，最终实现农业农村现代化的重要战略部署。在过去一段时间内，由于受市场经济各种负面因素的影响，一些低级庸俗和不健康的娱乐方式比较盛行，拜金主义在一些地方大行其道，一些落后愚昧的封建迷信活动沉渣泛起。原有乡村社会的血缘性、地缘性关系在逐渐减弱，一些富有地方特色的乡村文化也在逐渐消失。加上对农村绝大多数外出务工青壮年的社会主义核心价值观教育受到忽视，尤其是理论灌输缺乏与农村现实的深度融合，使理论教育脱离农民的实际，基本没有将社会主义核心价值观内化到他们的意识和行动当中去。为此，要通过乡村治理和乡村振兴实践，逐渐形成文明乡风、淳朴民风和良好家风，提升农民的精神风貌，提高整个农村社会的文明程度。社会主义核心价值观具有极为重要的政治地位。习近平总书记在党的二十大报告中指出："社会主义核心价值观是凝聚人心、汇聚民力的强大力量。"必须发挥社会主义核心价值观在乡村文化振兴中的引领作用，这是实现乡村振兴和引领乡村文化建设的迫切需要。社会主义核心价值观对乡村振兴的制度化保障体现在：它能够引领乡村文化振兴方面的政策法规，能够确立在乡村文化生产、消费、传播和治理过程中的评判权威（李凤兰，2018）。乡村振兴要坚持物质文明和精神文明一起抓，不只是要"富口袋"，更重要的是要"富脑袋"。应当把社会主义核心价值观融入乡规民约，融入农民的"生活场域"，使之成为人们日常生活的基本遵循。只有这样，社会主义核心价值观才可能真正成为人们日常生活的行为准则，成为人们处理个人与社会关系的价值准则。实现乡村振兴要通过社会主义核心价值观为乡村整合力量。譬如，要树立农民的共建共治共享理念，因为这一理念的核心价值在于培育人们的认同意识、民主意识、法治意识和责任意识，它能够为社会力量整合提供合法来源。

### 3. 实现乡村振兴要加强法治体系建设

在过去的乡村治理过程中，实际上存在着诸多法律规范的缺失。譬如，涉及乡村治理的法律法规不完善，村干部的选举、考核制度不健全，对村干部违纪违法的责任追究不明确等。当下正在进行的乡村振兴，强调必须依法决策，切实保障村务合法民主；强调对村级党组织和村干部依法管理，切实保障行政廉洁高效；强调对涉及村民切身利益的村务活动依法监督，保障村务活动公开透明，不搞暗箱操作；强调对少数不讲规矩、徇私枉法的村干部，必须依法追究其责任，既打"老虎"也拍"苍蝇"，确保对村干部惩戒的威慑力。所有这些体现了自治、法治与德治相结合的乡村治理理念，有助于乡村实现从民主管理农村到有效治理乡村的新跨越。党的十九大报告突出强调乡村治理问题，要求加强自治、法治与德治相结合的乡村治理体系建设，认为这是新时代依法健全乡村治理体系、实施乡村振兴战略的根本举措。从自治、法治与德治在乡村治理体系中的地位和作用看，自治是乡村治理体系的核心，法治是乡村治理体系的保障，德治是乡村治理体系的支撑。从自治、法治与德治三者之间的关系看，法治是自治的基础，自治配合并服务于法治，德治是自治和法治的精神支撑。乡村自治的前提条件，是自治主体必须具备基本的法治素养，基层干部必须具备法治思维，善于运用法治手段处置社会矛盾与纠纷。乡村治理法治化是新时代实现乡村治理体系和治理能力现代化的客观要求，需要通过乡村治理的自治主体、自治客体和法治手段等载体共同发挥作用才能实现。在乡村治理过程中，不同利益主体之间会因为利益的多元性而引发矛盾和冲突，即使在同类的利益主体之间，也会因各种复杂的原因产生道德分歧，并因此产生对同一现象的不同道德评价。正因如此，突出道德在乡村治理体系中的作用非常重要。应当通过教育疏导等途径，推进乡村社会公德、家庭美德、职业道德和个人品德建设，恢复社会信任，整合文化资源，维护乡村秩序，促进自治、法治、德治三者之间相互结合、相得益彰，共同推进乡村社会善治。乡村本来就是一个村民的共同体，村民在同一个村落里共同生产、共同生活，大家彼此之间都非常熟悉。所以，乡村治理和振兴不仅要靠法治进行刚性制约，而且要靠自治、德治进行弹性约束。中华文明历来注重和而不同、以和为贵，主张求同存异、兼容并蓄。只有做到邻里之间和睦相处，才能实现乡村和谐发展。乡规民约蕴含民主、协商、自由、平等等要素，是实施乡村振兴战略不可多得的传统资源。只有充分挖掘乡规民约的历史资源，继承和弘扬乡规民约的精华，并结合乡村振兴予以创新发展，才能降低乡村治理的运行成本，建立适应新时代要求的良法善治体系。

## 四、本 章 小 结

传统村落原称"古村落"，通常是指形成年代较早，拥有物质形态和非物质形态文化遗产，具有较高的历史、文化、科学、艺术、社会、经济价值，应予以保护的村落。少数民族特色村寨是指少数民族人口相对聚居，且比例较高，生产生活功能较为完备，少数民族文化特征及其聚落特征明显的自然村或行政村。而特色保护类村庄通常是指历史文化名村、传统村落、少数民族特色村寨、特色景观旅游名村等自然历史文化特色资源丰富的村庄，具有丰富历史、文化、经济和艺术等价值，是传承和发展中华优秀传统文化的重要载体。

本章节在上一章节对国内外研究现状及进展系统梳理和归纳总结的基础上，首先分别从乡村振兴战略、历史文化名村、传统村落、少数民族特色村寨、特色景观旅游名村、特色保护类村庄等相关概念入手，对研究中涉及的核心概念进行阐释和界定。其次，对本研究涉及的共生理论、多源流理论、人地关系系统理论、乡村地域系统发展理论和城乡融合发展理论等进行系统梳理，为本研究顺利开展奠定理论基础、提供理论认知。如乡村地域系统发展理论从国家整体经济的视角，对村域的空间结构演进与城乡发展转型进行理论解析，为乡村振兴战略实施提供理论依据。城乡融合发展理论从城乡发展关系的视角，对村域的空间结构演进与城乡发展转型进行理论解析，为乡村振兴战略实施提供理论依据。特色保护类村庄作为中华民族千百年来利用和改造自然而形塑出的独特地理事物，是承载华夏文明基因密码的有机生命体，存在与发展也遵循共生系统进化基本原理。

党的十九大报告提出了"乡村振兴战略"，为实现乡村价值和要素功能的优化重组，分类推进乡村发展，实现乡村全面振兴指明了方向。最后，重点从新时代实施乡村振兴战略的现实性（包括新时代实施乡村振兴战略有助于解决长期困扰的"三农"问题、新时代实施乡村振兴战略是实现"中国梦"的必由之路、新时代实施乡村振兴战略是实现共同富裕的题中之义、新时代实施乡村振兴战略是推进和拓展中国式现代化的必然要求）、新时代乡村振兴的核心要义、新时代乡村振兴战略的总体要求、新时代乡村振兴战略的内在逻辑（包括新时代乡村振兴战略蕴含着传承创新的理论逻辑、新时代乡村振兴战略蕴含着遵循规律的科学逻辑、新时代乡村振兴战略蕴含着坚持方向的价值逻辑、新时代乡村振兴战略蕴含着扎根中国的实践逻辑、新时代乡村振兴战略蕴含着与时俱进的时代逻辑）、新时代乡村振兴战略实施的路径（包括通过深化农村体制机制创新和改革来实现乡村振兴、运用现代科学技术加快推进农业现代化来实现乡村振兴、注入先进文化活化乡村精气神建设现代乡村文明实现乡村振兴、打破城乡经济社会二元体制构建城乡命运共同体来实现乡村振兴）、新时代乡村振兴战略推进的关键点和新时代乡村振兴的战略路径保障（包括实现乡村振兴要加强以党组织为政治核心的基层组织建设、实现乡村振兴要加强社会主义核心价值观引领、实现乡村振兴要加强法治体系建设）等方面，对新时代乡村振兴战略进行深度解析，为新时代乡村振兴背景下特色保护类村庄统筹保护与振兴发展研究奠定理论基础。

# 第四章　特色保护类村庄空间结构识别研究

## 一、研究区概况与数据来源

### （一）研究区概况

#### 1. 地理位置及行政区划

湖北省（29°01′53″~33°06′47″N，108°21′42″~116°07′50″E）地处长江中游，位居中国的中南部，因位于洞庭湖以北而得名，北接河南，东连安徽，东南和南邻江西、湖南，西靠重庆，西北与陕西为邻。湖北省总行政区划面积约18.59万平方千米，约占全国总面积的1.9%。全省现辖12个地级市，1个自治州（恩施土家族苗族自治州），3个省直管县级市（天门市、潜江市、仙桃市）和1个林区（神农架林区），约2.6万个行政村。湖北省第七次全国人口普查数据显示，全省常住人口为5775.26万人，与2010年第六次全国人口普查相比增长0.90%，年平均增长率为0.09%。全省居住在城镇的人口为3632.04万人，占62.89%；居住在乡村的人口为2143.22万人，占37.11%。与2010年相比，城镇人口增加787.53万人，乡村人口减少736.05万人，城镇化率提高13.19个百分点。2020年，全省完成生产总值43443.46亿元，比上年下降5.0%。其中，第一产业完成增加值4131.91亿元，增速与上年持平；第二产业完成增加值17023.90亿元，下降7.4%；第三产业完成增加值22287.65亿元，下降3.8%。在第三产业中，金融业、其他服务业增加值分别增长6.3%和3.2%。交通运输仓储和邮政业、批发和零售业、住宿和餐饮业、房地产业增加值分别下降16.5%、12.1%、

23.7%、8.7%。改革开放以来，湖北省城镇化进程明显加快，城镇人口由 1978 年的 690.23 万人增加到 2021 年的 3736.45 万人，城镇化率由 15.10% 提高到 64.09%；三次产业结构不断优化，三次产业增加值比重由 40.5∶42.2∶17.3 调整为 9.3∶37.9∶52.8（潘方杰等，2023）。截至 2021 年末，城镇居民人均可支配收入 40278 元，农村居民人均可支配收入 18259 元。

**2. 生态环境概况**

湖北省整体上呈略向南敞开的类盆地形态，拥有山地、丘陵、岗地和平原等多种地貌类型；根据自然地理特征的差异，可将全省划分为江汉平原、鄂北岗地、鄂东丘陵、鄂西山地 4 种地貌类型区（潘方杰等，2018），分别占省域总面积的 16.69%、17.97%、23.30% 和 42.04%。本区属亚热带季风气候，年均气温 15.5~16.5℃，年均降雨量 850~1500 毫米，为河流及湖泊生长发育提供了良好的自然条件，同时也提供了充足水源。湖北省自然资源禀赋条件良好，是全国重要的商品粮棉油生产基地和最大的淡水产品生产基地，自古以来就是我国著名的"鱼米之乡"，素有"湖广熟、天下足"的盛誉。

湖北省具有适宜生物多样性的环境，森林植被呈现普遍性与多样化的特点。全省已发现的木本植物有 105 科、370 属、1300 种，其中乔木 425 种、灌木 760 种、木质藤本 115 种。2014 年第九次全国森林资源清查结果显示，全省森林面积 7.36×10^4 平方千米，森林覆盖率 39.61%。活立木总蓄积 39580×10^4 立方米，森林蓄积 36508×10^4 立方米。天然林面积 4.86×10^4 平方千米，天然林蓄积 28671×10^4 立方米；人工林面积 1.97×10^4 平方千米，人工林蓄积 7837×10^4 立方米。矿产资源丰富，全省累计已发现矿种 149 种，累计已查明资源储量的矿种 92 种。全省已发现矿产 149 种，占全国已发现矿种的 87.13%，其中已查明资源储量的矿产有 87 种，占全国已查明资源储量矿产的 59%，已发现但尚未查明资源储量的矿种有 57 种。2015 年国土资源调查及地质勘查新增查明矿产地大型 8 处，中小型 29 处。森林、湿地和湖泊构成了湖北省主要的生态系统类型，其总体状况较为稳定，对全省生态安全与经济发展的支撑作用日益凸显。与此同时，全省生态脆弱性相对缓解，水土流失面积有所下降，山区石漠化得到有效遏制。三峡水利枢纽工程建成之后，湖北长江流域防洪压力得到缓解，工业化、城镇化和农业发展的安全保障能力明显提高。

湖北省持续大力推进节能降耗工作，单位 GDP 能耗继续保持下降态势，可望超额完成年初确定下降 2% 的目标。工业企业吨粗铜综合能耗比上年下降 3.76%，吨钢综合能耗下降 1.65%，单位烧碱综合能耗下降 2.33%，吨水泥综合能耗下降 1.12%，每千瓦时火力发电标准煤耗下降 0.67%。湖北全省地表水与大气环境质量总体状况相对较好，生态环境承载力较强。湖北省河流众多，密如蛛网，河长 100 千米以上的河流有 38 条（不含长江、汉江），河长 10 千米以上的河流有 1700 多条。全省湖泊水库广布，面积超过 1 平方千米的湖泊 257 个，湖库面积较大、水质相对较好。化学需氧量环境容量无超载的县/市/区有 81 个，占全省总数量的 78.6%。大气质量较好，大气环境容量无超载的县/市/区有 100 个，占全省总数量的 97%。2015 年长江干流总体水质状况为优，监测的 15 个断面水质符合 Ⅱ ~ Ⅲ 类的比例为 100%。2015 年全省自然保护区达到 76 个，其中国家级自然保护区 18 个，省级自然保护区 28 个，自然保护区面积 $1.10 \times 10^4$ 平方千米，占全省国土总面积的 5.90%。

**3. 生态环境功能定位**

生态环境功能是一定区域在维护生态环境安全、促进经济社会健康可持续发展、保障人们安居生产生活等方面应具备的功能，区域生态环境功能科学合理定位能够从根本上为维护区域生态环境安全指明方向，也是维护并有效提升生态环境功能实现生态环境保护目标的出发点和最终归宿。将分别归纳出国家和省级层面确定的湖北省主体功能区定位及发展方向。国家层面限制开发的重点生态功能区是指生态系统十分重要，关系全国或较大范围区域的生态安全，目前生态系统有所退化，需要在国土空间开发中限制进行大规模高强度工业化城镇化开发，以保持并提高生态产品供给能力的区域。《全国主体功能区规划》中的国家重点生态功能区是保障国家生态安全的重要区域，人与自然和谐相处的示范区。[1] 其中，湖北省的重点生态功能区可分为水土保持型和生物多样性维护型两种类型，

---

① 中华人民共和国中央人民政府网站 . 国务院关于印发全国主体功能区规划的通知（国发〔2010〕46 号）http：//www.gov.cn/zwgk/2011-06/08/content_1879180.htm.

包括大别山水土保持生态功能区、武陵山区生物多样性与水土保持生态功能区、三峡库区水土保持生态功能区和秦巴生物多样性生态功能区。①大别山水土保持生态功能区，该区域包括大悟县、孝昌县、红安县、麻城市、罗田县、英山县和浠水县7个县/市，是国家重要的土壤侵蚀防治生态功能区，全省土壤侵蚀防治主体示范区，长江中下游的重要水源补给区，全省东北部重要的生态屏障。②武陵山区生物多样性与水土保持生态功能区，该区域包括利川市、咸丰县、来凤县、宣恩县、鹤峰县和建始县6个县/市，是国家重要的生态屏障建设区，全省重要的生物多样性维护区和森林生态保护区。③三峡库区水土保持生态功能区，该区域包括夷陵区、秭归县、兴山县、巴东县、五峰土家族自治县和长阳土家族自治县6个县/区，是我国最大的水利枢纽工程库区，长江中下游地区重要的防洪库容区，华中、华东、华南等地区重要的电能保障区。④秦巴生物多样性生态功能区，该区域包括竹溪县、竹山县、房县、丹江口市、神农架林区、郧西县、郧县、保康县和南漳县9个县/市/林区，加强防御外来物种入侵的能力，防止外来有害物种对生态系统的侵害，保护自然生态系统与重要物种栖息地，防止生态建设导致栖息环境的改变。2016年9月，国务院批复同意240个县（市、区、旗）及87个重点国有林区林业局新增纳入国家重点生态功能区，湖北省新增通城县和通山县纳入水源涵养型国家重点生态功能区。

《湖北省主体功能区规划》（鄂政发〔2012〕106号）中提出①：湖北省推进形成主体功能区的主要目标是国土总体开发格局合理、空间利用效率较高、城乡与区域协调发展、"两型"社会建设成效显著，基本建成促进中部地区崛起的重要战略支点。生态系统稳定性进一步提高，生态脆弱地区比重明显降低，生物多样性得到切实保护，重点环境保护城市空气质量不低于二级标准的天数达到90%，长江、汉江主要控制断面水质好于Ⅲ类的比例稳定在90%以上。全省应对洪涝、干旱灾害，滑坡、泥石流等地质灾害，冰雹等气象灾害的能力明显增强。年均因自然灾害造成的经济损失降低50%以上。通过环境保护和生态建设，大力发展循环经济，初步建成资源节约型和环境友好型社会，湖北省在全国经济

---

① 湖北省人民政府关于印发《湖北省主体功能区规划》的通知（鄂政发〔2012〕106号）http://fgw.hubei.gov.cn/ywcs2016/ghc/tztgghc/wjghc/201308/t20130809_69805.shtml.

社会转型过程中的示范作用得以体现。以国家层面和省级层面重点生态功能区为支撑点，以点状分布的禁止开发区域为重要组成，构建"四屏两带一区"为主体的生态安全战略格局。"四屏"是指鄂东北大别山区、鄂西北秦巴山区、鄂西南武陵山区、鄂东南幕阜山区四个生态屏障；"两带"是指长江流域水土保持带和汉江流域水土保持带；"一区"是指江汉平原湖泊湿地生态区。能源资源利用更加节约集约，主要污染物排放得到有效控制，环境质量明显改善，基本形成节约能源资源和保护生态环境的产业结构、增长方式和消费模式。重点生态功能区承载人口、创造税收、提供农产品和工业品的压力大大减轻，而涵养水源、防沙固沙、保持水土、维护生物多样性、保护自然文化资源等生态功能大大提升，森林、水系、草地、湿地、农田等生态系统的稳定性增强，生态环境得到明显改善。

### 4. 生态保护情况

为加强湖北省生态环境保护，维护生态安全，提高生态文明建设水平，根据《中华人民共和国环境保护法》等有关法律法规和国家生态保护红线划定要求。湖北省于 2013 年 3 月全面启动生态红线划定工作，2016 年湖北省作为全国首批四个试点省份之一，率先印发了《湖北省生态保护红线划定方案》《湖北省生态保护红线管理办法（试行）》①，划定全省生态保护红线。全省生态保护红线区划分为"水源涵养生态保护红线区、生物多样性维护生态保护红线区、土壤保持生态保护红线区、长江中游湖泊湿地洪水调蓄生态保护红线区"等 4 类生态保护红线类型和 41 个生态保护红线区，总面积约 $6.22×10^4$ 平方千米，占全省国土总面积的 33.40%。通过划定并严守生态保护红线，确保湖北省具有重要生态功能的区域、重要生态系统以及主要物种得到有效保护，维护基本生态安全，满足生产、生活和生态空间基本需求，提高生态产品供给能力，为全省生态保护与建设、自然资源有序开发和产业合理布局提供重要支撑。

根据《中共中央办公厅 国务院办公厅印发〈关于划定并严守生态保护红线的若干意见〉的通知》（厅字〔2017〕2 号）的要求，以改善生态环境质量为核

---

① 湖北省人民政府办公厅关于印发湖北省生态保护红线管理办法（试行）的通知［EB/OL］http：//www.hubei.gov.cn/govfile/ezbf/201611/t20161121_1034237.shtml.

心，以保障和维护生态功能为主线，按照山水林田湖草系统保护的要求，划定并严守生态保护红线，实现一条红线管控重要生态空间，确保生态功能不降低、面积不减少、性质不改变，维护湖北生态安全，为实现绿色发展、绿色繁荣提供坚实保障。2018 年 7 月湖北省重新修订并发布了《湖北省生态保护红线划定方案》，全省划定生态保护红线总面积 $4.15\times10^4$ 平方千米，占全省国土总面积的 22.30%。①② 通过划定并严守生态保护红线，有效保护具有重要生态功能的区域、重要生态系统及物种，提高生态产品供给能力，维护全省生态安全，构筑国家重要生态屏障，建立保护有据、开发有界、发展有序的国土空间布局体系。从划定结果来看，符合国家对湖北"四屏三江一区"生态格局的定位要求，四屏是指鄂西南武陵山区、鄂西北秦巴山区、鄂东南幕阜山区、鄂东北大别山区四个生态屏障，主要生态功能为水源涵养、生物多样性维护和水土保持；三江是指长江、汉江和清江干流的重要水域及岸线；一区是以指汉平原为主的重要湖泊湿地，主要生态功能为生物多样性维护和洪水调蓄。生态保护红线划定后勘界落地工作尚未实质性开展。湖北省生态保护红线空间分布和统计情况详见表 4.1。

表 4.1　　　　　　湖北省生态保护红线分布情况

| 分布区域 | 生态保护红线类型 | 面积（平方千米） | 占全省红线面积比（%） | 占该区国土面积比（%） | 主要分布区域 |
|---|---|---|---|---|---|
| 鄂西南武陵山区 | 生物多样性维护、水土保持 | 17 245 | 41.60 | 41.14 | 恩施州全境和宜昌市五峰县、长阳县 |
| 鄂西北秦巴山区 | 生物多样性维护生态保护红线 | 12 235 | 29.52 | 32.48 | 十堰市、神农架林区全境和襄阳市南漳县、保康县、谷城县、老河口市等地区 |

　　①　湖北省人民政府关于发布湖北省生态保护红线的通知［EB/OL］. http//www. hubei. gov. cn/govfile/ezf/201808/t20180803_1326892. shtml.

　　②　湖北省环境保护厅 湖北省发展和改革委员会关于印发湖北省生态保护红线划定方案的通知［EB/OL］. http：//sthjt. hubei. cn/fbjd/xxgkml/zcwj/gfxwj/201902/t20190215_1772055. shtml.

续表

| 分布区域 | 生态保护红线类型 | 面积（平方千米） | 占全省红线面积比（%） | 占该区国土面积比（%） | 主要分布区域 |
|---|---|---|---|---|---|
| 鄂东南幕阜山区 | 水源涵养生态保护红线 | 3 066 | 7.40 | 36.94 | 咸宁市通城县、崇阳县、通山县和黄石市阳新县等地区 |
| 鄂东北大别山区 | 水土保持生态保护红线 | 2 750 | 6.63 | 13.57 | 黄冈市全境和孝感市孝昌县等地区 |
| 江汉平原 | 湖泊湿地生态保护红线 | 4 460 | 10.76 | 9.19 | 荆州市、武汉市、鄂州市全境和荆门市、孝感市、黄石市、咸宁市的局部地区 |
| 鄂北岗地 | 水土保持生态保护红线 | 1 695 | 4.09 | 5.74 | 随州市全境和襄阳市、荆门市、孝感市的局部地区 |
| 三江 | 重要水域及岸线生态保护红线 | / | / | / | 长江、汉江和清江干流已划为引用水源一保护区、自然保护区等保护地核心区域的水域及岸线 |

### 5. 代表性与典型性

习近平总书记在湖北考察城乡一体化试点时指出，建设美丽乡村，是要给乡亲们造福，不要把钱花在不必要的事情上，比如说"涂脂抹粉"，房子外面刷层白灰，"一白遮百丑"；不能大拆大建，特别是古村落要保护好。① 习近平总书记赋予湖北加快建成中部地区崛起的重要战略支点、在转变经济发展方式上走在全国前列、奋力谱写新时代湖北高质量发展新篇章等使命任务，为湖北改革发展把脉定向、指路领航。现阶段，湖北省正处于努力建设全国构建新发展格局先行区，积极探索推进中国式现代化的湖北实践，奋力谱写新时代湖北高质量发展新篇章重要战略机遇期。可见，湖北省作为长江经济带发展、促进中部地区崛起、

---

① 习近平. 建设美丽乡村不是"涂脂抹粉"［EB/OL］. 新华网，http：//news. xinhuanet. com/politics/2013-07/22/c_116642787. htm.

长江中游城市群建设等重大国家战略的重要承载地，承担着"建成支点、走在前列、谱写新篇"的历史使命，在长江经济带高质量发展中起着承上启下的关键作用，其快速的经济社会发展和城镇化进程必然对城乡发展格局产生深刻影响，导致村落空间形态、分布格局、发展规模快速演化。同时，湖北省地域辽阔，不同地貌类型区及行政区的自然地理环境存在较大的地域分异，以及各区域城乡发展的空间格局和限制因素也存在一定的差异性，这也决定了乡村地域类型的多样性和复杂性。不同地区乡村地域类型的特征和模式，是乡村振兴战略实施的科学基础，只有科学合理识别不同类型、不同年份和不同地貌类型区村落空间结构，才能实现分类施策，有效推进乡村全面振兴。因此，选取长江经济带中部典型省份湖北省为典型案例区，开展新时代乡村振兴战略背景下特色保护类村庄空间演化特征及影响机理研究，对传承与延续乡村文明、留住乡愁提供历史参考和借鉴，同时对全国其他地区特色保护类村庄研究具有重要的参考价值。

## （二）数据来源及预处理

本研究中所选取的特色保护类村庄样本充分尊重和执行了政府针对特色村庄颁发的有关文件，将湖北省境内已获得国家或省部级层面命名的各种特色村落，直接划定为历史文化类、传统村落类、特色村寨类、旅游类四种类型特色保护类村庄，着力实现应保尽保、有效传承。具体来看，主要包括 2003 年、2005 年、2007 年、2008 年、2010 年、2014 年和 2018 年住房和城乡建设部、国家文物局认定的第一批至第七批"中国历史文化名村"，湖北省境内共计 15 个，来源于中华人民共和国住房和城乡建设部网站（http：//www. mohurd. gov. cn）；2012 年、2013 年、2014 年、2016 年和 2019 年住房和城乡建设部、文化部等认定的第一批至第五批"中国传统村落"，湖北省境内共计 206 个，来源于传统村落网站（http：//www. chuantongcunluo. com/）；2014 年和 2017 年国家民委命名的两批少数民族特色村寨，湖北省境内共计 49 个，来源于国家民委网站（http://www. seac. gov. cn）；湖北省文化和旅游厅授牌的"湖北旅游名村" 118 个，来源于湖北省文化和旅游厅网站（http：//wlt. hubei. gov. cn/bsfw/bmcxfw/lymzml/）。

同时，为在乡村巨变中保存历史记忆，传承和延续乡村文明、留住乡愁，兼顾新时代乡村振兴战略背景下湖北省不同系列乡村建设的突出代表，如"湖北省文明村""湖北省宜居村庄""湖北省生态村""新农村建设示范村"等村庄,选取其他类型特色村庄 412 个,数据来源于《湖北名村》目录(湖北省地方志编撰委员会办公室,2016)。由于不同时期、不同部门命名的各种特色村庄存在一定的重复,本研究根据命名的时间节点和部门层级高低,将重复命名的村庄优先归并为较早和较高层级部门命名的村庄类型,进而剔除重复命名的村庄,湖北省境内处理后的特色保护类村庄共计 757 个(见表 4.2),全省 17 个地市行政区均有不同程度分布。

表 4.2 湖北省特色保护类村庄类型一览表

| 样本类型 | 数量 | 概 念 内 涵 | 数 据 来 源 |
|---|---|---|---|
| 历史文化名村 | 15 | 《中国历史文化名村或中国历史文化名镇评选办法》,明确指出历史文化名村是指"保存文物特别丰富并且具有重大历史价值或革命纪念意义,能较完整地反映一些历史时期传统风貌和地方民族特色村" | 中华人民共和国住房和城乡建设部网站(http://www.mohurd.gov.cn),被收录进各级政府颁布的历史文化名镇名村名录的村庄 |
| 传统村落 | 206 | 形成较早,拥有较丰富的传统资源,现存比较完整,具有较高历史、文化、科学、艺术、社会、经济价值的村落 | 传统村落网站(http://www.chuantongcunluo.com/),被收录进各级政府颁布的传统村落名录的村庄 |
| 少数民族特色村寨 | 49 | 民居特色突出、产业支撑有力、民族文化浓郁、人居环境优美、民族关系和谐的少数民族村寨 | 国家民委网站(http://www.seac.gov.cn),被收录进"中国少数民族特色村寨"名录的村庄 |
| 旅游名村 | 118 | 具备自然、人文等独特的核心景观资源,并具有一定保护基础和旅游发展潜力的村 | 湖北省文化和旅游厅网站(http://wlt.hubei.gov.cn/bsfw/bmcxfw/lymzml/),被收录进各级政府颁布的特色景观旅游名镇名村名录的村庄 |

| 样本类型 | 数量 | 概 念 内 涵 | 数 据 来 源 |
|---|---|---|---|
| 其他类型特色村庄 | 412 | 通过民居特色程度、旅游产业发展水平、生态环境状况、是否有国家级文物保护单位等参考指标确定湖北省不同系列乡村建设的突出代表，如湖北省文明村、湖北省宜居村庄、湖北省生态村、新农村建设示范村等 | 湖北省地方志编撰委员会办公室．湖北名村［M］.北京：中国和平出版社，2016 |
| 剔除重复命名 | 757 | | |

本研究将湖北省特色保护类村庄作为"点"要素进行处理，根据特色保护类村庄村委会所在地，借助百度地图拾取坐标系统（API）获取特色保护类村庄经纬度坐标数据，构建"点"要素矢量数据库；以国家基础地理信息中心（http：//www.ngcc.cn）提供的1：400万的矢量地图为底图，借助 ArcGIS10.8 软件平台对湖北省特色保护类村庄进行地理空间匹配，并进行空间可视化表达。最终，构建了湖北省特色保护类村庄数据库，主要包括评选时间、评选批次、经纬度地理坐标、距地级市距离、距县城距离、产业状况等信息。由于所选取的不同类型村庄评选周期存在一定的差异，为便于更好地开展时空演化特征研究，分别选取 2009 年、2014 年和 2020 年作为时间节点进行分析。本研究中涉及的行政区划数据来源于湖北省自然资源厅（https：//zrzyt.hubei.gov.cn/），特色保护类村庄演化影响机理分析中涉及的地形地貌数据来源于地理空间数据云平台（http：//www.Gscloud.cn）提供的 SRTM 90 m DEM 数据，河流水系及交通道路等数据来源于中国科学院资源环境科学数据中心（http：//www.Resdc.cn），资源禀赋、社会经济及政策环境等数据来源于湖北省统计局网站（https：//tjj.hubei.gov.cn/）及湖北省各县市区相关统计年鉴、统计公报和政府工作报告。

## （三）典型村庄概况分析

本研究结合数据可获取性和实地调研所获得的典型村庄数据，分别选取湖北省特色保护类村庄中的长岭村和柳林村，作为代表性村庄进行相关研究。长岭村和柳林村分别位于宜昌市点军区的联棚乡和艾家镇，分别以专栏形式对两个代表性村庄的区位条件、自然资源、人文资源、人口区划、经济发展及主要问题等现状概况进行详细介绍（详见专栏4-1和专栏4-2），为湖北省特色保护类村庄统筹保护与振兴发展对策及路径研究提供村域尺度上详实资料支撑。

专栏4-1

### 典型村庄现状概况——以宜昌市点军区长岭村

1. 区位条件。长岭村位于联棚乡西北部，村域总面积14.82平方千米，是联棚乡的中心村之一，距市中心城区约12千米。该村属于山地地形，地形狭长，平地较少，缓坡较多。长岭村属于城郊村，交通区位优势明显，村域内交通便利，全村北侧有翻坝高速境外经过，县道X202从北侧向村内延伸，赵胡路贯穿其境。

2. 自然资源。长岭村属于山地地形，整体狭长，平地面积少，缓坡地较多。适合养殖业的规模发展。境内生态植被良好，水资源丰富，以柑橘为主的农业产业格局已基本形成。水资源丰富，村域整体生态格局较好，整体呈现出一幅"绿水青山"的环境面貌。水系：长岭河（古称小溪），发源于土城乡关口，经泉水溪、长岭、赵家棚、福安、罗家坝，于点军街办范家湖汇入卷桥河；长岭河自西而东流向，全长23.1千米，流域面积40.7平方千米，坡度6.6‰，该河平均流量1.25米³/秒，另有13条季节性支流注入；长岭河流经长岭村的长度达8.5公里，水系质量在大部分河段都比较良好，在局部靠近居民区的地方受到一定程度污染。山体：长岭全域由一系列山脉蜿蜒延伸而得名，居民点多镶嵌于山谷或处于山脊；生态防护林也占有很大一部分比例，整个规划场地为山体与高丘缓坡相结合的地貌，规划范围内最低高程为45米，最高700米。地势较为平坦的部分高程多在

100 米左右，适合建设的土地集中在村委会附近的平缓区域以及长岭河沿河两岸。

3. 人口区划。长岭村村域范围内现状总户数约为 818 户，总人口约为 2622 人，下辖 7 个村民小组。其中劳动力共有 1300 人，农村从业人口达 450 人，外出劳动力 800 人；长岭村劳动力资源比较丰富，但外出务工劳动力较多，人口流失严重。

4. 经济发展。长岭村村民收入主要来源为传统种植业、养殖业和外出务工。2016 年经济总收入 3820 万元，农村人均纯收入 12950 元；留在村里的村民主要以从事传统农业为主（以种植蔬菜，柑橘等为主），大部分年轻人选择外出务工，老年人则选择在家务农。总体经济水平较为落后，人均年收入低于宜昌市农村平均水平。传统柑橘种植是长岭村的主要收入来源，年产优质柑橘产量达 8000 吨，产量明显高于临近其他村庄；柑橘种植将成为其未来发展的最大优势产业，但仍然面临着衰老、产量低、品质退化等问题，难以满足市场要求，果农收益少，种植管理积极性不高，加剧了柑橘品质的下降，急需品种改良，增加科技投入，实现三产融合，积极发展农旅产业。

5. 主要问题。产业基础薄弱，效益低下。作为支柱产业的柑橘种植业，其柑橘品种落后，产量及效益不高，没有形成完整产业链和品牌效应。农业科技含量低，缺乏农业资金投入；传统农业没有和乡村旅游、观光农业等新型发展业态结合，没有形成稳定产业链。

**专栏 4-2**

## 典型村庄现状概况——以宜昌市点军区柳林村

1. 区位条件。柳林村位于宜昌市点军区东南部，距离点军城区 15 千米。柳林村位于点军区与宜都市的交界处，隶属点军区艾家镇北与艾家村相接，西与刘家村相接，东南与宜都市红花套镇渔阳溪村毗邻。柳林村主要对外交通是一条沿着翻坝高速的通村公路刘柳路，连接艾家镇和宜都市红花套镇是柳林村的主干道，向内连接谭家河路通向点军区，向外延伸即可到达猇亭区，亦可通向宜都市，交通通达性较好。但是通村公路具有唯一性，对镇区的依赖性较大，交通相对不便。

2. 自然环境。柳林村处于山间谷地之中，群山环抱，地势高低起伏，山地多平地少，属丘陵地貌，全村海拔高度在 34.2~408 米，地势最高点为村域西黑山峰，海拔 408 米。柳林村属于亚热带季风性湿润气候区，四季分明，春秋较长，气候温和，年均气温 17.6℃。降水充沛，年平均降水量为 992.1~1404.1 毫米，雨水丰沛，多在夏季，比较长的降水过程都发生在 6—7 月份，雨热风季，全年积温较高，无霜期较长，夏季主导风向为东南风，冬季主导风向为东北风，柳林村两条河流贯穿全村 7 个村民小组，8 组临长江虎牙南岸，柳林一河起源于七里村姚家坪三组，全长 11.3 千米，柳林二河起源于宜都市红花套镇大溪村，途经柳林村 6 组、7 组、5 组到两河口流入宜都红花套渔阳溪五组注入长江，全长 7.5 千米。全村共有八个供水用的堰塘，大小不一，分布在各组中。村内灾害类型主要为洪涝灾害，基本每年都会受到洪水影响，曾发生过河水冲垮堤坝的情况。近年来逐步开展河道整治工程，加固沿途堤防，防止洪水冲垮堤坝。新建民居选址也都在地势较高处，且对排水做了专门处理，增加了安全性。

3. 自然资源。柳林村的自然资源可分为山、水、林、石四类，山环水绕，林密石奇。荆门山等多座海拔在 500 米以下的低山坐落于村域范围内，构成了村域的主体背景。穿村而过的柳林一河和柳林二河是村庄主要的地表水资源，另有大大小小上十口堰塘散布于各村民小组。未开发的林地占了全村大部分的面积，其中很多是原始森林，森林覆盖率在 80% 以上。大量的精致小石散落于柳林河内，经历大自然的长期雕琢，奇石大小不同，形态各异，天然成趣。

4. 人文资源。柳林村所属艾家镇历史文化悠久，镇内有胜景荆门山，隔江与虎牙山相峙，地势险要。村城范围有丰富的历史人文资源，其中最为闻名的是荆门山，该山位于红花套镇北端，跨宜都市与宜昌点军区分界，山体南北长 3 千米，东西宽 2 千米，方圆约 6 平方千米。主峰海拔 139.2 米。荆门山地处荆门江南、虎牙江北，上合下开，酷似大门，故称荆门。此山与对岸虎牙山隔江相望，形成一道长江出三峡入江汉平原的门阙，江岸峭壁千寻，峥嵘突兀，状如虎齿，是历代兵家常争之地，有"楚之西塞"之称。村域西北部有人迹罕至的胡家坳和万津沟两条大峡谷，在尽头有诡异的蚂蚁潭和神奇的龙王洞。

5. 人口区划。柳林村村域范围内总人口在 850 人左右，人口变化不大，相对较为稳定，总户数呈缓慢增长趋势。柳林村劳动力（男 60 周岁以下，女 55 周岁以下）为 500 人左右，占总人口的 59% 左右，总劳动力中外出打工劳动力逐年增加，从 2012 年的 31.7% 增加到 2016 年的 72%，一定程度上反映出柳林村现状劳动力外流情况较为严重，外出务工是村民一项重要的经济收入来源。

6. 经济发展。柳林村经济总收入总体呈上升态势，由 2011 年的 978 万元增长到 2015 年的 1151 万元，5 年间共增加 173 万元，年均增长率为 4.35%，自然灾害对农产品收入影响较大。在艾家镇 5 个行政村中，柳林村经济总收入处于全镇下游水平，有较大的提升空间。农村经济总收入主要由打工收入与农业收入构成，农业收入主要以柑橘和传统养殖等收入为主，青壮年劳动力多选择外出打工。

7. 村庄特色。一是自然及历史文化资源特色。自然景色优美，村域内的居民点多集中于山前地势较平坦的地区，周围山体呈环抱之势，山水资源丰富，天然成趣，村内绿树成荫，空气清新，环境优美；文化底蕴丰厚，三块石、观音洞、仙人桥、万津沟等景点分落在村庄各处，乡村民房展现鄂西民居特色，另有民间风俗、农耕生活等乡村文化。二是经济发展特色。农村经济总收入主要由打工收入与农业收入构成，农业收入主要以柑橘和养殖等收入为主，青壮年劳动力多选择外出打工。三是村庄风貌特色。村庄及各村组选址都十分讲究风水，靠山面水、临近农田和道路，水、田、屋、山阶梯式抬升，形成山、水、林、田、建筑和谐一体的山村整体风貌；但新旧建筑风貌不统一，较为杂乱，冲突性显现。

8. 主要问题。柳林村属典型的山地丘陵型村庄，山林多地少，耕地多为山谷坡地，80% 以上为山地丘陵。村落较为分散，规模较小的 6 组、7 组、8 组位于山谷中，交通不便，不利于基础设施及公共设施的集中配置及有效利用。产业形式单一，第一产业原始，第二、三产业几乎空白，二三产业开发仍有充足的潜力空间。土地贫瘠，农产品产量低品相差价格低，导致农民农业收入低，地形限制难以发展规模农业，村民就业以农业种养殖和外出打工为主，且家庭收入对外出打工依赖性极强。村内荆门山、三块石、绵阳洞、观音洞、仙人桥、万津沟等自然、人文资源旅游开发价值较大，但目前尚未进行开发建设，基础设施尚未配套，资源没有得到有效利用。生态环境良好，但山水田林不成景观，整体景观较差；村庄风貌不成景观，新旧民居风格差别大；2000年以来，部分村民依靠外出打工收入，建造了2层或3层楼房，建筑风格各异，与自然风貌不协调，破坏了村庄整体风貌。同时，村域经济较为落后，青壮年多外出打工，村内以老人、小孩为主，空心化情况严重，村内老龄化现象也比较严重。

## 二、特色保护类村庄空间结构识别理论框架

特色保护类村庄作为乡村振兴的基本类型和文化传承重要载体之一，其空间结构识别研究是特色保护类村庄科学保护与活化利用的重要前提和依据，有利于从空间上认识特定文化资源分布特征。新时代全面推进乡村振兴战略背景下，科学明晰特色保护类村庄空间结构不仅是特色保护类村庄振兴实践的迫切需求，也是乡村研究的基础和难点。本研究中特色保护类村庄空间结构识别理论框架构建，以特色保护类村庄类型界定及时间节点确定为前提，在研究区概况、数据来源及预处理详细介绍的基础上，科学选定最邻近指数、标准差椭圆、核密度估计、网格维分析和探索性空间数据分析等一系列空间结构分析方法，分别从空间分布类型、空间分布方向、空间分布密度、空间分布均衡性和空间分布集聚性等方面，分别对2009年、2014年、2020年不同年份湖北省旅游类、历史文化类、传统村落类、特色村寨类和其他类型等特色保护类村庄空间结构进行识别与分析，且进一步探讨了不同地貌类型区特色保护类村庄空间结构及演化特征，为湖北省特色保护类村庄空间结构演化影响机理研究奠定前提和基础。湖北省特色保护类村庄空间结构识别理论框架详见图4.1。

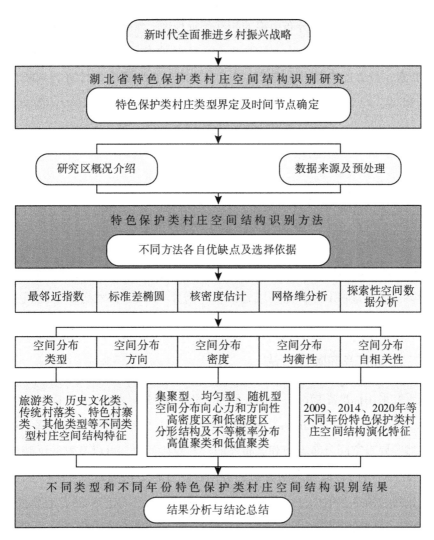

图 4.1　湖北省特色保护类村庄空间结构识别理论框架

# 三、特色保护类村庄空间结构识别研究方法

## （一）最邻近指数分析法

特色保护类村庄空间集聚程度的分析和判断以科学测度村落的空间分布状态

为基础，因此选择可有效测度空间状态的最邻近指数分析方法。最邻近点指数用于表示点状事物之间空间分布距离的相互邻近程度，本研究采用最邻近指数反映湖北省特色保护类村庄空间分布类型。特色保护类村庄在空间上可以抽象为"点"要素，最邻近指数能够较好地对点状空间分布要素聚集性进行判断，通常分为集聚型、均匀型和随机型，计算公式如下（Stephen，1989；潘方杰等，2021）：

$$R = \frac{\overline{r_1}}{\overline{r_E}} \tag{4.1}$$

$$\overline{r_E} = \frac{1}{2\sqrt{\dfrac{n}{A}}} = \frac{1}{2\sqrt{D}} \tag{4.2}$$

式中：$R$ 为最邻近指数；$\overline{r_1}$ 为观测最近邻距离；$\overline{r_E}$ 为理论最近邻距离；$n$ 为特色保护类村庄数量；$A$ 为研究区域总面积。当 $R=1$ 时，点状分布为随机型；当 $R>1$ 时，点状要素趋于均匀；当 $R<1$ 时，点状要素趋于集聚分布。

### （二）标准差椭圆分析法

本研究采用标准差椭圆反映湖北省特色保护类村庄空间分布方向。标准差椭圆（Standard Deviational Ellipse，SDE）是空间统计方法中能够精确地探索社会经济、自然等要素空间分布方向和展布性的一种经典算法，可以有效的反映地理要素的整体空间结构特征和空间分布的方向性。SDE 方法通过以中心、长轴、短轴、方位角为基本参数的空间分布椭圆定量描述研究对象的空间分布整体特征。具体来说，空间分布椭圆以地理要素空间分布的平均中心为中心，分别计算其在 $X$ 方向和 $Y$ 方向上的标准差，以此定义包含要素分布的椭圆的轴。使用该椭圆可以查看要素的分布是否被拉长，由此而具有特定方向。SDE 方法基于研究对象的空间区位和空间结构，可从全局的、空间的角度定量解释地理要素空间分布的中心性、展布性、方向性、空间形态等特征。椭圆空间分布范围表示地理要素空间分布的主体区域，中心表示地理要素在二维空间上分布的相对位置，方位角反映其分布的主趋势方向，即正北方向顺时针旋转到椭圆长轴的角度（赵璐等，2014）。椭圆的长半轴表示的是数据分布的方向，短半轴表示的是数据分布的范围，短半轴越短，表示数据呈现的向心力越明显；反之，短半轴越长，表示数据的离散程度越大。长短半轴的值差距越大（即扁率越大），表示数据的方向性越明显。反之，如果长短半轴越接近，表示方向性越不明显；如果长短半轴完全相等，表示没有任何的方向特征。SDE 主要参数的计算公式如下：

$$\bar{x}_w = \frac{\sum_{i=1}^{n} w_i x_i}{\sum_{i=1}^{n} w_i} \; ; \; \overline{Y}_w = \frac{\sum_{i=1}^{n} w_i y_i}{\sum_{i=1}^{n} w_i} \qquad (4.3)$$

$$\tan\theta = \frac{\left( \sum_{i=1}^{n} w_i^2 \tilde{x}_i^2 - \sum_{i=1}^{n} w_i^2 \tilde{y}_i^2 \right) + \sqrt{\left( \sum_{i=1}^{n} w_i^2 \tilde{x}_i^2 - \sum_{i=1}^{n} w_i^2 \tilde{y}_i^2 \right)^2 + 4 \sum_{i=1}^{n} w_i^2 \tilde{x}_i^2 \tilde{y}_i^2}}{2 \sum_{i=1}^{n} w_i^2 \tilde{x}_i \tilde{y}_i}$$

$$\qquad (4.4)$$

$$\sigma_x = \sqrt{\frac{\sum_{i=1}^{n} (w_i \tilde{x}_i \cos\theta - w_i \tilde{y}_i \sin\theta)^2}{\sum_{i=1}^{n} w_i^2}} \qquad (4.5)$$

$$\sigma_y = \sqrt{\frac{\sum_{i=1}^{n} (w_i \tilde{x}_i \sin\theta - w_i \tilde{y}_i \cos\theta)^2}{\sum_{i=1}^{n} w_i^2}} \qquad (4.6)$$

## （三）核密度估计分析法

核密度估算法是指假设地理事件可以发生在空间上的任意地点，不同位置所发生事件的概率有所不同，点的密集程度表示所发生事件概率的高低，点密集度越高表示发生事件的概率越高，反之越低。核密度分析用于刻画研究对象的空间密度特征和分布趋势，能有效反应核对周边区域的影响程度。在剖析特色保护类村庄的分布密度及不同类型特色保护类村庄的空间地域差异方面，核密度分析法以其可视化效果显著成为首选方法。因此，本研究借助 ArcGIS10.8 软件中"核密度"工具，对湖北省特色保护类村庄进行密度制图与分析，进而分析其空间分布的总体格局及其集聚变化状况，计算公式如下（佟玉权，2014）：

$$f_n(X) = \frac{1}{nh^d} \sum_{i=1}^{n} k\left(X - \frac{X_i}{h}\right) \tag{4.7}$$

式中：$k\left(X - \dfrac{X_i}{h}\right)$ 为核密度方程；$(X - X_i)$ 为估值点 $X$ 到要素 $X_i$ 的距离；$h$ 为带宽即搜索半径，$n$ 为要素总数；$d$ 为数据维数。

## （四）网格维分析法

在确认特色保护类村庄整体空间关联特征的基础上，需要详细刻画其空间分布的复杂性，借助网格维模型探究特色保护类村庄空间分布的均衡性直观且必要。本研究采用网格维模型反映湖北省特色保护类村庄空间分布复杂性。运用 ArcGIS10.8 渔网工具，对研究区进行等格数分割，观察并记录被特色保护类村庄点占据的网格数 $N(r)$ 的变化，若其分布具有分形特征，则应有（许志晖等，2007；贾垚焱等，2019）：

$$N(r) \propto r^{-\alpha} \tag{4.8}$$

定义 $\alpha = D_0$ 为分维（称容量维），设定行号为 $i$、列号为 $j$ 的网格中村庄个数为 $N_{ij}$，研究区全部村庄总数为 $N$，可近似地定义概率为 $P_{ij} = \dfrac{N_{ij}}{N}$，则有信息量：

$$I(r) = - \sum_{i}^{k} \sum_{j}^{k} P_{ij}(r) \ln P_{ij}(r) \tag{4.9}$$

式中：$k$ 表示网格的分段数目，若村庄分布是分形的，则有：

$$I(r) = I_0 - D_1 \ln r \tag{4.10}$$

式中：$I_0$ 为常数；$D_1$ 为分维（称信息维）。通常，$0 \leq D \leq 2$，当区域内只有一个村庄点时 $D = 0$；当区域内村庄点均匀分布时，$D = 2$。

## （五）探索性空间分析法

探索性空间数据分析（Exploratory Spatial Data Analysis，ESDA）是空间数据分析技术的一种，它以空间关联性测度为核心，旨在描述与显示对象的空间分布，发现奇异观测值，揭示空间联系、簇聚以及其他异质性的空间模式（马晓冬等，2004）。该方法主要用于揭示对象的空间分布发现其空间关联特征，通过对事物空间分布格局的描述与可视化，来揭示事物间的空间相互作用机制（Getis et al.，1992；周国华等，2018）。ESDA 中的空间关联测度利用空间自相关指数来探索自然与社会现象的空间模式和非常态分布，其中全局空间自相关指标用于验证整个研究区域的空间模式，而局域空间自相关指标用于反映一个区域单元上的某种属性值与邻近区域单元上同一属性值的相关程度。因此，本研究从全局和局部两个维度分析湖北省特色保护类村庄空间关联特征及格局的演化，具体而言采用 Global Moran's $I$ 指数和 Local Moran's $I$ 指数判断特色保护类村庄的空间关联结构模式，并通过 Getis-Ord $G_i^*$ 进一步识别不同空间位置上的高值集聚和低值集聚，明晰热点区与冷点区的空间分布格局，并揭示湖北省特色保护类村庄空间集聚特征（潘方杰等，2021）。

**1. 全局空间自相关**

确认村落空间的关系属性是研究特色保护类村庄之间关联性和空间分布规律的前提，因此采用可整体把握研究对象地理依赖关系的 Moran's $I$ 分析法。本研究通过将研究区特色保护类村庄数量的均值与每个县域特色保护类村庄数量值进行比较，得出特色保护类村庄数量分布在该区域有无聚集性。湖北省特色保护类村庄数量分布的全局空间自相关分析采用指标 Moran's $I$ 指数，其公式如下（王劲峰等，2010；常变蓉等，2014）：

$$I = \frac{n \cdot \sum_{i=1}^{n} \sum_{j=1}^{n} \omega_{ij}(x_i - x)(x_j - x)}{\left(\sum_{i=1}^{n} \sum_{j=1}^{n} \omega_{ij}\right) \cdot \sum_{i=1}^{n} (x_i - x)^2}, \quad i \neq j \tag{4.11}$$

式中：$n$ 为要素总个数，即县域总数；$w_{ij}$ 为 $i$、$j$ 区域的空间权重系数，反应第 $i$、$j$ 区域在空间上的关系；$x_i$ 为 $i$ 单元某现象的发生数，即县域特色保护类村庄数量；$x$ 为研究区域内所有单元某现象的平均数，即研究区县域特色保护类村庄数量的平均值。Moran's $I$ 取值范围为 -1 与 1 之间。

采用 $Z_I$ 得分对全局 Moran's $I$ 进行统计检验，其公式如下：

$$z_I = \frac{I - \left(\dfrac{-1}{n-1}\right)}{\sqrt{(E[I^2] - E[I]^2)}} \tag{4.12}$$

## 2. 局部空间自相关

本研究采用 Local Moran's $I$ 指标可识别研究区特色保护类村庄数量较高或者较低的县域空间聚类模式,其公式如下(Anselin,1995;潘方杰等,2019):

$$I_i = \frac{x_i - x}{\dfrac{\displaystyle\sum_{j=1, j\neq 1}^{n}(x_j - x)^2}{n-1} - x^2} \sum_{j=1, j\neq 1}^{n} \omega_{i,j}(x_j - x) \qquad (4.13)$$

统计的 $Z_{I_i}$ 得分按以下公式计算:

$$z_{I_i} = \frac{I_i - E[I_i]}{\sqrt{(E[I_i^2] - E[I_i]^2)}} \qquad (4.14)$$

其中,

$$E[I_i] = -\frac{\displaystyle\sum_{j=1, j\neq i}^{n} \omega_{ij}}{n-1} \qquad (4.15)$$

式中:$x_i$ 和 $x_j$ 分别表示某现象在空间单元 $i$ 和 $j$ 上的观测值;其余符号含义同前。如果 $I$ 为正值表示要素具有包含同样高或低的属性值的临近要素,则该要素是聚类的一部分;如果 $I$ 为负值表示要素具有包含不用值的临近要素,则该要素是异常值。本研究基于 ArcGIS10.8 聚类和异常值分析工具对湖北省县域特色保护类村庄数量空间分布进行分析,通过 Local Moran's $I$ 指数值、$Z$ 得分、$P$ 值和表示每个要素的聚类类型编码,对该指数统计显著性进行评估,并得出高值(HH)聚类、低值(LL)聚类两种聚类模式以及低值被高值包围(LH)和高值被低值包围(HL)两类异常值。

## 3. 热点分析

本研究对每一个县域特色保护类村庄数量计算 Getis-Ord $G_i^*$ 统计量,通过得到的 $Z$ 得分和 $P$ 值,可知特色保护类村庄数量高值或低值县域在空间上发生聚类的位置,其公式如下(Ord et al.,1995;潘方杰等,2019):

$$G_i^* = \frac{\sum\limits_{j=1}^{n} \omega_{i,j} x_j - x \sum\limits_{j=1}^{n} \omega_{i,j}}{\sqrt{\dfrac{\sum\limits_{j=1}^{n} x_j^2}{n} - x^2} \sqrt{\dfrac{\left[n \sum\limits_{j=1}^{n} \omega_{i,j}^2 - \left(\sum\limits_{j=1}^{n} \omega_{i,j}\right)^2\right]}{n-1}}} \qquad (4.16)$$

式中符号含义同前，$G_i^*$ 统计结果就是 $Z$ 得分，绝对值越大，程度就越高；大于 0 时表示正热点，属于特色保护类村庄数量较大的县域聚集的区域；小于 0 时表示负热点，属于特色保护类村庄数量较小的县域聚集的区域；接近于 0，则呈随机分布。

# 四、特色保护类村庄空间结构识别结果

乡村问题具有显著的地域性和综合性特征，中国地域辽阔不同地区自然地理条件、经济发展水平、社会风俗习惯等存在区域差异，乡村的类型分化特征和趋势极为明显（杨忍等，2020），导致不同特色保护类村庄的发展现状和条件各异，有必要面向乡村振兴战略，详细探究不同类型特色保护类村庄空间结构特征以因类精准施策。因此，科学明晰不同特色村庄类型空间结构特征不仅是特色保护类村庄振兴实践的迫切需求，也是乡村研究的基础和难点。

## （一）特色保护类村庄区域空间结构特征

### 1. 特色保护类村庄市域结构特征

本研究将湖北省特色保护类村庄作为"点"要素进行处理，由于不同时期、不同部门命名的各种特色村庄存在一定的重复，本研究根据命名的时间节点和部门层级高低，将重复命名的村庄优先归并为较早和较高层级部门命名的村庄类型，进而剔除重复命名的村庄，湖北省境内处理后的特色保护类村庄共计 757 个，全省 17 个地市行政区均有不同程度分布（见图 4.2），其空间分布数量和分布密度呈现出显著差异（见表 4.3）。从不同地市行政区空间分布数量和占比来看，恩施州数量最多为 140 个，占湖北省特色保护类村庄总数的 18.49%；宜昌市数量次之为85个，占全省总数的11.23%；黄冈市和十堰市数量也较多，数量分别为79个和76个，分别占全省总数的10.44%和10.04%；而潜江市、仙桃市和天门市分布相对较少，数量均为7个，均占全省总数均不足0.92%；神农架林区分布数量最少，仅有6个，仅占全省总数的0.79%。从不同地市行政区空间分布密度来看，黄石市密度最高为7.67个/10³平方千米，其次孝感市、恩施州和鄂州市密度较高且相差不大，分别为5.97个/10³平方千米、5.79个/10³平方千米和5.66个/10³平方千米；咸宁市、黄冈市、荆州市和宜昌市密度也处于一定的较高水平，分别为4.83个/10³平方千米、4.53个/10³平方千米、4.12个/10³平方千米和3.99个/10³平方千米；而随州市、潜江市、仙桃市、天门市和神农架林区密度相近且相对较小，均不足3个/10³平方千米。综上可见，湖北省特色保护类村庄在市域尺度上数量和密度特征存在显著的差异性，高数量和高密度区在市域尺度上的分布存在一定的差异性，而低数量和低密度区分布大体上具有相对较高一致性。

表4.3　　　　　　　　湖北省各地市特色保护类村庄分布情况

| 行政区 | 数量（个） | 占比（%） | 密度（个/10³平方千米） | 行政区 | 数量（个） | 占比（%） | 密度（个/10³平方千米） |
|---|---|---|---|---|---|---|---|
| 武汉市 | 33 | 4.36 | 3.87 | 黄冈市 | 79 | 10.44 | 4.53 |
| 黄石市 | 35 | 4.62 | 7.67 | 咸宁市 | 47 | 6.21 | 4.83 |
| 襄阳市 | 57 | 7.53 | 2.89 | 随州市 | 21 | 2.77 | 2.19 |
| 荆州市 | 58 | 7.66 | 4.12 | 恩施州 | 140 | 18.49 | 5.79 |
| 宜昌市 | 85 | 11.23 | 3.99 | 仙桃市 | 7 | 0.92 | 2.77 |
| 十堰市 | 76 | 10.04 | 3.22 | 潜江市 | 6 | 0.79 | 2.96 |
| 孝感市 | 53 | 7.00 | 5.97 | 天门市 | 7 | 0.92 | 2.65 |
| 荆门市 | 37 | 4.89 | 3.00 | 神农架林区 | 7 | 0.92 | 2.17 |
| 鄂州市 | 9 | 1.19 | 5.66 | 合计 | 757 | 100.00 | / |

注：恩施土家族苗族自治州简称恩施州。

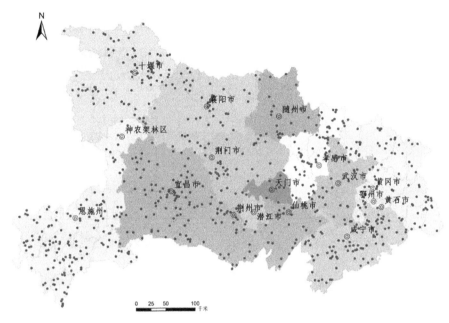

图 4.2　湖北省各地市特色保护类村庄空间分布

进一步通过洛伦兹曲线图（见图 4.3）的绘制，则能够更加直观地表现出湖北省特色保护类村庄的分布主要集中在恩施州、宜昌市、黄冈市、十堰市、荆州市、襄阳市和孝感市 7 个地市，数量合计为 548 个，合计占全省总数的 72.39%以上；而潜江市、仙桃市、天门市、神农架林区、鄂州市和随州市分布数量较少，数量合计为 57 个，仅占全省总数的 7.53%。整体上表明湖北省特色保护类村庄在不同地市行政区集中分布趋势特征明显。

**2. 特色保护类村庄县域结构特征**

湖北省境内特色保护类村庄在全省 92 个县域行政区有不同程度分布，其空间分布数量和分布密度呈现出一定的显著差异性（见表 4.4）。从不同县域行政区空间分布数量和占比来看，利川市、丹江口市、宣恩县、恩施市和大冶市数量相对最多，分别为 29 个、24 个、20 个、19 个和 18 个，分别占湖北省特色保护类村庄总数的 3.83%、3.17%、2.64%、2.51% 和 2.38；来凤县、阳

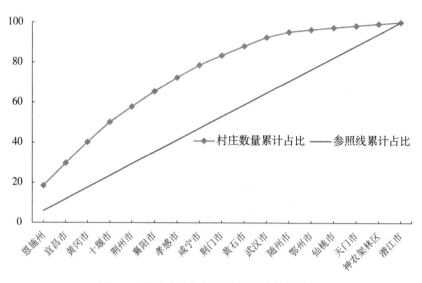

图 4.3 湖北省特色保护类村庄洛伦兹曲线

新县、鹤峰县和麻城市数量次之，均为 17 个，均占湖北省特色保护类村庄总数的 2.25%；汉阳区、洪山区、江岸区、江汉区、青山区、铁山区、武昌区、西塞山区、下陆区、猇亭区和黄石港区无特色保护类村庄分布。从不同县域行政区空间分布密度来看，伍家岗区、西陵区和硚口区特色保护类村庄密度相对最高，分别为 57.44 个/10³平方千米、32.84 个/10³平方千米和 21.91 个/10³平方千米，沙市区、云梦县、点军区、来凤县和樊城区特色保护类村庄密度也相对较高，分别为 18.10 个/10³平方千米、18.00 个/10³平方千米、13.11 个/10³平方千米、12.78 个/10³平方千米和 12.51 个/10³平方千米；虽然丹江口市、老河口市、宣恩县和利川市特色保护类村庄数量最多，但与密度最高的县域数值相差较大，其值分别为 7.67 个/10³平方千米、7.43 个/10³平方千米、7.23 个/10³平方千米和 6.28 个/10³平方千米。综上可见，湖北省特色保护类村庄在县域尺度上数量和密度特征存在显著的差异性，高数量和高密度区在县域尺度上的分布存在一定的差异性。

表 4.4 　　　　　　　　湖北省各县区特色保护类村庄分布情况

| 行政区 | 数量（个） | 占比（%） | 密度（个/$10^3$平方千米） | 行政区 | 数量（个） | 占比（%） | 密度（个/$10^3$平方千米） |
|---|---|---|---|---|---|---|---|
| 利川市 | 29 | 3.83 | 6.28 | 枝江市 | 7 | 0.92 | 5.04 |
| 丹江口市 | 24 | 3.17 | 7.67 | 曾都区 | 7 | 0.92 | 4.93 |
| 宣恩县 | 20 | 2.64 | 7.23 | 江夏区 | 7 | 0.92 | 3.50 |
| 恩施市 | 19 | 2.51 | 4.77 | 仙桃市 | 7 | 0.92 | 2.77 |
| 大冶市 | 18 | 2.38 | 11.54 | 天门市 | 7 | 0.92 | 2.65 |
| 来凤县 | 17 | 2.25 | 12.78 | 神农架林区 | 7 | 0.92 | 2.17 |
| 阳新县 | 17 | 2.25 | 6.15 | 樊城区 | 6 | 0.79 | 12.51 |
| 鹤峰县 | 17 | 2.25 | 5.87 | 茅箭区 | 6 | 0.79 | 11.41 |
| 麻城市 | 17 | 2.25 | 4.72 | 襄城区 | 6 | 0.79 | 9.36 |
| 通山县 | 14 | 1.85 | 5.82 | 通城县 | 6 | 0.79 | 5.46 |
| 建始县 | 14 | 1.85 | 5.28 | 石首市 | 6 | 0.79 | 4.24 |
| 红安县 | 12 | 1.59 | 6.76 | 咸安区 | 6 | 0.79 | 4.02 |
| 大悟县 | 12 | 1.59 | 6.09 | 远安县 | 6 | 0.79 | 3.44 |
| 咸丰县 | 12 | 1.59 | 4.69 | 潜江市 | 6 | 0.79 | 2.96 |
| 巴东县 | 12 | 1.59 | 3.55 | 罗田县 | 6 | 0.79 | 2.81 |
| 云梦县 | 11 | 1.45 | 18.00 | 广水市 | 6 | 0.79 | 2.28 |
| 黄梅县 | 11 | 1.45 | 6.46 | 保康县 | 6 | 0.79 | 1.87 |
| 黄陂区 | 11 | 1.45 | 4.87 | 房县 | 6 | 0.79 | 1.18 |
| 蕲春县 | 11 | 1.45 | 4.60 | 伍家岗区 | 5 | 0.66 | 57.44 |
| 监利县 | 11 | 1.45 | 3.52 | 孝南区 | 5 | 0.66 | 5.01 |
| 夷陵区 | 11 | 1.45 | 3.23 | 江陵县 | 5 | 0.66 | 4.85 |
| 郧阳区 | 11 | 1.45 | 2.87 | 蔡甸区 | 5 | 0.66 | 4.55 |
| 南漳县 | 11 | 1.45 | 2.85 | 武穴市 | 5 | 0.66 | 4.09 |
| 竹山县 | 10 | 1.32 | 2.79 | 英山县 | 5 | 0.66 | 3.44 |
| 沙市区 | 9 | 1.19 | 18.10 | 新洲区 | 5 | 0.66 | 3.42 |
| 掇刀区 | 9 | 1.19 | 11.89 | 沙洋县 | 5 | 0.66 | 2.34 |

续表

| 行政区 | 数量（个） | 占比（%） | 密度（个/$10^3$平方千米） | 行政区 | 数量（个） | 占比（%） | 密度（个/$10^3$平方千米） |
|---|---|---|---|---|---|---|---|
| 东宝区 | 9 | 1.19 | 5.87 | 枣阳市 | 5 | 0.66 | 1.52 |
| 汉川市 | 9 | 1.19 | 5.41 | 京山县 | 5 | 0.66 | 1.42 |
| 赤壁市 | 9 | 1.19 | 5.24 | 黄州区 | 4 | 0.53 | 10.47 |
| 秭归县 | 9 | 1.19 | 3.91 | 团风县 | 4 | 0.53 | 5.10 |
| 竹溪县 | 9 | 1.19 | 2.72 | 嘉鱼县 | 4 | 0.53 | 3.86 |
| 长阳县 | 9 | 1.19 | 2.64 | 应城市 | 4 | 0.53 | 3.69 |
| 郧西县 | 9 | 1.19 | 2.57 | 安陆市 | 4 | 0.53 | 2.98 |
| 钟祥市 | 9 | 1.19 | 2.04 | 浠水县 | 4 | 0.53 | 2.03 |
| 老河口市 | 8 | 1.06 | 7.43 | 当阳市 | 4 | 0.53 | 1.86 |
| 孝昌县 | 8 | 1.06 | 6.61 | 公安县 | 4 | 0.53 | 1.76 |
| 宜都市 | 8 | 1.06 | 5.89 | 襄州区 | 4 | 0.53 | 1.59 |
| 崇阳县 | 8 | 1.06 | 4.04 | 西陵区 | 3 | 0.40 | 32.84 |
| 宜城市 | 8 | 1.06 | 3.75 | 汉南区 | 3 | 0.40 | 11.35 |
| 松滋市 | 8 | 1.06 | 3.68 | 华容区 | 3 | 0.40 | 5.97 |
| 兴山县 | 8 | 1.06 | 3.45 | 梁子湖区 | 3 | 0.40 | 5.52 |
| 五峰县 | 8 | 1.06 | 3.33 | 鄂城区 | 3 | 0.40 | 5.50 |
| 洪湖市 | 8 | 1.06 | 3.19 | 谷城县 | 3 | 0.40 | 1.19 |
| 随县 | 8 | 1.06 | 1.44 | 硚口区 | 1 | 0.13 | 21.91 |
| 点军区 | 7 | 0.92 | 13.11 | 东西湖区 | 1 | 0.13 | 2.01 |
| 荆州区 | 7 | 0.92 | 6.74 | 张湾区 | 1 | 0.13 | 1.54 |

注：长阳土家族自治县简称长阳县，五峰土家族自治县简称五峰县。

### 3. 特色保护类村庄不同地貌类型区结构特征

湖北省境内特色保护类村庄在不同地貌类型区均有不同程度分布，其空间分布数量和分布密度呈现出显著差异性，全省特色保护类村庄密度值为 4.07 个/$10^3$平方千米（见表 4.5）。从不同地貌类型区空间分布数量和占比来看，从高到低排序依次为鄂西山地>鄂东丘陵>江汉平原>鄂北岗地，可见鄂西山地数量最多，鄂东丘陵数量次之，江汉平原紧随其后，鄂北岗地数量最少，分别为318个、224个、116个和99个，分别占湖北省特色保护类村庄总数的42.01%、29.59%、15.32%和13.08%。其中，特色村寨集中分布于鄂西山地，占湖北省特色村寨总数的95.92%；传统村落在鄂西山地分布数量最多，占湖北省传统村落总数的53.40%；历史文化类村庄在鄂东丘陵分布数量最多，占湖北省历史文化类村庄总数的60%。从不同地貌类型区空间分布密度来看，从高到低排序依次为鄂东丘陵>鄂西山地>江汉平原>鄂北岗地，可见鄂东丘陵密度最高，且高于全省平均水平；鄂西山地密度次之，与全省平均水平持平；江汉平原紧随其后，鄂北岗地密度最小，均低于全省平均水平；四种地貌类型区特色保护类村庄密度值分别为5.17个/10³平方千米、4.07个/10³平方千米、3.74个/10³平方千米和2.96个/10³平方千米。综上所述，湖北省特色保护类村庄在不同地貌类型区数量和密度特征存在显著的差异性，高数量和高密度区在不同地貌类型区上的分布存在一定的差异性，而低数量和低密度区的分布大体上具有一致性；同时，海拔相对较高的鄂西山地和鄂东丘陵，特色保护类村庄数量和密度均明显高于海拔较低的鄂北岗地和江汉平原。

表4.5　　　　　　湖北省不同地貌类型区特色保护类村庄分布情况

| 地貌类型区 | 数量（个） | 占比（%） | 面积（平方千米） | 密度（个/10³平方千米） |
|---|---|---|---|---|
| 鄂西山地 | 318 | 42.01 | 78176.50 | 4.07 |
| 鄂东丘陵 | 224 | 29.59 | 43322.50 | 5.17 |
| 鄂北岗地 | 99 | 13.08 | 33417.00 | 2.96 |
| 江汉平原 | 116 | 15.32 | 31034.40 | 3.74 |
| 省域范围 | 757 | 100.00 | 185950.40 | 4.07 |

## （二）特色保护类村庄空间分布类型特征

本研究将湖北省特色保护类村庄作为"点"要素进行处理，采用ArcGIS10.8软件中的平均最邻近分析工具，通过计算最邻近指数对不同类型

（旅游类、历史文化类、传统村落类、特色村寨类和其他类型）和不同地貌类型区（鄂西山地、鄂东丘陵、鄂北岗地和江汉平原）特色保护类村庄的空间分布类型进行判断分析，计算结果及其显著性检验详见表4.6。

表4.6　　　　　　湖北省不同类型特色保护类村庄最邻近指数

| 村庄类型 | 观测最邻近距离（M） | 理论最邻近距离（M） | 最邻近指数（R） | 空间结构类型 | P值 |
|---|---|---|---|---|---|
| 旅游类 | 19423.47 | 23680.95 | 0.8202 | 集聚型 | 0.0002 |
| 历史文化类 | 58110.89 | 55711.50 | 1.0431 | 均匀型 | 0.7496 |
| 传统村落类 | 10 966.92 | 19489.64 | 0.5627 | 集聚型 | 0.0000 |
| 特色村寨类 | 20597.86 | 22064.11 | 0.9335 | 集聚型 | 0.0000 |
| 其他类型 | 9581.01 | 13165.33 | 0.7277 | 集聚型 | 0.0000 |
| 全部类型 | 8447.92 | 12028.61 | 0.7023 | 集聚型 | 0.0000 |

**1. 不同类型空间分布类型特征**

整体上看，湖北省境内特色保护类村庄总体的平均最邻近指数为0.7023，Z得分小于−2.58且通过了显著性检验，表明湖北省特色保护类村庄在空间上呈显著集聚分布特征。同时，不同类型特色保护类村庄空间分布形态存在一定的差异，空间结构类型呈现出集聚型和均匀型两种空间形态，地域性分布特征明显。具体来看，旅游类、传统村落类、特色村寨类和其他类型村庄观测最邻近距离明显小于理论最邻近距离，最邻近指数值（R值）均小于1，Z得分均小于−2.58，且通过了显著性检验，表明以上四种特色保护类村庄均呈现出集聚型空间分布形态且集聚程度存在差异。由于最邻近指数的大小差异一定程度上反映了点要素集聚程度的不同，不同类型特色保护类村庄虽然空间结构类型大体上均呈现出集聚型态势，但集聚程度存在一定的差异。其中，传统村落类村庄最邻近指数最小为0.5627，集聚态势最明显，集聚程度最高；其他类型村落最邻近指数为0.7277，集聚程度次之；旅游类村庄最邻近指数为0.8207，集聚程度不及其它类型村庄；而特色村寨类村庄最邻近指数为0.9335，集聚程度相对最低。同时，计算结果显示，历史文化类村庄最邻近指数值为 1.0431，略大于 1，整体上呈现出均匀型空间分布形态，主要是由于研究期内湖北省历史文化名村数量相对最少，数量仅有 15 个，呈零星状分布于湖北省各地。综上所述，从空间分布类型上看湖北省不同类型特色保护类村庄中旅游类、传统村落类、特色村寨类和其他类型村庄均呈现集聚型空间分布形态，且传统村落类集聚程度最高，而历史文化类呈现均匀型空间分布态势。

### 2. 不同地貌区空间分布类型特征

整体上看，鄂西山地、鄂东丘陵、鄂北岗地和江汉平原四种地貌类型区，特色保护类村庄总体的平均最邻近指数分别为 0.7051、0.7450、0.8302 和 0.7932，$Z$ 得分均小于 $-2.58$ 且通过了显著性检验（见表 4.7），表明湖北省不同地貌类型区特色保护类村庄在空间上呈显著集聚分布特征。同时，不同地貌类型区特色保护类村庄集聚程度存在一定的差异性，鄂西山地集聚态势最明显，集聚程度相对最高，鄂东丘陵集聚程度次之，鄂北岗地集聚程度相对最低。

表 4.7　　　　湖北省不同地貌类型区特色保护类村庄最邻近指数

| 地貌类型 | 村庄类型 | 观测最邻近距离（M） | 理论最邻近距离（M） | 最邻近指数（R） | 空间结构类型 | P 值 |
|---|---|---|---|---|---|---|
| 鄂西山地 | 旅游类 | 23877.52 | 26343.87 | 0.9064 | 集聚型 | 0.2296 |
| | 历史文化类 | 105628.84 | 50033.88 | 2.1111 | 均匀型 | 0.0000 |
| | 传统村落类 | 12635.36 | 18392.40 | 0.6870 | 集聚型 | 0.0000 |
| | 特色村寨类 | 16254.80 | 17072.98 | 0.9521 | 集聚型 | 0.0007 |
| | 其他类型 | 12763.64 | 17357.19 | 0.7354 | 集聚型 | 0.0000 |
| | 全部类型 | 8539.86 | 12111.62 | 0.7051 | 集聚型 | 0.0000 |
| 鄂东丘陵 | 旅游类 | 20625.71 | 20380.63 | 1.0120 | 均匀型 | 0.8858 |
| | 历史文化类 | 40268.35 | 30397.20 | 1.3247 | 均匀型 | 0.0624 |
| | 传统村落类 | 10258.60 | 14667.02 | 0.6994 | 集聚型 | 0.0000 |
| | 特色村寨类 | / | / | / | / | / |
| | 其他类型 | 10463.44 | 14039.13 | 0.7453 | 集聚型 | 0.0000 |
| | 全部类型 | 7229.71 | 9703.81 | 0.7450 | 集聚型 | 0.0000 |

续表

| 地貌类型 | 村庄类型 | 观测最邻近距离（M） | 理论最邻近距离（M） | 最邻近指数（R） | 空间结构类型 | P值 |
|---|---|---|---|---|---|---|
| 鄂北岗地 | 旅游类 | 23410.68 | 25684.17 | 0.9115 | 集聚型 | 0.4604 |
| | 历史文化类 | / | / | / | / | / |
| | 传统村落类 | 30344.96 | 25895.76 | 1.1718 | 均匀型 | 0.3241 |
| | 特色村寨类 | / | / | / | / | / |
| | 其他类型 | 11577.32 | 14530.80 | 0.7967 | 集聚型 | 0.0008 |
| | 全部类型 | 10662.04 | 12842.59 | 0.8302 | 集聚型 | 0.0012 |
| 江汉平原 | 旅游类 | 28382.57 | 26810.04 | 1.0587 | 均匀型 | 0.6639 |
| | 历史文化类 | / | / | / | / | / |
| | 传统村落类 | 109809.28 | 22726.10 | 4.8319 | 均匀型 | 0.0000 |
| | 特色村寨类 | / | / | / | / | / |
| | 其他类型 | 11243.37 | 13373.01 | 0.8408 | 集聚型 | 0.0024 |
| | 全部类型 | 9958.56 | 12554.20 | 0.7932 | 集聚型 | 0.0002 |

从同一地貌类型区内不同村庄类型分布来看，鄂西山地区历史文化类村庄最邻近指数大于1，呈均匀型空间分布态势；旅游类、传统村落类、特色村寨类和其他类型村庄最邻近指数均小于1，分别为0.9064、0.6870、0.9521和0.7354，均呈集聚型空间分布态势，且传统村落类集聚程度最高，其次为其它类型，特色村寨类集聚程度相对最低。鄂东丘陵区旅游类和历史文化类村庄最邻近指数大于1，分别为1.0120和1.3247，呈均匀型空间分布态势；传统村落类和其他类型村庄最邻近指数小于1，分别为0.6994和0.7453，呈集聚型空间分布态势，且传统村落类集聚程度略高于其它类型。鄂北岗地区传统村落类村庄最邻近指数大于1，呈均匀型空间分布态势；旅游类和其他类型村庄最邻近指数小于1，分别为0.9115和0.7967，呈集聚型空间分布态势，且其他类型集聚程度略高于旅游类村庄。江汉平原区旅游类和传统村落类村庄最邻近指数均大于1，分别为1.0587

和4.8319,均呈均匀型空间分布态势;其他类型村庄最邻近指数小于1,为0.8408,呈集聚型空间分布态势。

从同一类型村庄在不同地貌类型区分布来看,旅游类村庄在鄂西山地和鄂北岗地呈集聚型空间分布,且鄂西山地集聚程度略高,而在鄂东丘陵和江汉平原呈均匀型空间分布态势;历史文化类村庄在鄂西山地和鄂东丘陵均呈均匀型空间分布态势,鄂北岗地仅分布1个,江汉平原无分布;传统村落类村庄在鄂西山地和鄂东丘陵均呈集聚型空间分布态势,而在鄂北岗地和江汉平原呈均匀型空间分布态势;特色村寨类村庄仅在鄂西山地呈集聚型空间分布态势,在鄂东丘陵、鄂北岗地和江汉平原几乎无分布;其他类型村庄在四种地貌类型区均呈集聚型空间分布态势,鄂西山地集聚程度相对最高,其次为鄂东丘陵,江汉平原集聚程度相对最低,整体上表明其他类型村庄集聚程度随着海拔高程的升高呈现出一定幅度的增强趋势。

## (三)特色保护类村庄空间分布方向特征

本研究将湖北省特色保护类村庄作为"点"要素进行处理,采用ArcGIS10.8软件中的方向分布工具,通过计算标准差椭圆中心点坐标、长半轴长度、短半轴长度以及旋转角,进一步对湖北省不同类型(旅游类、历史文化类、传统村落类、特色村寨类和其他类型)和不同地貌类型区(鄂西山地、鄂东丘陵、鄂北岗地和江汉平原)特色保护类村庄进行标准差椭圆分析并进行可视化,以此来反映不同类型特色保护类村庄的整体空间分布方向态势。

### 1. 不同类型空间分布方向特征

整体上看,湖北省境内不同类型特色保护类村庄标准差椭圆分布方向存在一定的趋同性,"东—西"的空间分布态势明显,同时长短半轴和旋转角也存在较为显著的差异性,一定程度上与研究区行政区划的分布走向密切相关(见图4.4和表4.8)。具体来看,传统村落类空间分布方向呈现出"东(略偏北)—西(略偏南)"的空间分布态势,长轴中轴线大体上处在"恩施—宜昌—天门—武汉"一线附近,短轴中轴线大体上处在"荆门—荆州"一线附近,椭圆长半轴

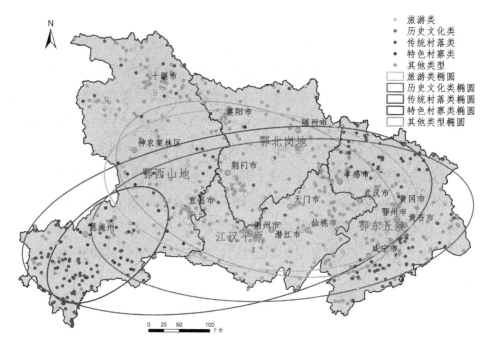

图4.4 湖北省不同类型特色保护类村庄分布格局及标准差椭圆

注：此图基于自然资源部标准地图服务系统的标准地图（审图号GS（2019）3333号）绘制，底图无修改。

与短半轴差距相对最大为243.61千米，即椭圆的扁率最大，旋转角$\theta$为82.80°，表明传统村落类村庄空间分布向心力最强，方向性最明显。历史文化类村庄空间分布方向与传统村落较为相似，也呈现"东（略偏北）—西（略偏南）"的空间分布态势，长轴中轴线大体上处在"恩施—宜昌—天门—武汉"一线附近，短轴中轴线大体上处在"荆门—荆州"一线附近，椭圆长半轴与短半轴差距相对也较大为221.84千米，即椭圆的扁率相对较大，旋转角$\theta$为90.06°，表明历史文化类村庄空间分布向心力较强，方向性也较为明显。旅游类村庄空间分布方向呈现"东（略偏南）—西（略偏北）"的空间分布态势，长轴中轴线大体上处在"神农架—荆门—天门—鄂州"一线附近，短轴中轴线大体上处在"随州—荆州"一线附近，椭圆长半轴与短半轴差距相对较大为159.08千米。其他类型村庄空间分布方向呈现"东（略偏南）—西（略偏北）"的空间分布态势，长轴中轴线大体上处在"神农架—荆门—天门—鄂州"一线附近，短轴中轴线大体上处在"随州—荆州"一线附近，椭圆长半轴与短半轴差距与旅游类村庄较为接近。特色村寨类村庄分布方向呈现"东北—西南"的空间分布态势，高度集中分布在鄂西山区的恩施州和宜昌市，该区域村庄数量占湖北省特色村寨总数的90%以上。综上所述，从空间分布方向上看不同类型特色保护类村庄标准差椭圆分布方向存在一定的趋同性，旅游类、传统村落类、历史文化类和其他类型特色保护类村庄空间分布方向大体上一致，"东—西"的空间分布态势明显；同时也存在一定的差异性主要表现为特色村寨类呈现"东北—西南"的空间分布态势，高度集中分布在鄂西南山区的恩施州和宜昌市，占特色村寨总数的90%以上。

表4.8  湖北省不同类型特色保护类村庄标准差椭圆参数

| 村庄类型 | 中心点经度（E） | 中心点维度（N） | 长半轴长度（千米） | 短半轴长度（千米） | 转角（$\theta$） |
|---|---|---|---|---|---|
| 旅游类 | 112.62 | 30.91 | 304.01 | 144.93 | 100.68 |
| 历史文化类 | 112.96 | 30.46 | 368.35 | 146.51 | 90.06 |
| 传统村落类 | 112.01 | 30.51 | 400.91 | 157.30 | 82.80 |
| 特色村寨类 | 109.93 | 30.27 | 139.48 | 75.64 | 52.92 |
| 其他类型 | 112.56 | 30.93 | 282.42 | 144.49 | 111.24 |
| 全部类型 | 112.30 | 30.78 | 321.77 | 166.53 | 93.96 |

## 2. 不同地貌区空间分布方向特征

湖北省不同地貌类型区特色保护类村庄标准差椭圆参数计算结果显示（见表4.9）。整体上看，同一地貌类型区不同类型特色保护类村庄标准差椭圆分布方向存在一定的趋同性，而同一类型村庄在不同地貌类型区标准差椭圆分布方向存在显著的差异性，这在很大程度上与不同地貌类型区的区划分布走向密切相关。具体来看，鄂西山地区特色保护类村庄空间分布方向整体上呈现"东北—西南"的分布态势，椭圆长短半轴差距相对较大为107.79千米，椭圆旋转角 θ 为28.16°，表明鄂西山地特色保护类村庄空间分布向心力较强，方向性明显；其中，旅游类和其他类型村庄均呈现"南（略偏西）—北（略偏东）"的空间分布态势，历史文化类、传统村落类和特色村寨类村庄均呈现"东北—西南"的空间分布态势，历史文化类村庄椭圆长短半轴差距相对最大为113.00千米，传统村落类村庄椭圆长短半轴差距次之为111.56千米，特色村寨类村庄椭圆长短半轴差距相对最小，表明鄂西山地区不同类型特色保护类村庄中历史文化类和传统村落类空间分布向心力较强，方向性也较为明显，特色村寨类村庄方向性最不明显。鄂东丘陵区特色保护类村庄空间分布方向整体上呈现"南（略偏东）—北（略偏西）"的分布态势，椭圆长短半轴差距相对较小为29.70千米，椭圆旋转角 θ 为5.23°，表明鄂东丘陵特色保护类村庄空间分布向心力较弱，方向性不明显；其中，旅游类、历史文化类、传统村落类和其他类型村庄均呈现"南（略偏西或略偏东）—北（略偏东或略偏西）"的空间分布态势，传统村落类和历史文化类村庄椭圆长短半轴差距相对最大，分别为63.06千米和62.18千米，其他类型村庄椭圆长短半轴差距相对最小，表明鄂东丘陵区不同类型特色保护类村庄中传统村落类和历史文化类空间分布向心力较强，方向性也较为明显，而其他类型村庄方向性最不明显。

表4.9　　　　湖北省不同地貌类型区特色保护类村庄标准差椭圆参数

| 地貌类型 | 村庄类型 | 中心点经度（E） | 中心点维度（N） | 长半轴长度（千米） | 短半轴长度（千米） | 转角（θ） |
|---|---|---|---|---|---|---|
| 鄂西山地 | 旅游类 | 110.62 | 31.23 | 170.34 | 106.29 | 16.23 |
| | 历史文化类 | 109.83 | 30.43 | 180.59 | 67.59 | 59.34 |
| | 传统村落类 | 109.77 | 30.37 | 201.91 | 90.35 | 33.99 |
| | 特色村寨类 | 109.84 | 30.23 | 117.61 | 74.70 | 47.47 |
| | 其他类型 | 110.59 | 31.43 | 185.50 | 118.90 | 14.72 |
| | 全部类型 | 110.27 | 30.95 | 216.41 | 108.62 | 28.16 |

| 地貌类型 | 村庄类型 | 中心点经度（E） | 中心点维度（N） | 长半轴长度（千米） | 短半轴长度（千米） | 转角（θ） |
|---|---|---|---|---|---|---|
| 鄂东丘陵 | 旅游类 | 114.83 | 30.49 | 109.78 | 88.25 | 10.97 |
| | 历史文化类 | 114.68 | 30.28 | 125.01 | 62.83 | 178.96 |
| | 传统村落类 | 114.78 | 30.56 | 139.65 | 76.59 | 7.09 |
| | 特色村寨类 | / | / | / | / | / |
| | 其他类型 | 114.67 | 30.29 | 108.86 | 103.40 | 153.39 |
| | 全部类型 | 114.75 | 30.43 | 123.01 | 93.31 | 5.23 |
| 鄂北岗地 | 旅游类 | 112.85 | 31.55 | 105.71 | 74.74 | 98.63 |
| | 历史文化类 | / | / | / | / | / |
| | 传统村落类 | 113.25 | 31.67 | 91.58 | 55.92 | 34.41 |
| | 特色村寨类 | / | / | / | / | / |
| | 其他类型 | 112.52 | 31.54 | 103.94 | 89.38 | 150.39 |
| | 全部类型 | 112.61 | 31.56 | 100.28 | 93.76 | 130.09 |
| 江汉平原 | 旅游类 | 112.56 | 30.21 | 139.84 | 63.25 | 84.38 |
| | 历史文化类 | / | / | / | / | / |
| | 传统村落类 | 112.85 | 30.44 | 128.95 | 18.50 | 116.03 |
| | 特色村寨类 | / | / | / | / | / |
| | 其他类型 | 112.96 | 30.37 | 127.45 | 65.81 | 73.79 |
| | 全部类型 | 112.90 | 30.36 | 130.52 | 66.40 | 75.66 |

　　鄂北岗地区特色保护类村庄空间分布方向整体上不明显，椭圆长短半轴差距较小仅为 6.52 千米，椭圆旋转角 θ 为 130.09°，表明鄂北岗地特色保护类村庄空间分布向心力较弱，方向性不明显；其中，旅游类庄呈现"东—西"的空间分布态势，传统村落类村庄呈现"东北—西南"的空间分布态势，其他类型村庄呈现"西北—东南"的空间分布态势，传统村落村庄椭圆长短半轴差距相

对最大为 35.66 千米, 旅游类村庄椭圆长短半轴差距次之为 30.97 千米, 其他类型村庄椭圆长短半轴差距相对最小仅为 14.56 千米, 表明鄂北岗地区不同类型特色保护类村庄中传统村落类空间分布向心力较强, 方向性也较为明显。江汉平原区特色保护类村庄空间分布方向整体上呈现"东(略偏北)—西(略偏南)"的分布态势, 椭圆长短半轴差距为 64.12 千米, 椭圆旋转角 θ 为 75.66°, 表明江汉平原特色保护类村庄空间分布存在一定的向心力, 方向性明显; 其中, 旅游类和其他类型村庄空间分布方向总体上与江汉平原整体保持一致, 而传统村落类村庄空间分布方向整体上呈现"西北—东南"的分布态势, 传统村落村庄椭圆长短半轴差距相对最大为 110.45 各米, 旅游类村庄椭圆长短半轴差距次之为 76.59 千米, 其他类型村庄椭圆长短半轴差距相对最小仅为 61.64 千米, 表明鄂北岗地区不同类型特色保护类村庄中传统村落类空间分布向心力最强, 方向性也最为明显。

## (四) 特色保护类村庄空间分布密度特征

将湖北省特色保护类村庄作为"点"要素进行处理, 采用 ArcGIS10.8 软件中密度分析工具, 对湖北省不同类型(旅游类、历史文化类、传统村落类、特色村寨类和其他类型)特色保护类村庄进行核密度分析并可视化, 以此来反映其空间分布密度特征。通过核密度分析, 可以同时观测湖北省特色保护类村庄分布的位置、延展性及形状特征, 从而得到关于整体分布状况的直观且清晰的描述, 但是在进行核密度估计过程中带宽的确定成为关键问题。本研究在借鉴已有成果的基础上(董丞妍等, 2014; 潘方杰等, 2020), 首先从点间欧式距离角度对湖北省特色保护类村庄关联维数进行计算, 然后确定无标度区间, 进而在其区间范围内以 5 千米为增量反复尝试进行核密度计算, 最终发现带宽为 35 千米时能够更为准确地反应不同时期湖北省特色保护类村庄的空间分布格局, 既能够体现出整体分布趋势, 又能够显示出局部分异特征。分别生成旅游类、历史文化类、传统村落类、特色村寨类和其他类型等湖北省不同类型特色保护类村庄核密度分布图详见图 4.5。

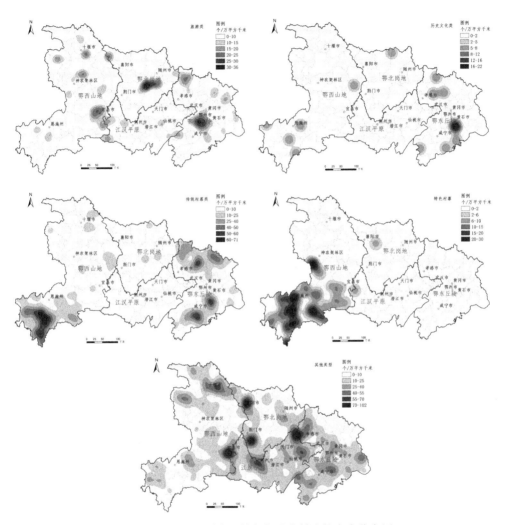

图 4.5　湖北省不同类型特色保护类村庄核密度分布图

注：此图基于自然资源部标准地图服务系统的标准地图（审图号 GS（2019）3333 号）绘制，底图无修改。

## 1. 不同类型空间分布密度特征

整体上看，湖北省不同类型特色保护类村庄空间分布均存在较为明显的集聚中心，同时不同类型村庄集聚发生的区位及集聚区密度值存在显著差异。具体来看，旅游类村庄高密度区点状分布格局明显，主要集中在鄂北岗地中部（荆门市与随州市交界处）和鄂东丘陵西部两大高密度区，同时鄂西山地宜昌市和神农架林区、鄂东丘陵孝感市也有一定程度的分布，整体呈现出倒"U"字形核密度结构。历史文化类村庄高密度区呈现出一枝独秀空间分布格局，高密度区集中于鄂东丘陵黄石市，其他区域也有零星分布，由于历史文化类村庄数量相对最少其核密度远低于其余类型村庄。传统村落类村庄高密度区集中在鄂西山地西南部恩施州、鄂东丘陵北部孝感市和鄂东丘陵东南部咸宁市等三大高密度区域，呈现出一定的块状分布格局，尤其以鄂西山地西南部恩施州西南部高密度区块状分布趋势最为显著。特色村寨类村庄高密度区集中分布于恩施州大部分县市，高密度区集中连片分布态势较传统村落类村庄更加显著，同时宜昌市也有一定程度分布，其他地区几乎无分布。其他类型村庄高密度区分布整体上与2014年高密度区格局保持一致，呈现出"多点带状"分布，究其原因主要是该阶段湖北省文明村、湖北省宜居村庄、湖北省生态示范村等评选活动如火如荼地开展，其他类型特色保护类村庄数量在该阶段迅速增长且不同地区均有一定数量分布。湖北省不同类型特色保护类村庄核密度整体分布结果表明，特色保护类村庄具有向区位优势度明显、自然资源和人文资源丰度较高、经济发展水平较好、政策指向性较强地区集聚的特征。综上所述，从空间分布密度上看历史文化类村庄和特色村寨类村庄高密度区呈现出一枝独秀空间格局，旅游类村庄两大高密度区特征明显，传统村落类村庄三大高密度区呈显著的块状分布。

### 2. 不同地貌区空间分布密度特征

为更好体现出湖北省不同地貌类型区特色保护类村庄分布特征，进一步统计出鄂西山地、鄂东丘陵、鄂北岗地和江汉平原四种地貌类型区密度值（见表4.10）。从不同地貌类型区空间分布密度整体来看，鄂东丘陵密度值最高，其次为鄂西山地，江汉平原紧随其后，鄂北岗地密度值最小。

表 4.10 　　　　　　湖北省不同地貌类型区特色保护类村庄分布情况

| 地貌类型区 | 村庄类型 | 数量（个） | 占比（%） | 面积（平方千米） | 密度（个/10³平方千米） |
|---|---|---|---|---|---|
| 鄂西山地 | 旅游类 | 45 | 13.20 | 78 176.50 | 0.58 |
| | 历史文化类 | 5 | 1.47 | | 0.06 |
| | 传统村落类 | 110 | 32.26 | | 1.41 |
| | 特色村寨类 | 47 | 13.78 | | 0.60 |
| | 其他类型 | 134 | 39.30 | | 1.71 |
| | 全部类型 | 318 | 42.01 | | 4.07 |
| 鄂东丘陵 | 旅游类 | 39 | 16.46 | 43 322.50 | 0.90 |
| | 历史文化类 | 9 | 3.80 | | 0.21 |
| | 传统村落类 | 84 | 35.44 | | 1.94 |
| | 特色村寨类 | 0 | 0.00 | | 0.00 |
| | 其他类型 | 105 | 44.30 | | 2.42 |
| | 全部类型 | 224 | 29.59 | | 5.17 |
| 鄂北岗地 | 旅游类 | 19 | 18.27 | 33 417.00 | 0.57 |
| | 历史文化类 | 1 | 0.96 | | 0.03 |
| | 传统村落类 | 9 | 8.65 | | 0.27 |
| | 特色村寨类 | 1 | 0.96 | | 0.03 |
| | 其他类型 | 74 | 71.15 | | 2.21 |
| | 全部类型 | 99 | 13.08 | | 2.96 |
| 江汉平原 | 旅游类 | 15 | 12.71 | 31 034.40 | 0.48 |
| | 历史文化类 | 0 | 0.00 | | 0.00 |
| | 传统村落类 | 3 | 2.54 | | 0.10 |
| | 特色村寨类 | 1 | 0.85 | | 0.03 |
| | 其他类型 | 99 | 83.90 | | 3.19 |
| | 全部类型 | 116 | 15.32 | | 3.74 |

从同一地貌类型区内不同村庄类型分布来看，鄂西山地区不同类型村庄密度从高到低依次为：其他类型>传统村落类>特色村寨类>旅游类>历史文化类，其密度值分别为 1.71 个/$10^3$ 平方千米、1.41 个/$10^3$ 平方千米、0.60 个/$10^3$ 平方千米、0.58 个/$10^3$ 平方千米和 0.06 个/$10^3$ 平方千米；可见，鄂西山地区其他类型密度最高，传统村落类密度次之，历史文化类密度最低。鄂东丘陵区不同类型村庄密度从高到低依次为：其他类型>传统村落类>旅游类>历史文化类>特色村寨类，其密度值分别为 2.42 个/$10^3$ 平方千米、1.94 个/$10^3$ 平方千米、0.90 个/$10^3$ 平方千米、0.21 个/$10^3$ 平方千米和 0.00 个/$10^3$ 平方千米；可见，鄂东丘陵区其他类型密度最高，传统村落类密度次之，历史文化类密度最低，该地貌区无特色村寨类村庄分布。鄂北岗地区不同类型村庄密度从高到低依次为：其他类型>旅游类>传统村落类>历史文化类和特色村寨类，其密度值分别为 2.21 个/$10^3$ 平方千米、0.57 个/$10^3$ 平方千米、0.27 个/$10^3$ 平方千米、0.03 个/$10^3$ 平方千米和 0.03 个/$10^3$ 平方千米；可见，鄂东丘陵区其他类型密度最高，旅游类密度次之，历史文化类和特色村寨类密度相等且最低。江汉平原区不同类型村庄密度从高到低依次为：其他类型>旅游类>传统村落类>特色村寨类>历史文化类，其密度值分别为 3.19 个/$10^3$ 平方千米、0.48 个/$10^3$ 平方千米、0.10 个/$10^3$ 平方千米、0.03 个/$10^3$ 平方千米和 0.00 个/$10^3$ 平方千米；可见，鄂东丘陵区其他类型密度最高，旅游类密度次之，特色村寨类密度相对最低，该地貌区无历史文化类类村庄分布。

从同一类型村庄在不同地貌类型区分布来看，旅游类村庄在鄂东丘陵区密度最高，在鄂西山地和鄂北岗地密度次之且较为接近，江汉平原区密度最低；历史文化类村庄在各地貌类型区密度均较低，其中鄂东丘陵区密度相对最高，鄂西山地和鄂北岗地密度相对较低，江汉平原区无历史文化类村庄分布；传统村落类村庄在鄂东丘陵区密度最高，鄂西山地区密度次之，江汉平原区密度最低；特色村寨类村庄在各地貌类型区密度均较低，其中鄂西山地区密度相对最高，鄂北岗地和江汉平原密度相对较低且保持一致，鄂东丘陵区无特色村寨类村庄分布。综上所述，同一地貌类型区内不同村庄类型密度差异显著，且同一类型村庄在不同地貌类型区密度也存在显著差异；其中，其他类型在四种地貌类型区均最高，旅游类、历史文化类和传统村落类村庄在鄂东丘陵区密度相对最高，特色村寨类村庄在鄂西山地区密度相对最高。

## （五）特色保护类村庄空间分布均衡性特征

首先，在湖北省特色保护类村庄分布图上取矩形区域，使该区域最小能包含整个研究区范围。其次，采用 ArcGIS10.8 软件中渔网工具，对矩形区域进行等网格数分割，若分别将各边分 $k$ 为等份，则整个研究区被分为 $k^2$ 个小网格。然后，统计出 $k^2$ 个小网格被分形点（即特色保护类村庄点）占据的网格个数 $N(r)$ 和每个网格中分布的特色保护类村庄点个数 $N(ij)$，计算得到概率 $P_{ij}(r)$。在此基础上，进一步根据公式（4.10）计算得到信息量 $I(r)$，获得网格维数计算数据（见表4.11）。最后，在 Excel 中分别进行线性拟合回归，即把计算得到的研究区域 $N(r)$ 值、$k$ 值和 $I(r)$ 值绘制成双对数散点图（见图4.6），分别得到不同类型（旅游类、历史文化类、传统村落类、特色村寨类和其他类型）特色保护类村庄网格容量维数 $D_0$ 和网格信息维数 $D_1$。计算结果显示，旅游类、历史文化类、传统村落类、特色村寨类和其他类型等不同类型特色保护类村庄在一定的测算尺度内（无标度区间）均符合分形维数的数理意义，也就是说湖北省不同类型特色保护类村庄分布均具有明显的分形结构特征。具体来看，旅游类、传统村落类、特色村寨类和其他类型容量维数 $D_0$ 分别为 1.543 2、1.528 4、1.023 6 和 1.652 6，信息维数 $D_1$ 分别为 0.604 2、0.627 2、0.590 1 和 0.640 6，信息维数 $D_1$ 值均小于对应的容量维数 $D_0$ 值，且二者相差较大，表明不同类型特色保护类村庄数量在区域分割中分布概率的变化较大，在空间分布上不均衡，存在一定程度的集聚分布，这种特征与最邻近指数计算分析结果相一致。综上所述，从空间分布均衡性上看湖北省不同类型特色保护类村庄在空间上呈不等概率分布态势，空间分布不均衡性较强，分形系统中存在局部围绕主要区域集聚分布的态势，一定程度上体现了村庄发展的区域差异；除历史文化类外，不同类型村庄数量在区域分割中分布概率的变化较大，空间分布上不均衡，存在一定的集聚分布。

表 4.11　　　　　　湖北省不同类型特色保护类村庄网格维数测算数据

| 年份/类型 | $k$ | 2 | 3 | 4 | 5 | 6 | 7 | 8 | 9 | 10 |
|---|---|---|---|---|---|---|---|---|---|---|
| 旅游类 | $N(r)$ | 4 | 9 | 15 | 19 | 26 | 33 | 37 | 46 | 50 |
| | $I(r)$ | 1.379 | 1.953 | 2.464 | 2.741 | 3.021 | 3.258 | 3.433 | 3.600 | 3.755 |
| 历史文化类 | $N(r)$ | 4 | 5 | 8 | 10 | 8 | 13 | 10 | 11 | 13 |
| | $I(r)$ | 1.252 | 1.402 | 1.991 | 2.119 | 1.934 | 2.523 | 2.211 | 2.304 | 2.523 |
| 传统村落类 | $N(r)$ | 4 | 8 | 14 | 21 | 24 | 33 | 34 | 40 | 50 |
| | $I(r)$ | 1.270 | 1.647 | 2.243 | 2.623 | 2.697 | 2.979 | 3.129 | 3.323 | 3.512 |
| 特色村寨类 | $N(r)$ | 3 | 5 | 6 | 8 | 9 | 10 | 12 | 15 | 17 |
| | $I(r)$ | 1.038 | 1.288 | 1.434 | 1.688 | 1.851 | 2.128 | 2.234 | 2.490 | 2.676 |
| 其他类型 | $N(r)$ | 4 | 9 | 15 | 20 | 27 | 36 | 43 | 50 | 61 |
| | $I(r)$ | 1.315 | 2.015 | 2.371 | 2.724 | 3.008 | 3.307 | 3.484 | 3.701 | 3.876 |

## （六）特色保护类村庄空间分布集聚特征

本研究借助于全局空间自相关分析、局部空间自相关分析和热点分析，对湖北省不同类型（旅游类、历史文化类、传统村落类、特色村寨类和其他类型）特色保护类村庄县域尺度上空间分布集聚特征进行分析。通过将湖北省不同类型特色保护类村庄数量的均值与每个县域不同类型特色保护类村庄数量值进行比较，分析不同类型特色保护类村庄数量分布在县域尺度上有无聚集性，得到不同类型特色保护类村庄数量较高或者较低的县域空间聚类模式，并进一步分析出不同类型特色保护类村庄数量高值或低值在空间上发生聚类的位置。

1. 全局空间自相关分析

基于 ArcGIS10.8 空间自相关分析工具对湖北省县域尺度上特色保护类村庄空间分布进行全局相关分析。整体来看，湖北省特色保护类村庄 Moran's $I$ 指数为 0.5217，明显大于相应的预期指数且通过了显著性检验，表明县域尺度上湖北省特色保护类村庄整体呈现出聚集分布态势。在此基础上，进一步对湖北省不同类型特色保护类村庄数量进行全局自相关分析（见表 4.12），可知旅游类、传统村落类、特色村寨类和其他类型村庄 Moran's $I$ 指数分别为 0.1691、

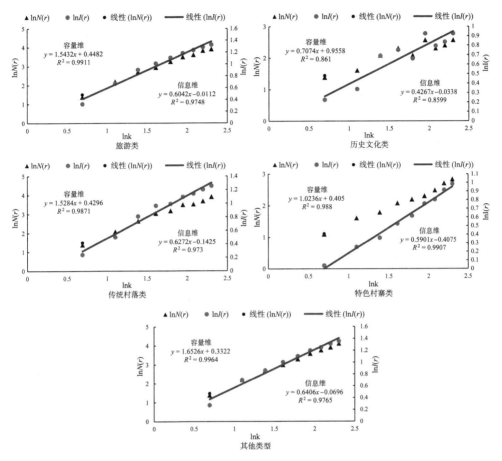

图 4.6　湖北省不同类型特色保护类村庄网格维双对数散点图

0.2242、0.1824 和 0.4461，均大于各自相应的预期指数，$P$ 值均小于 0.05，$Z$ 得分均为正值且大于 1.96，表明湖北省县域尺度上该四种特色保护类村庄分布存在明显的空间正相关，即存在空间聚集特征，并非在整个区域内随机散发分布的。同时，还发现该四种特色保护类村庄的空间聚集性特征差异较大；其中，其他类型村庄 Moran's $I$ 指数值最大，表明其空间集聚性相对最好；其次传统村落类村庄数值也相对较大；特色村寨类和旅游类村庄 Moran's $I$ 指数值相对最小，空间集聚性相对最差，且二者空间集聚性差异相对较小。历史文化类村庄未通过显著性检验，在区域内呈随机散发分布。

表 4.12 湖北省不同类型特色保护类村庄的 **Moran's** *I* **指数及其检验结果**

| 村庄类型 | Moran's *I* 指数 | 预期指数 | 方差 | *Z* 得分 | *P* 值 | 结果 |
|---|---|---|---|---|---|---|
| 旅游类 | 0.1691 | −0.0098 | 0.0037 | 2.9520 | 0.0032 | 聚集 |
| 历史文化类 | 0.0855 | −0.0098 | 0.0034 | 1.6441 | 0.1002 | 分散 |
| 传统村落类 | 0.2242 | −0.0098 | 0.0034 | 4.0095 | 0.0001 | 聚集 |
| 特色村寨类 | 0.1824 | −0.0098 | 0.0031 | 3.4349 | 0.0006 | 聚集 |
| 其他类型 | 0.4461 | −0.0098 | 0.0036 | 7.5773 | 0.0000 | 聚集 |
| 全部类型 | 0.5217 | −0.0098 | 0.0035 | 8.9562 | 0.0000 | 聚集 |

### 2. 局部空间自相关分析

基于 ArcGIS10.8 聚类和异常值分析工具对湖北省县域特色保护类村庄空间分布进行分析，通过 Local Moran's *I* 指数值、*Z* 得分、*P* 值和表示每个要素的聚类类型编码，对该指数统计显著性进行评估，并得出高值（HH）聚类、低值（LL）聚类两种聚类模式以及低值被高值包围（LH）和高值被低值包围（HL）两类异常值（见表 4.13）。整体来看，湖北省特色保护类村庄空间分布模式有 HH、HL 和 LL 三种；在此基础上，进一步对湖北省县域尺度上不同类型特色保护类村庄数量进行聚集和异常值分析。具体来看，旅游类村庄空间分布模式有 HL、LH 和 LL 三种，数量分别为 5 个、2 个和 15 个，分别占县域总数的 4.85%、1.94% 和 14.56%，低值聚类模式占比最高，无高值聚类模式。历史文化类村庄空间分布模式有 HH、HL 和 LH 三种，数量分别为 2 个、4 个和 2 个，分别占县域总数的 1.94%、3.88% 和 1.94%，高值被低值包围异常值占比最高，无低值聚类模式。传统村落类村庄空间分布模式有 HH、HL 和 LL 三种，数量分别为 5 个、8 个和 25 个，分别占县域总数的 4.85%、7.77% 和 24.27%，可见低值聚类模式占比最高。特色村寨类村庄空间分布模式有 HH、HL 和 LL 三种，数量分别为 5 个、2 个和 8 个，分别占县域总数的 4.85%、1.94% 和 7.77%，可见低值聚类模式占比最高。其他类型村庄空间分布模式有 HL、LH 和 LL 三种，数量分别为 4 个、4 个和 21 个，分别占县域总数的 3.88%、3.88% 和 20.39%，可见低值聚类模式占比最高，无高值聚类模式。

综上所述，旅游类和其他类型村庄空间分布模式相近，均有 HL、LH 和 LL 三种，且 LL 占比最高；而传统村落类和特色村寨类空间分布模式较为接近，均有 HH、HL 和 LL 三种，且 LL 占比也最高。已有研究表明，特定区域内村庄发育演化受自然地理环境与社会经济环境多种因素综合作用的影响，因此能够在一定程度上推测这些县域自然地理环境与社会经济发展程度较为接近。同时，异常值分布模式这种现象只存在于个别县域，一类是特色保护类村庄数量相对于周边县域较大，另一类是特色保护类村庄数量相对于周边县域较小，对于这些具有特殊分布模式的县域，深入分析导致县域特色保护类村庄差异的影响因素，进一步揭示其内在规律，对于新时代乡村振兴背景下特色保护类村庄统筹保护与振兴发展意义重大。

表 4.13　　　　　　湖北省不同类型特色保护类村庄分布模式比例表

| 村庄类型 | HH | | HL | | LH | | LL | |
|---|---|---|---|---|---|---|---|---|
| | 数量(个) | 比例(%) | 数量(个) | 比例(%) | 数量(个) | 比例(%) | 数量(个) | 比例(%) |
| 旅游类 | 0 | 0.00 | 5 | 4.85 | 2 | 1.94 | 15 | 14.56 |
| 历史文化类 | 2 | 1.94 | 4 | 3.88 | 2 | 1.94 | 0 | 0.00 |
| 传统村落类 | 5 | 4.85 | 8 | 7.77 | 0 | 0.00 | 25 | 24.27 |
| 特色村寨类 | 5 | 4.85 | 2 | 1.94 | 0 | 0.00 | 8 | 7.77 |
| 其他类型 | 0 | 0.00 | 4 | 3.88 | 4 | 3.88 | 21 | 20.39 |
| 全部类型 | 3 | 2.91 | 4 | 3.88 | 0 | 0.00 | 23 | 22.33 |

　　注：HH 代表高值聚类，LL 代表低值聚类，LH 和 HL 代表低值被高值包围和高值被低值包围两类异常值。

### 3. 热点分析

基于 ArcGIS10.8 热点分析工具对湖北省县域尺度上特色保护类村庄空间分布进行热点分析，不同类型特色保护类村庄指数显著性水平均大于 0.05，得到各类型特色保护类村庄分布的热点区域，即湖北省特色保护类村庄数量较高或者较低的县域（见表 4.14）。整体来看，不同类型特色保护类村庄数量分布的正热点区域县域个数均小于负热点区域个数，同时不同类型特色保护类村庄数量分布的热点区域个数存在明显差异。其中，传统村落类和特色村寨类村庄正热点区域数量和比例最高，均为 8.74%；其次为历史文化类村庄，占比为 7.77%；历史文化类村庄数量和比例相对最低，占比为 2.91%。其他类型村庄负热点区域数量和比例最高，占比为 25.24%；旅游类和传统村落类村庄负热点区域数量和比例也远高于正热点区域，占比分别为 15.53% 和 13.59%；历史文化类和特色村寨类村庄无负热点区域分布。

表 4.14　　　　　　　　湖北省不同类型特色保护类村庄热点分析结果

| 村庄类型 | 正热点区域 | | 负热点区域 | |
|---|---|---|---|---|
| | 数量（个） | 比例（%） | 数量（个） | 比例（%） |
| 旅游类 | 3 | 2.91 | 16 | 15.53 |
| 历史文化类 | 8 | 7.77 | 0 | 0.00 |
| 传统村落类 | 9 | 8.74 | 14 | 13.59 |
| 特色村寨类 | 9 | 8.74 | 0 | 0.00 |
| 其他类型 | 7 | 6.80 | 26 | 25.24 |
| 全部类型 | 7 | 6.80 | 22 | 21.36 |

同时，为进一步直观地显示不同类型特色保护类村庄分布的热点区域空间位置，绘制出不同类型特色保护类村庄热点区域空间分布图（见图 4.7）。由图可以看出，湖北省旅游类、历史文化类、传统村落类、特色村寨类和其他类型村庄分布的热点区域空间位置存在明显差异，呈现出不同的分布规律。从不同类型特色保护类村庄负热点区域来看，旅游类、传统村落类和其他类型村庄负热点区域分布大体一致，绝大多数县域位于鄂东丘陵的武汉市及其周边地区，如汉川市、黄州区、华容区和鄂城区等县域；历史文化类和特色村寨类无负热点区域分布。从不同类型特色保护类村庄正热点区域来看，传统村落类和特色村寨类村庄正热点区域分布大体一致，集中分布于鄂西山地区恩施州的恩施市、利川市、宣恩县、咸丰县和来凤县等县域，同时传统村落正热点区域在鄂东丘陵区红安县、麻

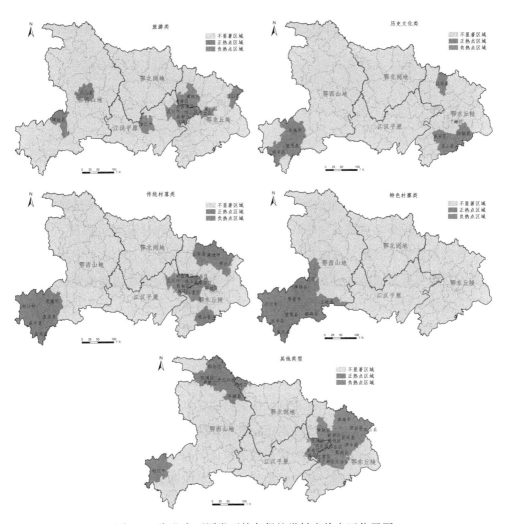

图 4.7　湖北省不同类型特色保护类村庄热点区位置图

城市、罗田县和通山县也有一定分布；旅游类村庄正热点区域较为分散，仅包括英山县、兴山县和建始县；历史文化类村庄正热点区域集中分布于鄂西山地区西南部的咸丰县、宣恩县和恩施市，鄂东丘陵东南部的咸安区、通山县和阳新县等县域；其他类型村庄正热点区域集中分布于鄂西山地区东北部的谷城县、丹江口市、茅箭区、张湾区和郧阳区等县域。深入探究不同类型特色保护类村庄县域尺度上正负热点区域空间位置一致或差异的影响因素，进一步揭示其内在规律，对于新时代全面推进乡村振兴背景下湖北省特色保护类村庄统筹保护与振兴发展意义重大。

# 五、本 章 小 结

湖北省作为长江经济带发展、促进中部地区崛起、长江中游城市群建设等重大国家战略的重要承载地，承担着"建成支点、走在前列、谱写新篇"的历史使命，在长江经济带高质量发展中起着承上启下的关键作用，其快速的经济社会发展和城镇化进程必然对城乡发展格局产生深刻影响，导致村落空间形态、分布格局、发展规模快速演化，选取长江经济带中部典型省份湖北省为典型案例区，开展新时代乡村振兴战略背景下特色保护类村庄空间演化特征及影响机理研究，对传承与延续乡村文明、留住乡愁提供历史参考和借鉴。本章在上一章节相关概念与理论基础进行阐释的基础上，从理论和实证层面对湖北省特色保护类村庄空间结构识别进行研究。首先，结合具体案例区湖北省详细介绍研究区概况（包括地理位置及行政区划、生态环境概况、生态环境功能定位、生态环境保护情况等），并详细介绍课题研究中所采用的特色保护类村庄样本数据来源及预处理情况；本研究中所选取的特色保护类村庄样本充分尊重和执行了政府针对特色村庄颁发的有关文件，将湖北省境内已获得国家或省部级命名的各种特色村落分别直接划定为历史文化类、传统村落类、特色村寨类、旅游类四种类型特色保护类村庄，着力实现应保尽保、有效传承；同时，在实地调研的基础上，选取特色保护类村庄的典型代表——宜昌市点军区长岭村和柳林村，对村庄概况及面临的主要问题进行详细介绍。其次，从理论层面梳理和归纳特色保护类村庄空间结构识别的研究思路，构建了特色保护类村庄空间结构识别理论框架。再次，对特色保护类村庄空间结构识别方法分别进行详细阐释，主要包括可以有效测度空间状态的最邻近指数分析方法、可以有效的反映地理要素的整体空间结构特征和空间分布方向性的标准差椭圆分析方法、能够刻画研究对象的空间密度特征和分布趋势的核密度估计方法、可以有效反映点要素空间分布复杂性和均衡性的网格维分析方法及揭示事物间的空间相互作用机制的探索性空间分析方法等。最后，从特色保护类村庄区域空间结构特征、特色保护类村庄空间分布类型特征、特色保护类村庄空间分布方向特征、特色保护类村庄空间分布密度特征、特色保护类村庄空间分布均衡性特征和特色保护类村庄空间分布集聚特征等方面，对湖北省旅游类、历史文化类、传统村落类、特色村寨类和其他类型等不同类型特色保护类村庄整体及不同地貌类型区空间结构特征进行识别和分析。

研究结果显示：①湖北省不同类型特色保护类村庄中旅游类、传统村落类、特色村寨类和其他类型村庄均呈现集聚型空间分布形态，且传统村落类集聚程度最高，而历史文化类呈现均匀型空间分布态势；不同地貌类型区特色保护类村庄在空间上呈显著集聚分布特征且集聚程度存在一定的差异性，鄂西山地集聚态势最明显，集聚程度相对最高，鄂东丘陵集聚程度次之，鄂北岗地集聚程度相对最低。②湖北省境内不同类型特色保护类村庄标准差椭圆分布方向存在一定的趋同性，"东—西"的空间分布态势明显，同时长短半轴和旋转角也存在较为显著的差异性；同一地貌类型区不同类型特色保护类村庄标准差椭圆分布方向存在一定的趋同性，而同一类型村庄在不同地貌类型区标准差椭圆分布方向存在显著的差异性。③湖北省不同类型特色保护类村庄空间分布均存在较为明显的集聚中心，同时不同类型村庄集聚发生的区位及集聚区密度值存在显著差异；不同地貌类型区空间分布密度结果显示，鄂东丘陵密度值最高，其次为鄂西山地，江汉平原紧随其后，鄂北岗地密度值最小。④不同类型特色保护类村庄在一定的测算尺度内（无标度区间）均符合分形维数的数理意义，也就是说湖北省不同类型特色保护类村庄分布均具有明显的分形结构特征。⑤全局空间自相关分析结果显示，旅游类、传统村落类、特色村寨类和其他类型村庄分布存在明显的空间正相关，即存在空间聚集特征，且其他类型村庄空间集聚性相对最好，其次为传统村落类村庄；局部空间自相关分析结果显示，湖北省不同类型特色保护类村庄有 HH、HL、LH 和 LL 四种空间分布模式且呈现出一定程度的变化，低值聚类模式占绝对主体地位；热点分析结果显示，不同类型特色保护类村庄数量分布的正热点区域县域个数均小于负热点区域个数，同时不同类型特色保护类村庄数量分布的热点区域个数存在明显差异，传统村落类和特色村寨类村庄正热点区域数量和比例相对最高。

# 第五章 特色保护类村庄空间结构演化特征

## 一、特色保护类村庄空间分布类型演化特征

本研究将湖北省特色保护类村庄作为"点"要素进行处理,采用 ArcGIS10.8 软件中的平均最邻近分析工具,通过计算最邻近指数,分别对不同年份(2009 年、2014 年和 2020 年)和不同地貌类型区(鄂西山地、鄂东丘陵、鄂北岗地和江汉平原)特色保护类村庄的空间分布类型演化特征进行判断分析。

### (一)不同年份空间分布类型演化特征

整体上看,2009 年、2014 年和 2020 年 3 个不同年份特色保护类村庄观测最邻近距离明显小于理论最邻近距离,最邻近指数值($R$ 值)均小于 1,$Z$ 得分均小于$-2.58$,且通过了显著性检验(见表 5.1),表明不同年份湖北省特色保护类村庄均呈现集聚型空间形态,同时不同年份特色保护类村庄空间集聚程度存在一定的差异。具体来看,2009 年最邻近指数值最大为 0.7934,2014 年和 2020 年最邻近指数值分别为 0.7071 和 0.7023,呈现出一定程度减小的态势,减小程度逐渐降低,表明湖北省特色保护类村庄空间分布的集聚型趋势逐渐增强,同时增强程度逐渐放缓,这在很大程度上与不同类型村庄评选冠名制度密切相关。2009 年各类相关评选认定工作开展时间相对较短,湖北省各类特色保护类村庄数量仅为 126 个,零星分布在全省各地,集聚程度不高。随着国家层面和地方政府对特色保护类村庄统筹保护、利用与发展重视程度的不断提高,传统村落、历史文化名村、特色村寨、旅游名村等评选认定工作的持续推进,2014 年和 2020 年各类型特色保护类村庄数量迅速增加,实现了翻倍增长,空间集聚形态进一步凸显且

不断增强，也表明政策环境对其发展演化的重要影响。综上所述，从空间分布类型上看湖北省特色保护类村庄空间分布为集聚型结构类型，并呈现出集聚型趋势逐渐增强的演化特征，这在很大程度上与中国历史文化名村、中国传统村落、少数民族特色村寨及乡村振兴战略背景下湖北省不同系列特色村庄等评选冠名制度密切相关。

表5.1　　**2009 年、2014 年、2020 年湖北省特色保护类村庄最邻近指数**

| 年份 | 观测最邻近距离（M） | 理论最邻近距离（M） | 最邻近指数（R） | 空间结构类型 | P 值 |
|------|------|------|------|------|------|
| 2009 年 | 21439.47 | 27020.89 | 0.7934 | 集聚型 | 0.0001 |
| 2014 年 | 9995.84 | 14137.31 | 0.7071 | 集聚型 | 0.0000 |
| 2020 年 | 8447.92 | 12028.61 | 0.7023 | 集聚型 | 0.0000 |

## （二）不同地貌区空间分布类型演化特征

整体上看，2009—2020 年鄂西山地、鄂东丘陵、鄂北岗地和江汉平原四种地貌类型区，特色保护类村庄空间分布上存在集聚型和均匀型两种空间分布特征，除 2009 年鄂北岗地和江汉平原呈均匀型空间分布态势，其余年份不同地貌类型区特色保护类村庄均呈集聚型空间分布（见表5.2），且不同地貌类型区集聚程度存在一定的差异性。

表5.2　　**湖北省不同地貌类型区特色保护类村庄最邻近指数及演化**

| 地貌类型 | 年份 | 观测最邻近距离（M） | 理论最邻近距离（M） | 最邻近指数（R） | 空间结构类型 | P 值 |
|------|------|------|------|------|------|------|
| 鄂西山地 | 2009 年 | 23986.80 | 26776.01 | 0.8958 | 集聚型 | 0.0150 |
| | 2014 年 | 10585.84 | 14677.87 | 0.7212 | 集聚型 | 0.0000 |
| | 2020 年 | 8539.86 | 12111.62 | 0.7051 | 集聚型 | 0.0000 |

续表

| 地貌类型 | 年份 | 观测最邻近距离（M） | 理论最邻近距离（M） | 最邻近指数（R） | 空间结构类型 | P 值 |
|---|---|---|---|---|---|---|
| 鄂东丘陵 | 2009 年 | 21262.32 | 24900.35 | 0.8539 | 集聚型 | 0.0322 |
| | 2014 年 | 8931.51 | 11818.93 | 0.7557 | 集聚型 | 0.0000 |
| | 2020 年 | 7229.71 | 9703.81 | 0.7450 | 集聚型 | 0.0000 |
| 鄂北岗地 | 2009 年 | 30047.97 | 25868.85 | 1.1970 | 均匀型 | 0.2313 |
| | 2014 年 | 11202.05 | 13496.34 | 0.8302 | 集聚型 | 0.0041 |
| | 2020 年 | 10662.04 | 12842.59 | 0.8301 | 集聚型 | 0.0012 |
| 江汉平原 | 2009 年 | 18746.18 | 18594.58 | 1.0106 | 均匀型 | 0.0905 |
| | 2014 年 | 10672.32 | 12577.11 | 0.8486 | 集聚型 | 0.0036 |
| | 2020 年 | 9958.56 | 12554.20 | 0.7932 | 集聚型 | 0.0002 |

从同一年份不同地貌类型区来看，2009 年鄂西山地和鄂东丘陵平均最邻近指数分别为 0.8958 和 0.8539，且通过了显著性检验，表明此两种地貌类型区特色保护类村庄在空间上呈集聚型分布态势，且鄂东丘陵集聚程度略高；而鄂北岗地和江汉平原平均最邻近指数均大于 1，分别为 1.1970 和 1.0106，二者呈均匀型空间分布态势。2014 年鄂西山地、鄂东丘陵、鄂北岗地和江汉平原平均最邻近指数分别为 0.7212、0.7557、0.8302 和 0.8486，Z 得分均小于－2.58 且通过了显著性检验，表明湖北省不同地貌类型区特色保护类村庄在空间上呈显著集聚分布特征；其中，鄂西山地集聚态势最明显，集聚程度相对最高，鄂东丘陵集聚程度次之，江汉平原集聚程度相对最低。2020 年鄂西山地、鄂东丘陵、鄂北岗地和江汉平原平均最邻近指数分别为 0.7051、0.7450、0.8301 和 0.7932，Z 得分均小于－2.58 且通过了显著性检验，表明湖北省不同地貌类型区特色保护类村庄在空间上呈显著集聚分布特征；其中，鄂西山地集聚态势最明显，集聚程度相对最高，鄂东丘陵集聚程度次之，鄂北岗地集聚程度相对最低。从同一地貌类型区不同年份来看，2009—2020 年鄂西山地和鄂东丘陵均呈集聚型空间分布且集聚程度不断提高，鄂北岗地和江汉平原空间分布均有均匀型转变为集聚型，且集聚程度不断增强。

# 二、特色保护类村庄空间分布方向演化特征

将湖北省特色保护类村庄作为"点"要素进行处理，采用 ArcGIS10.8 软件中的方向分布工具，通过计算标准差椭圆中心点坐标、长半轴长度、短半轴长度以及旋转角，进一步对湖北省不同年份（2009 年、2014 年和 2020 年）和不同地貌类型区（鄂西山地、鄂东丘陵、鄂北岗地和江汉平原）特色保护类村庄进行标准差椭圆分析并进行可视化，以此来反映不同年份湖北省特色保护类村庄整体空间分布方向态势。

## （一）不同年份空间分布方向演化特征

整体上看，不同年份特色保护类村庄标准差椭圆分布方向存在一定的趋同性，"东—西"的空间分布态势明显，同时长短半轴和旋转角也存在较为显著的差异性（见表 5.3 和图 5.1），一定程度上与研究区行政区划的分布走向密切相关。具体来看，2009 年、2014 年和 2020 年湖北省特色保护类村庄空间分布方向整体上均呈现"东（略偏南）—西（略偏北）"的空间分布态势，长轴中轴线大体上处在"宜昌—天门—武汉—黄冈"一线附近，短轴中轴线大体上处在"襄阳—荆门—荆州"一线附近，椭圆内部以江汉平原、鄂北岗地南部和鄂西山地东部等县市为主；标准差椭圆转角 θ 介于 93.96—108.86°之间，转角波动相对较小，研究期内保持相对稳定；椭圆长短半轴差距相对较大，介于 132.44—155.24 千米之间，表明湖北省特色保护类村庄空间分布向心力较强，方向性较为明显，特色保护类村庄空间分布时间上呈现出向东、西两边扩散态势；椭圆中心点经度介于 112.29—112.34°，中心点经度介于 30.78—30.89°，椭圆中心点轨迹整体呈现出略微向东南方向转移态势。综上所述，从空间分布方向上看不同时期湖北省特色保护类村庄空间分布方向大体上均呈现出"东（略偏南）—西（略偏北）"态势，空间分布向心力较强，方向性较为明显，且随着时间推移及乡村振兴战略进程的不断推进湖北省特色保护类村庄空间分布方向呈现出向东、西两边逐渐扩散态势。

表 5.3　**2009 年、2014 年、2020 年湖北省特色保护类村庄标准差椭圆参数**

| 年份 | 中心点经度<br>（E） | 中心点维度<br>（N） | 长半轴长度<br>（千米） | 短半轴长度<br>（千米） | 转角<br>（$\theta$） |
|---|---|---|---|---|---|
| 2009 年 | 112.29 | 30.89 | 284.95 | 152.51 | 108.86 |
| 2014 年 | 112.34 | 30.83 | 309.31 | 165.93 | 96.44 |
| 2020 年 | 112.30 | 30.78 | 321.77 | 166.53 | 93.96 |

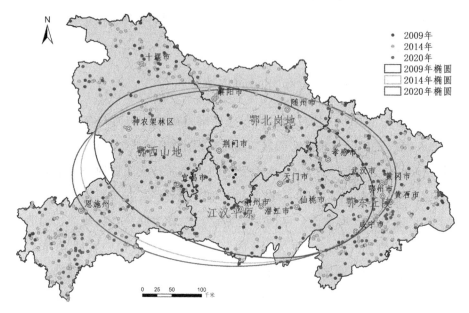

图 5.1　2009—2020 年湖北省特色保护类村庄分布格局及标准差椭圆

注：此图基于自然资源部标准地图服务系统的标准地图（审图号 GS（2019）3333 号）绘制，底图无修改。

## （二）不同地貌区空间分布方向演化特征

2009—2020 年湖北省不同地貌类型区特色保护类村庄标准差椭圆参数计算结果显示（见表 5.4）。整体上看，不同年份同一地貌类型区特色保护类村庄标准差椭圆分布方向存在一定的趋同性，同一年份不同地貌类型区特色保护类村庄标准差椭圆分布方向存在显著的差异性，同时长短半轴和旋转角存在一定的差异，这在很大程度上与不同地貌类型区的区划分布走向密切相关。具体来看，2009—

2020 年鄂西山地区特色保护类村庄空间分布方向整体上均呈现"南（略偏西）—北（略偏东）"的空间分布态势，标准差椭圆转角 $\theta$ 为 19.42—28.16°，转角波动相对较小，研究期内保持相对稳定；椭圆长短半轴差距相对较大，为 64.80—107.79 千米，表明湖北省特色保护类村庄空间分布向心力较强，方向性较为明显；同时，椭圆中心点坐标呈现出逐渐向西南部转移的趋势，表明鄂西山地特色保护类村庄呈现出向西南部扩散的态势。2009—2020 年鄂东丘陵区特色保护类村庄空间分布方向，整体上呈现"南（略偏东）—北（略偏西）"的空间分布态势，标准差椭圆转角 $\theta$ 为 5.23—176.74°，转角波动相对较大；椭圆长短半轴差距相对较小，为 12.82—29.70 千米，表明湖北省特色保护类村庄空间分布向心力较弱，方向性不太明显；椭圆中心点坐标整体保持相对稳定，略微向东北方向偏移。2009—2020 年鄂北岗地区特色保护类村庄空间分布方向存在一定的差异性，2009 年呈现出"南（略偏西）—北（略偏东）"的空间分布态势，2014 年和 2020 年整体上呈现"南（略偏东）—北（略偏西）"的空间分布态势，标准差椭圆转角 $\theta$ 为 27.74—167.71°，转角波动相对较大；椭圆长短半轴差距相对较小，为 6.52—32.80 千米，表明湖北省特色保护类村庄空间分布向心力较弱，方向性不太明显；同时，椭圆中心点坐标整体上略微向东北方向转移。2009—2020 年江汉平原区特色保护类村庄空间分布方向，整体上呈现"东（略偏北）—西（略偏南）"的空间分布态势，标准差椭圆转角 $\theta$ 为 73.97—75.66°，转角波动相对较小，研究期内整体上保持相对稳定；椭圆长短半轴差距相对较大，为 52.27—64.12 千米，表明湖北省特色保护类村庄空间分布向心力较弱，方向性较为明显；椭圆中心点坐标变化较小，整体保持相对稳定。

表 5.4　　湖北省不同地貌类型区特色保护类村庄标准差椭圆参数及演化

| 地貌类型 | 年份 | 中心点经度（E） | 中心点维度（N） | 长半轴长度（千米） | 短半轴长度（千米） | 转角（$\theta$） |
|---|---|---|---|---|---|---|
| 鄂西山地 | 2009 年 | 110.59 | 31.47 | 187.45 | 122.65 | 19.42 |
| | 2014 年 | 110.33 | 31.05 | 216.43 | 112.46 | 26.71 |
| | 2020 年 | 110.27 | 30.95 | 216.41 | 108.62 | 28.16 |

| 地貌类型 | 年份 | 中心点经度（E） | 中心点维度（N） | 长半轴长度（千米） | 短半轴长度（千米） | 转角（θ） |
|---|---|---|---|---|---|---|
| 鄂东丘陵 | 2009 年 | 114.74 | 30.33 | 119.14 | 106.32 | 16.37 |
| | 2014 年 | 114.74 | 30.43 | 121.35 | 99.86 | 176.74 |
| | 2020 年 | 114.75 | 30.43 | 123.01 | 93.31 | 5.23 |
| 鄂北岗地 | 2009 年 | 112.48 | 31.42 | 105.85 | 73.05 | 27.74 |
| | 2014 年 | 112.51 | 31.58 | 102.82 | 84.91 | 167.71 |
| | 2020 年 | 112.61 | 31.56 | 100.28 | 93.76 | 130.09 |
| 江汉平原 | 2009 年 | 112.71 | 30.31 | 120.50 | 68.23 | 75.52 |
| | 2014 年 | 112.89 | 30.36 | 126.21 | 66.18 | 73.97 |
| | 2020 年 | 112.90 | 30.36 | 130.52 | 66.40 | 75.66 |

# 三、特色保护类村庄空间分布密度演化特征

将湖北省特色保护类村庄作为"点"要素进行处理，采用 ArcGIS10.8 软件中密度分析工具，对湖北省 2009 年、2014 年和 2020 年三个不同年份特色保护类村庄进行核密度分析并可视化，以此来反映其空间分布密度特征。通过核密度分析，可以同时观测湖北省特色保护类村庄分布的位置、延展性及形状特征，从而得到关于整体分布状况的直观且清晰的描述，但是在进行核密度估计过程中带宽的确定成为关键问题。本研究在借鉴已有成果的基础上（董丞妍等，2014；潘方杰等，2020），首先从点间欧式距离角度对湖北省特色保护类村庄关联维数进行计算，然后确定无标度区间，进而在其区间范围内以 5 千米为增量反复尝试进行核密度计算，最终发现带宽为 35 千米时能够更为准确地反应不同时期湖北省特色保护类村庄的空间分布格局，既能够体现出整体分布趋势，又能够显示出局部分异特征。分别生成 2009 年、2014 年和 2020 年湖北省不同时期特色保护类村庄核密度分布图详见图 5.2。

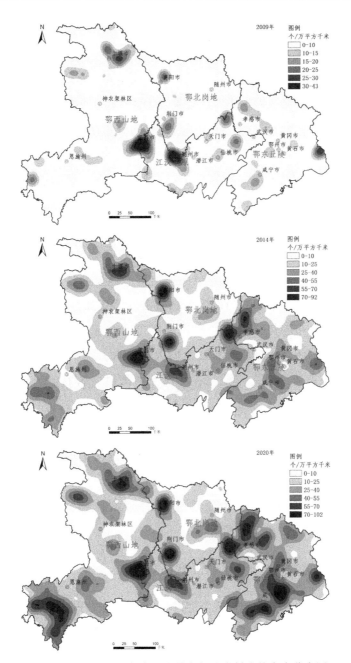

图 5.2　2009—2020 年湖北省特色保护类村庄核密度分布图

注：此图基于自然资源部标准地图服务系统的标准地图（审图号 GS（2019）3333 号）绘制，底图无修改。

## （一）不同年份空间分布密度演化特征

整体上看，湖北省不同时期特色保护类村庄空间分布均存在较为明显的集聚中心，同时不同时期特色保护类村庄集聚发生的区位及集聚区密度值存在一定差异。计算结果显示，湖北省特色保护类村庄空间分布存在明显的集聚中心，其发展经历了"平稳—迅速"的阶段特征，核密度呈现出由散点独立结构向块状组团结构演化的态势，宜昌始终是核密度最高的区域，在其带动辐射下逐渐形成了"宜昌—荆门—荆州"高密度区，同时襄阳核密度迅速提升。具体来看，2009年高密度区相对最少，主要集中在鄂西山地北部的十堰市、鄂西山地东部的宜昌市和江汉平原北部的荆州市三大高密度区，呈明显点状分布格局，区域内高密度区分布相对较为分散。2014年随着特色保护类村庄数量的持续增加，高密度区显著增加，襄阳市、孝感市和荆门市等区域核密度值增加显著，相较于2009年呈现出一定的块状分布趋势。2020年高密度区迅速增加，呈现出横"V"字形结构，与湖北省境内清江、汉江和长江走向大体一致，块状分布趋势显著，呈现出集中连片分布态势。总之，湖北省特色保护类村庄具有向区位优势度明显、自然资源和人文资源丰度较高、经济发展水平较好、政策指向性较强地区集聚的特征。综上所述，从空间分布密度上看2009—2020年湖北省特色保护类村庄经历了"平稳—迅速"的发展阶段特征，高密度区呈现出由散点独立结构向块状组团结构演化的态势；2009年高密度区较少，呈点状分布；2014年显著增加，块状分布趋势明显；2020年迅速增加，大体上呈横"V"字形核密度结构，部分区域集中连片分布态势显著。

## （二）不同地貌区空间分布密度演化特征

为更好体现出湖北省不同地貌类型区特色保护类村庄演化特征，进一步统计出2009年、2014年和2020年湖北省境内鄂西山地、鄂东丘陵、鄂北岗地和江汉平原四种地貌类型区密度值（见表5.5）。整体来看，2009—2020年不同地貌类型区特色保护类村庄空间分布密度均呈现出明显增大趋势，其中鄂东丘陵密度增幅最大，其次为鄂北岗地，鄂西山地紧随其后，江汉平原增幅相对最小。具体来看，2009年鄂西山地、鄂东丘陵、鄂北岗地和江汉平原特色保护类村庄密度分别为 0.67 个/10³平方千米、0.67 个/10³平方千米、0.45 个/10³平方千米和 1.22 个/10³平方千米,可见江汉平原密度最高,其次为鄂西山地和鄂东丘陵且二者密度相同,鄂北岗地密度最小。2014 年鄂西山地、鄂东丘陵、鄂北岗地和江汉平原特色保护类村庄密度分别为 2.74 个/10³平方千米、3.49 个/10³平方千米、2.33 个/10³平方千米和 3.25 个/10³平方千米,可见鄂东丘陵密度最高,其次为江汉平原,再次为鄂西山地,鄂北岗地密度相对最小。2020 年鄂西山地、鄂东丘陵、鄂北岗地和江汉平原特色保护类村庄密度分别为 4.07 个/10³平方千米、5.17 个/10³平方千米、2.96 个/10³平方千米和 3.74 个/10³平方千米,可见鄂东丘陵密度最高,其次为鄂西山地,再次为江汉平原,鄂北岗地密度相对最小。

表 5.5　　　　　　湖北省不同地貌类型区特色保护类村庄密度演化情况

| 地貌类型区 | 年份 | 数量（个） | 占比（％） | 面积<br>（平方千米） | 密度（个/<br>10³平方千米） |
|---|---|---|---|---|---|
| 鄂西山地 | 2009 年 | 52 | 38.81 | 78 176.50 | 0.67 |
| | 2014 年 | 214 | 39.34 | | 2.74 |
| | 2020 年 | 318 | 42.01 | | 4.07 |
| 鄂东丘陵 | 2009 年 | 29 | 21.64 | 43 322.50 | 0.67 |
| | 2014 年 | 151 | 27.76 | | 3.49 |
| | 2020 年 | 224 | 29.59 | | 5.17 |
| 鄂北岗地 | 2009 年 | 15 | 11.19 | 33 417.00 | 0.45 |
| | 2014 年 | 78 | 14.34 | | 2.33 |
| | 2020 年 | 99 | 13.08 | | 2.96 |
| 江汉平原 | 2009 年 | 38 | 28.36 | 31 034.40 | 1.22 |
| | 2014 年 | 101 | 18.57 | | 3.25 |
| | 2020 年 | 116 | 15.32 | | 3.74 |

# 四、特色保护类村庄空间分布均衡性演化特征

首先,在湖北省特色保护类村庄分布图上取矩形区域,使该区域最小能包

含整个研究区范围。其次，采用 ArcGIS10.8 软件中渔网工具，对矩形区域进行等网格数分割，若分别将各边分为 $k$ 等份，则整个研究区被分为 $k^2$ 个小网格。然后，统计出 $k^2$ 个小网格被分形点（即特色保护类村庄点）占据的网格个数 $N(r)$ 和每个网格中分布的特色保护类村庄点个数 $N(ij)$，计算得到概率 $P_{ij}(r)$。在此基础上，进一步根据公式（4.10）计算得到信息量 $I(r)$，获得网格维数计算数据（见表 5.6）。最后，在 Excel 中分别进行线性拟合回归，即把计算得到的研究区域 $N(r)$ 值、$k$ 值和 $I(r)$ 值绘制成双对数散点图（见图 5.3），分别得到 2009 年、2014 年和 2020 年 3 个不同年份特色保护类村庄网格容量维数 $D_0$ 和网格信息维数 $D_1$。计算结果显示，2009 年、2014 年和 2020 年 3 个不同年份特色保护类村庄在一定的测算尺度内（无标度区间）均符合分形维数的数理意义，也就是说不同时间段内湖北省特色保护类村庄分布均具有明显的分形结构特征。具体来看，2009 年、2014 年和 2020 年容量维数 $D_0$ 分别为 1.5397、1.7163 和 1.7286，信息维数 $D_1$ 分别为 0.6259、0.6502 和 0.6542，三个时点容量维数值均明显大于对应的信息维，差异性显著，表明研究期内湖北省特色保护类村庄在空间上呈不等概率分布态势，空间分布不均匀性较强，在系统自组织演化过程中存在局部围绕某中心集聚的现象，同时也反映出政策指向对特色保护类村庄发展的影响。结合核密度分布图 5.2 可知，这种集聚主要围绕宜昌市、荆州市、十堰市、襄阳市和恩施州等地展开。

表 5.6　　　　**2009—2020 年湖北省特色保护类村庄网格维数测算数据**

| 年份 | $k$ | 2 | 3 | 4 | 5 | 6 | 7 | 8 | 9 | 10 |
|---|---|---|---|---|---|---|---|---|---|---|
| 2009 年 | $N(r)$ | 4 | 9 | 15 | 20 | 26 | 34 | 38 | 44 | 50 |
| | $I(r)$ | 1.291 | 1.975 | 2.404 | 2.734 | 2.960 | 3.276 | 3.411 | 3.572 | 3.705 |
| 2014 年 | $N(r)$ | 4 | 9 | 15 | 23 | 29 | 38 | 47 | 53 | 68 |
| | $I(r)$ | 1.346 | 2.027 | 2.511 | 2.839 | 3.105 | 3.420 | 3.628 | 3.819 | 4.021 |
| 2020 年 | $N(r)$ | 4 | 9 | 15 | 23 | 29 | 38 | 47 | 55 | 69 |
| | $I(r)$ | 1.351 | 2.016 | 2.527 | 2.857 | 3.120 | 3.433 | 3.650 | 3.852 | 4.044 |

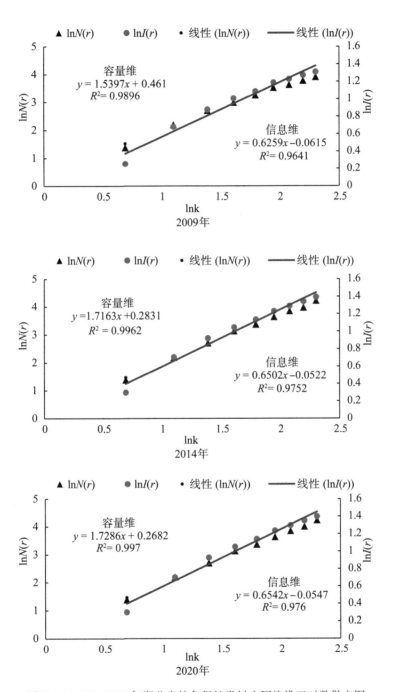

图 5.3　2009—2020 年湖北省特色保护类村庄网格维双对数散点图

从不同年份时间节点来看，2009—2020 年湖北省特色保护类村庄容量维数 $D_0$ 呈现出不断增加趋势，且越来越趋近于 2，表明湖北省特色保护类村庄在自组织演化过程中，呈现出不断均衡的趋势，这在很大程度上与特色保护类村庄数量持续增多密切相关，随着党中央和国家层面对特色保护类村庄重视程度的不断增强及新时代乡村振兴战略的持续推进，导致特色保护类村庄数量显著增加，2020 年湖北省特色保护类村庄数量是 2009 年色保护类村庄数量的 5 倍多，同时入选较早村庄对后期评选建设和发展的借鉴作用不断增强，以及随着新时代乡村振兴战略的实施和扎实推进，村庄建设与发展能力不断增强等因素密切相关。综上所述，从空间分布均衡性上看不同时期湖北省特色保护类村庄在空间上呈不等概率分布态势，空间分布不均衡性较强，分形系统中存在局部围绕主要区域集聚分布的态势，一定程度上体现了村庄发展的区域差异；同时特色保护类村庄空间演化过程中呈现出不断均衡的趋势，表明乡村振兴战略背景下特色保护类村庄的保护与发展受到了更多地区的重视。

## 五、特色保护类村庄空间分布集聚演化特征

本研究借助于全局空间自相关分析、局部空间自相关分析和热点分析，对湖北省不同年份（2009 年、2014 年和 2020 年）特色保护类村庄县域尺度上空间分布集聚特征进行分析。通过将湖北省不同类型特色保护类村庄数量的均值与每个县域不同类型特色保护类村庄数量值进行比较，分析不同类型特色保护类村庄数量分布在县域尺度上有无聚集性，得到不同类型特色保护类村庄数量较高或者较低的县域空间聚类模式，并进一步分析出不同类型特色保护类村庄数量高值或低值在空间上发生聚类的位置。

### （一）全局空间自相关分析

基于 ArcGIS10.8 空间自相关分析工具对湖北省县域尺度上特色保护类村庄空间分布进行全局自相关分析（见表 5.7）。整体来看，不同年份湖北省特色保护类村庄 Moran's $I$ 指数均明显大于相应的预期指数且均通过了显著性检验，表明

县域尺度上湖北省特色保护类村庄整体呈现出聚集分布态势，聚集程度呈波动上升趋势。具体来看，2009 年、2014 年和 2020 年湖北省县域尺度上特色保护类村庄 Moran's $I$ 指数分别为 0.362 7、0.581 5 和 0.521 7，均大于各自相应的预期指数，$P$ 值均小于 0.05，$Z$ 得分均为正值且大于 1.96，表明 2009—2020 年湖北省县域尺度上特色保护类村庄分布存在明显的空间正相关，即存在空间聚集特征，并非在整个区域内随机散发分布的。同时，还发现不同年份特色保护类村庄的空间聚集性特征存在一定的差异；其中，2014 年湖北省特色保护类村庄 Moran's $I$ 指数值最大，表明其空间集聚性相对最好；其次 2020 年湖北省特色保护类村庄数值也相对较大，2009 年湖北省特色保护类村庄 Moran's $I$ 指数值相对最小，空间集聚性相对最差。

表 5.7 **2009—2020 年湖北省特色保护类村庄的 Moran's $I$ 指数及其检验结果**

| 年份 | Moran's $I$ 指数 | 预期指数 | 方差 | $Z$ 得分 | $P$ 值 |
|------|------|------|------|------|------|
| 2009 年 | 0.362 7 | −0.009 8 | 0.003 6 | 6.231 5 | 0.000 0 |
| 2014 年 | 0.581 5 | −0.009 8 | 0.003 5 | 9.969 9 | 0.000 0 |
| 2020 年 | 0.521 7 | −0.009 8 | 0.003 5 | 8.956 2 | 0.000 0 |

## （二）局部空间自相关分析

基于 ArcGIS10.8 聚类和异常值分析工具对湖北省县域特色保护类村庄空间分布进行分析，通过 Local Moran's $I$ 指数值、$Z$ 得分、$P$ 值和表示每个要素的聚类类型编码，对该指数统计显著性进行评估，并得出高值（HH）聚类、低值（LL）聚类两种聚类模式以及低值被高值包围（LH）和高值被低值包围（HL）两类异常值（见表 5.8）。整体来看，2009—2020 年湖北省特色保护类村庄有 HH、HL、LH 和 LL 四种空间分布模式，低值聚类模式占绝对主体地位。具体来看，2009 年湖北省特色保护类村庄空间分布模式有 HH、HL、LH 和 LL 四种，数量分别为 6 个、4 个、2 个和 22 个，分别占县域总数的 5.83%、3.88%、

1.94%和21.36%，低值聚类模式占比最高，其次为高值聚类模式。2014年湖北省特色保护类村庄空间分布模式有HH、HL和LL三种，数量分别为1个、3个和22个，分别占县域总数的0.97%、2.91%和21.36%，低值聚类模式占比最高，无低值被高值包围异常值模式。2020年湖北省特色保护类村庄空间分布模式有HH、HL和LL三种，数量分别为3个、4个和23个，分别占县域总数的2.91%、3.88%和22.33%，低值聚类模式占比最高，无低值被高值包围异常值模式。综上所述，2009—2020年湖北省特色保护类村庄有空间分布模式呈现出一定程度变化，但整体上保持相对稳定，LL和HL模式占比基本保持不变，HH模式呈现出显著下降。

表5.8　　　　　**2009—2020年湖北省特色保护类村庄分布模式比例表**

| 年份 | HH | | HL | | LH | | LL | |
|---|---|---|---|---|---|---|---|---|
| | 数量（个） | 比例（%） | 数量（个） | 比例（%） | 数量（个） | 比例（%） | 数量（个） | 比例（%） |
| 2009年 | 6 | 5.83 | 4 | 3.88 | 2 | 1.94 | 22 | 21.36 |
| 2014年 | 1 | 0.97 | 3 | 2.91 | 0 | 0.00 | 22 | 21.36 |
| 2020年 | 3 | 2.91 | 4 | 3.88 | 0 | 0.00 | 23 | 22.33 |

## （三）热点分析

基于ArcGIS10.8热点分析工具，对湖北省县域尺度上特色保护类村庄空间分布进行热点分析，不同年份湖北省特色保护类村庄指数显著性水平均大于0.05，得到各类型特色保护类村庄分布的热点区域，即2009—2020年湖北省特色保护类村庄数量较高或者较低的县域（见表5.9）。整体来看，不同年份湖北省特色保护类村庄数量分布的正热点区域县域个数均小于负热点区域个数，同时不同年份特色保护类村庄数量分布的正负热点区域个数存在明显差异。其中，2009年湖北省特色保护类村庄正热点区域数量最多且比例最高，数量为11个，占比为 10.68%；2020 年正热点区域数量及比例次之，数量为 7 个，占比为 6.80%；2014 年正热点区域数量及比例最小，数量为 3 个，占比为 2.91%。可见，2009—2020 年湖北省特色保护类村庄正热点区域数量呈波动下降，而负热点区域数量呈缓慢持续下降。

表 5.9　　　　　　　　**2009—2020 年湖北省特色保护类村庄热点分析结果**

| 年份 | 正热点区域 | | 负热点区域 | |
|---|---|---|---|---|
| | 数量（个） | 比例（%） | 数量（个） | 比例（%） |
| 2009 年 | 11 | 10.68 | 25 | 24.27 |
| 2014 年 | 3 | 2.91 | 24 | 23.30 |
| 2020 年 | 7 | 6.80 | 22 | 21.36 |

同时，为进一步直观地显示不同年份特色保护类村庄分布的热点区域空间位置，绘制出不同年份特色保护类村庄热点区域空间分布图（见图 5.4）。由图可以看出，2009—2020 年湖北省特色保护类村庄分布的热点区域空间位置存在明显差异，呈现出不同的分布规律。从不同年份特色保护类村庄分布负热点区域分布来看，2009 年、2014 年和 2020 年负热点区域分布大体保持一致，绝大多数县域均位于鄂东丘陵的武汉市及其周边地区，如团风县、浠水县、梁子湖区、华容区和鄂城区等县域。从不同年份特色保护类村庄分布正热点区域分布来看，2009 年正热点区域大体集中分布在鄂西山地区的郧阳区、张湾区、茅箭区、巴东县和秭归县等县域，同时江汉平原区也有集中分布，包括当阳市、沙洋县、荆州区、沙市区、江陵县和公安县等县域；2014 年和 2020 年正热点区域均集中分布在鄂西山地西南部，2014 年正热点区域集中分布在鄂西山地区的 3 个县域，包括利川市、咸丰县和来凤县，2020 年正热点区域集中分布在鄂西山地区的 6 个县域，包括利川市、咸丰县、来凤县、建始县、宣恩县和恩施市等县域。深入探究不同年份特色保护类村庄县域尺度上正负热点区域空间位置一致或差异的影响因素，进一步揭示其内在规律，对于新时代全面推进乡村振兴背景下湖北省特色保护类村庄统筹保护与振兴发展意义重大。

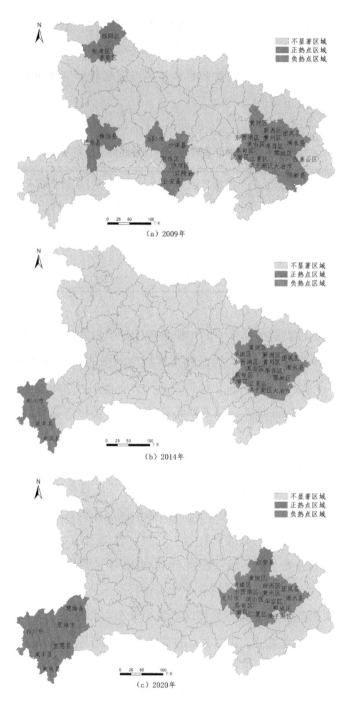

图 5.4 2009—2020 年湖北省特色保护类村庄热点区域位置图

# 六、本 章 小 结

本章节在上一章节不同类型特色保护类村庄空间结构特征识别及分析的基础上，进一步对湖北省特色保护类村庄空间结构演化特征进行探究，定量识别不同年份湖北省特色保护类村庄空间结构演化特征。由于所选取的不同类型特色保护类村庄评选周期存在一定的差异，为便于更好地开展时空演化过程特征研究，选取 2009 年、2014 年和 2020 年作为时间节点，分别从空间分布类型演化特征、空间分布方向演化特征、空间分布密度演化特征、空间分布均衡性演化特征和空间分布集聚特征等方面，对湖北特色保护类村庄空间结构演化过程进行探究。研究结果显示：①湖北省特色保护类村庄空间分布为集聚型结构类型，且呈现出集聚趋势逐渐增强的演化特征，其中传统村落类村庄集聚程度最高；除 2009 年鄂北岗地和江汉平原呈均匀型空间分布态势，其余年份不同地貌类型区特色保护类村庄均呈集聚型空间分布，同时不同地貌类型区集聚程度存在一定的差异性。②湖北省特色保护类村庄整体呈现"东（略偏南）—西（略偏北）"态势，空间分布向心力较强，方向性较为明显，且呈现出向东、西两边逐渐扩散态势；不同年份同一地貌类型区特色保护类村庄标准差椭圆分布方向存在一定的趋同性，同一年份不同地貌类型区特色保护类村庄标准差椭圆分布方向存在显著的差异性，同时长短半轴和旋转角存在一定的差异，这在很大程度上与不同地貌类型区的区划分布走向密切相关。③湖北省特色保护类村庄高密度区呈现出由散点独立结构向块状组团结构演化的态势，大体上呈现出横"V"字形核密度结构，宜昌始终是核密度最高的区域，不同类型村庄高密度区差异显著；不同地貌类型区特色保护类村庄空间分布密度均呈现出明显增大趋势，其中鄂东丘陵密度增幅最大，其次为鄂北岗地，鄂西山地紧随其后，江汉平原增幅相对最小。④湖北省特色保护类村庄在空间上呈现出不等概率分布态势，存在围绕宜昌、荆州、十堰、襄阳、恩施等集聚分布的态势，且呈现出逐渐均衡的发展趋势。⑤全局空间自相关分析结果显示，不同年份湖北省特色保护类村庄 Moran's $I$ 指数均明显大于相应的预期指数且均通过了显著性检验，表明县域尺度上湖北省特色保护类村庄整体呈现出聚集分布态势，聚集程度呈波动上升趋势；局部空间自相关分析结果显示，2009—

2020 年湖北省特色保护类村庄有 HH、HL、LH 和 LL 四种空间分布模式且呈现出一定程度的变化，低值聚类模式占绝对主体地位，LL 和 HL 模式占比基本保持不变，HH 模式呈现出显著下降；热点分析结果显示，不同年份湖北省特色保护类村庄数量分布的正热点区域县域个数均小于负热点区域个数，同时不同年份特色保护类村庄数量分布的正负热点区域个数存在明显差异。

# 第六章　特色保护类村庄演化影响机理研究

## 一、特色保护类村庄演化影响机理研究思路

现实中，不同特色保护类村庄之间禀赋特征、结构形态和区位条件迥异，导致村落空间分布和影响因素复杂多样。空间异质性因素的叠加，对特色保护类村庄的整体建设带来一定困扰，如增加政策适用的难度、冲抵政策执行的效果、降低乡村旅游产品的供需适配度。因此，立足新时代乡村振兴战略背景下特色保护类村庄的实际，探究特色保护类村庄的整体空间布局和结构类型，厘清影响特色保护类村庄空间分布的影响因素十分必要。同时需要注意，特色保护类村庄的建设与发展，受气候环境、地形特征、社会经济发展等因素不同程度的影响，其空间分布表现为不均衡性与聚集性，容易造成"过度聚集"而产生的"强者恒强、弱者恒弱"性，不利于乡村全面性与均衡化建设与发展。本研究基于新时代全面推进乡村振兴为战略背景，在识别不同类型特色保护类村庄空间结构特征和特色保护类村庄空间结构演化特征的基础上，结合相关文献梳理及分析，构建特色保护类村庄空间结构演化影响机理理论框架模型，深入分析特色保护类村庄空间结构演化影响机理，分别从自然环境、资源禀赋、社会经济和政策环境四个维度选取指标，采用叠置与缓冲区分析、相关性分析、地理探测器分析等方法，对特色保护类村庄空间结构演化影响因素进行定量分析，并进行影响因素结果分析及影响因子交互作用探测。自然环境是特色保护类村庄选址与布局的本底和基石，资源禀赋、社会经济和政策环境对其空间分布的影响不断增强，不同类型村庄受到各因素的影响程度存在显著差异。湖北省特色保护类村庄空间演化影响机理研究思路详见图6.1。

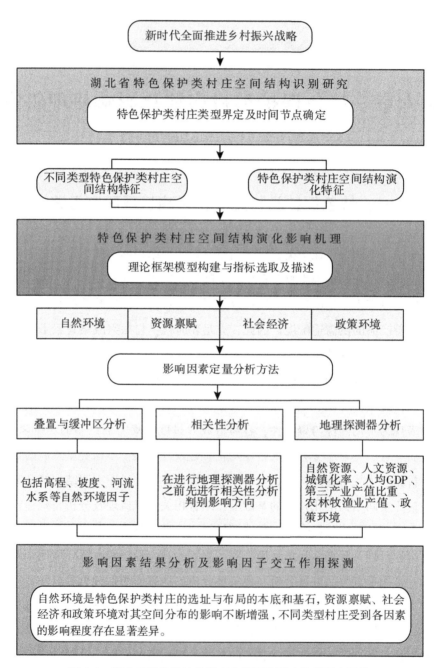

图 6.1　湖北省特色保护类村庄空间演化影响机理研究思路

# 二、特色保护类村庄演化影响机理框架模型构建

## （一）理论框架模型构建

乡村地域系统是由资源、环境、人文与经济相互作用、相互联系而构成的空间体系（李玉恒等，2020）。村庄作为特定区域人地关系地域系统中"人"和"地"两个子系统相互影响、相互作用演化形成的产物，其发育形成、分布规模和发展演化受自然地理环境与社会经济环境多种因素综合作用的影响（周扬等，2020）。其中地形、水源等作为自然地理环境重要组成要素制约着人类活动对乡村建设的广度、速度和深度，对早期村庄的选址、形成和发展具有关键决定性作用（陈慧霖等，2022），是特色保护类村庄选址与布局的本底和基石。资源禀赋是特色保护类村庄形成及发展的先决条件，丰富的自然资源和人文资源是特色保护类村庄所依赖的基础条件，资源丰度较高的区域内特色保护类村庄分布的也较多。区域社会经济发展水平、道路基础设施建设、公共设施完善程度等社会经济环境影响人类活动对乡村建设开发的深度与尺度（程钰，2014），在一定程度上决定特色保护类村庄保护和开发的力度，是特色保护类村庄振兴发展的重要条件。政府作为宏观调控及管理者，一系列发展规划及冠名制度等政策的出台，对特色保护类村庄空间分布及演化起着重要的引领及调节作用，乡村振兴战略进程中产业扶持和资金支持更是为特色保护类村庄保护、利用及振兴发展注入了新动能。综上可见，海拔高程、地形起伏、主要水系及河流上游等是特色保护类村庄发展的自然起源地带；资源禀赋、社会经济和政策环境等综合作用的影响推动了特色保护类村庄的留存和发展。湖北省特色保护类村庄空间演化影响机理理论框架模型详见图 6.2。

## （二）指标选取及描述

基于上述特色保护类村庄空间演化影响机理理论框架模型分析，本研究分别从自然环境、资源禀赋、社会经济和政策环境四个方面选取衡量指标，对湖北省特色保护类村庄空间演化的影响机理进行分析。在参考现有研究成果和研究经验

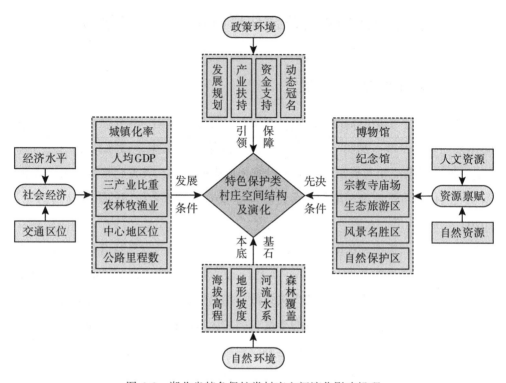

图 6.2 湖北省特色保护类村庄空间演化影响机理

的基础上，评价指标的选取遵循以下原则：①相关性原则，所选指标应该是与特色保护类村庄保护、传承和开发相关性较大的指标；②主导性原则，有侧重地选取一些极具代表性的关键指标；③可获得性与可测度性原则，要充分考虑数据资料的可获得性，同时指标选取要注意可度量性，方便进行量化处理；④常用性与一致性原则，选取容易理解和接受的变量指标且国内学者常用的指标，同时注意每组数据资料在计量单位、时间和空间上的一致性。

首先，选取海拔高程、坡度、河流水系对自然环境进行表征，采用ArcGIS10.8 中的缓冲区与叠加分析工具对自然地理环境因子进行分析。在此基础上，分别选取 2009 年、2014 年和 2020 年湖北省 103 个县域的面板数据，利用地理探测器探测空间分异特征与规律的优势，定量深入探究湖北省特色保护类村庄空间演化的影响机理。具体来看，资源禀赋从自然资源和人文资源两个角度出发，选取生态旅游区、风景名胜区、自然保护区、森林湿地公园等（$X_1$）对自然资源进行表征；选取文化馆、博物馆、纪念馆、宗教场所、文化及革命遗址等（$X_2$）对人文资源进行表征；采用城镇化率（$X_3$）、人均 GDP（$X_4$）、第三产业产值比重（$X_5$）、农林牧渔业产值（$X_6$）、公路通车里程（$X_7$）对社会经济发展水平进行表征；借鉴相关学者研究成果（佟玉权，2014；覃小华等，2022），采用政府年度工作报告中提及"村"的次数（$X_8$）对政策环境及相关政策重视程度进行表征，并进一步对选取的指标进行离散化处理。本研究中影响因素指标的选取和计算方法详见表 6.1，其中自然环境因子采用 ArcGIS10.8 软件中的叠置分析和缓冲区分析工具进行统计分析，资源禀赋、社会经济和政策环境则采用地理探测器软件进行定量分析。

表 6.1　　　　　　　　　　影响因素选取及指标测度

| 维度 | 指标 | 单位 | 计算方法 |
|---|---|---|---|
| 自然环境 | 高程 | m | DEM 数据高程提取 |
| | 坡度 | ° | DEM 数据表面分析坡度提取 |
| | 河流水系 | m | 河流水系邻域分析与缓冲区分析 |
| 资源禀赋 | 自然资源 | 个 | 生态旅游区、风景名胜区、自然保护区、森林湿地公园等数量 |
| | 人文资源 | 个 | 文化馆、博物馆、纪念馆、宗教场所、文化及革命遗址等数量 |
| 社会经济 | 城镇化率 | % | 非农业人口占总人口的比重 |
| | 人均 GDP | 元/人 | 地区 GDP 总量与区域内常住人口比值 |
| | 第三产业产值比重% | | 第三产业产值与地区国内生产总值比值 |
| | 农林牧渔业产值 | 亿元 | 农林牧渔业产值与地区国内生产总值比值 |
| | 公路通车里程 | 千米 | 区域内公路总通车里程数 |
| 政策环境 | 政府年度工作报告 | 个 | 政府年度工作报告提及的"村"次数 |

## 三、特色保护类村庄演化影响因素分析方法

本研究充分发挥地理探测器多层次空间分异测算的优势，辅之空间叠置分析、缓冲分析等多种 GIS 空间分析方法，深入解释和辨析湖北省特色保护类村庄空间分布及演化的影响因素。

### （一）叠置分析

叠置分析是 GIS 分析工具中非常重要的空间分析功能之一，通常用来探究在空间位置上具有一定关联的地理要素的空间特征和属性之间的相互关系（黄杏元和马劲松，2008）。本研究基于特色保护类村庄和地形地貌、自然资源、人文资源等要素的矢量数据及属性特征，进行叠置分析，通过对空间信息和相应的属性信息作集合的交、并、差、余运算，明晰自然地理环境要素及资源禀赋对特色保护类村庄选址与布局的关键决定性作用。

### （二）相关性分析

相关分析是地理学中常用的一种统计分析方法，其任务是建立地理要素之间相互关系的密切程度。而地理要素之间相互关系密切程度的测定，主要是通过对相关系数的计算与检验来完成，相关分析揭示了地理要素之间相互关系的密切程度。对于两个要素 $x$ 与 $y$，如果它们的样本值分别为 $x_i$ 与 $y_i$（$i=1$，$2$，$\cdots$，$n$），则它们之间的相关系数计算公式如下（徐建华，2002；潘方杰，2017）：

$$r_{xy} = \frac{\sum\limits_{i=1}^{n} (x_i - \bar{x})(y_i - \bar{y})}{\sqrt{\sum\limits_{i=1}^{n} (x_i - \bar{x})^2} \sqrt{\sum\limits_{i=1}^{n} (y_i - \bar{y})^2}} \tag{6.1}$$

式中 $\bar{x}$ 和 $\bar{y}$ 分别为两个要素的平均值，即：

$$\bar{x} = \frac{1}{n} \sum\limits_{i=1}^{n} x_i, \quad \bar{y} = \frac{1}{n} \sum\limits_{i=1}^{n} y_i \tag{6.2}$$

$r_{xy}$ 为要素 $x$ 与 $y$ 之间的相关系数，它表示该两要素之间的相关程度的统计指标，其值一般位于 $[-1, 1]$ 区间。$r_{xy} > 0$，表示正相关，即两要素同向相关；$r_{xy} < 0$，表示负相关，即两要素异向相关。其绝对值越接近于 1，表示两要素的关系越密切；越接近与 0，表示两要素关系越不密切。当要素之间的相关系数计算出来之后，还需要对求出来的数据进行一下检验。一般来说，检验相关系数的检验，是在给定的置信水平下，通过查询相关系数检验的临界值表来完成。

## （三）地理探测器

本研究采用地理探测器定量探究湖北省特色保护类村庄空间演化的影响机理。地理探测器是探测地理要素空间格局成因和机理的重要方法（王劲峰等，2017）。地理探测器探测中因子对属性的解释力用 $q$ 值度量，表达式为（Wang et al.，2010）：

$$q = 1 - \frac{\sum_{h=1}^{L} N_h \sigma_h^2}{N \sigma^2} = 1 - \frac{\text{SSW}}{\text{SST}} \tag{6.3}$$

$$\text{SSW} = \sum_{h=1}^{L} N_h \sigma_h^2, \ \text{SST} = N \sigma^2 \tag{6.4}$$

式中：$L$ 为 $Y$ 或因子 $X$ 的分层，即分类或分区；$N_h$ 和 $N$ 分别为层 $h$ 和研究区整体的单元数；$\sigma_h^2$ 和 $\sigma^2$ 分别是层 $h$ 和研究区整体 $Y$ 的方差；SSW 和 SST 分别为层内方差之和和全区总方差。$q$ 值域为 $[0, 1]$，值越大说明 $Y$ 的空间分异性越明显；如果分层由自变量 $X$ 生成，则 $q$ 值越大表示自变量 $X$ 对属性 $Y$ 的解释力越强，反之越弱。同时地理探测器能够较好探测两因子的交互作用，探测的方法是分别计算两因子 $X_1$ 和 $X_2$ 对 $Y$ 的 $q$ 值：$q(X_1)$ 和 $q(X_2)$，同时计算两因子交互时的 $q$ 值：$q(X_1 \cap X_2)$，并对 $q(X_1)$、$q(X_2)$ 与 $q(X_1 \cap X_2)$ 进行比较（潘方杰等，2019）。两因子之间的关系可以划分为以下几类（见表6.2）：

表6.2　　　　　　　　　　两个自变量对因变量交互作用的类型

| 图示 | 判据 | 交互作用 |
|---|---|---|
| ▽——●—■——▲→ | $q(X_1 \cap X_2) < \min(q(X_1), q(X_2))$ | 非线性减弱 |
| ——●—▽—■——▲→ | $\min(q(X_1), q(X_2)) < q(X_1 \cap X_2) < \max(q(X_1), q(X_2))$ | 单因子非线性减弱 |
| ——●—■—▽—▲→ | $q(X_1 \cap X_2) > \max(q(X_1), q(X_2))$ | 双因子增强 |
| ——●—■——▲→ | $q(X_1 \cap X_2) = q(X_1) + q(X_2)$ | 独立 |
| ——●—■——▲—▽→ | $q(X_1 \cap X_2) > q(X_1) + q(X_2)$ | 非线性增强 |

注：● $\min(q(X_1), q(X_2))$：在 $q(X_1)$, $q(X_2)$ 两者取最小值；▲ $q(X_1) + q(X_2)$：$q(X_1)$，$q(X_2)$ 两者求和；

■ $\mathrm{Max}(q(X_1), q(X_2))$：在 $q(X_1)$, $q(X_2)$ 两者取最大值；▽ $q(X_1 \cap X_2)$：$q(X_1)$，$q(X_2)$ 两者交互。

## 四、特色保护类村庄演化影响因素结果分析

地理探测器能够很好地探测某因子（$X$）在多大程度上解释了属性（$Y$）的空间分异性，但不能判别影响方向，因此在进行地理探测器分析之前先进行相关性分析。通过相关系数的计算，以此判断所选取的8个指标是否与湖北省特色保护类村庄数量存在相关关系，以及各影响因子的影响方向。本研究借助于SPSS19.0软件进行Pearson相关性分析，计算结果见表6.3。可见，所选取的8个指标与湖北省特色保护类村庄数量之间均存在显著正相关关系，在一定程度上验证了所选取指标的合理性。其中，自然资源（$X_1$）、人文资源（$X_2$）、城镇化率（$X_3$）、农林牧渔业产值（$X_6$）和政策环境（$X_8$）在2009年、2014年和2020年均通过了显著性检验，且相关系数相对较高；人均GDP（$X_4$）、第三产业产值比重（$X_5$）和公路通车里程（$X_7$）在2009年和2014年均通过了显著性检验且相关系数相对较高，在一定程度上验证了所选指标的合理性。

表 6.3　　　　　　　湖北省特色保护类村庄与遴选指标 Pearson 相关系数

| 年份/指标 | $X_1$ | $X_2$ | $X_3$ | $X_4$ | $X_5$ | $X_6$ | $X_7$ | $X_8$ |
|---|---|---|---|---|---|---|---|---|
| 2009 年 | 0.625*** | 0.733** | 0.548* | 0.853* | 0.783** | 0.764** | 0.478** | 0.822*** |
| 2014 年 | 0.528* | 0.676*** | 0.596** | 0.625* | 0.625* | 0.662** | 0.452** | 0.845** |
| 2020 年 | 0.632** | 0.634** | 0.456* | 0.543 | 0.632 | 0.529** | 0.489 | 0.771*** |

基于上述分析，本研究进一步采用地理探测器软件定量分析湖北省特色保护类村庄空间分异格局及其演化的影响因素。首先，借助于 ArcGIS10.8 软件平台，对自变量即影响因素进行分层处理即采用自然断裂点法（Jenks）对所收集到的影响因素进行分类，分为 1、2、3、4、5 类，将自变量由数值量转为类型量。然后，将数据读入地理探测器软件，分别计算 2009 年、2014 年和 2020 年各探测要素对区域特色保护类村庄分布（即县域特色保护类村庄数量）的影响力 $q$ 值，运算结果详见表 6.4。整体上看，通过对 2009 年、2014 年和 2020 年探测因子的影响力 $q$ 值来看，自然资源（$X_1$）、人文资源（$X_2$）、城镇化率（$X_3$）、人均 GDP（$X_4$）、第三产业产值比重（$X_5$）、农林牧渔业产值（$X_6$）和政策环境（$X_8$）等是湖北省特色保护类村庄空间分异格局及其演化的主要影响因素，很大程度上决定了湖北省特色保护类村庄空间分异格局的形成。其中，2009—2020 年除农林牧渔业产值（$X_6$）、公路通车里程（$X_7$）的 $q$ 值呈现出逐渐减少的趋势外，自然资源（$X_1$）、人文资源（$X_2$）、城镇化率（$X_3$）、人均 GDP（$X_4$）、第三产业产值比重（$X_5$）、政策环境（$X_8$）等其余影响因素的 $q$ 值均呈现出逐渐增大的趋势，且各影响力之间 $q$ 值差距减少，表明湖北省特色保护类村庄空间分布越来越受到更多因素的影响，且单个因素的影响力不断增强，影响程度朝着均衡方向发展。

表 6.4　　　　　　　湖北省特色保护类村庄影响因子地理探测结果

| 年份 | $X_1$ | $X_2$ | $X_3$ | $X_4$ | $X_5$ | $X_6$ | $X_7$ | $X_8$ |
|---|---|---|---|---|---|---|---|---|
| 2009 年 | 0.2365* | 0.3373** | 0.2004* | 0.2031** | 0.2279* | 0.402 | 0.4570*** | 0.1357 |
| 2014 年 | 0.3689* | 0.4445* | 0.1853 | 0.4005* | 0.3051* | 0.3865 | 0.2648** | 0.2356* |
| 2020 年 | 0.4331** | 0.5051** | 0.2285* | 0.5366*** | 0.3906 | 0.1964 | 0.1876* | 0.4135** |

## （一）自然环境

### 1. 高程因子

地形地貌作为自然地理环境重要组成要素对人类活动产生影响，气温会随着海拔的升高而降低，人口也是随海拔的上升而减少，植物的生长、人类生产生活也受地表起伏和海拔影响较大，同时海拔高程也对特色保护类村庄的选址布局和演化产生直接影响，甚至在一定程度上起着决定性作用。湖北省地形地貌丰富多样，地势大致为东、西、北三面环山，中间低平，整体上呈略向南敞开的类盆地形态，拥有山地、丘陵、岗地和平原等多种地貌类型，地形地貌复杂性深刻影响着特色保护类村庄的空间分布。本研究采用 ArcGIS10.8 软件，将湖北省特色保护类村庄空间分布图与高程图和坡度图分别进行叠置分析，得到湖北省特色保护类村庄与高程因子和坡度因子耦合图（见图 6.3）。高程分析结果显示（详见表6.5），湖北省特色保护类村庄多分布在海拔相对较低地区，其数量分布随着海拔的升高先增加后降低，集中分布在海拔 500 米以下的区域，占湖北省特色保护类村庄数量占总数的 71.73%。其中，海拔 100~500 米村庄数量最多为 257 个，占特色保护类村庄总数的 33.95%；海拔 50 米以下村庄数量次之为 178 个，占特色保护类村庄总数的 23.51%；海拔 500~1000 米村庄数量也较多为 140 个，占特色保护类村庄总数的 18.49%；海拔 100 米以下村庄数量为 286 个，占特色保护类村庄总数的 37.78%；海拔 1500 米以上区域特色保护类村庄数量为 10 个，占比仅为 1.32%。

从不同类型来看，特色保护类村庄集中分布的坡度范围存在显著差异，旅游为帮特色村寨类集中分布的坡度数值较大，传统村落类集中分布的坡度数值次之，其他类型集中分布的坡度数值较小。具体来看，旅游类村庄在海拔 100~500 米的区域数量最多为 49 个，占该类型村庄总数 41.53%；海拔 50 米的区域数量次之为 25 个，占该类型村庄总数 21.19%；海拔 1500 米以上的区域数量最少为 3 个，仅占该类型村庄总数 2.54%。传统村落类村庄主要分布在海拔 100~500 米和 500~1000 米的区域，数量分别为 79 个和 60 个，二者占主体地位，合计占该类型村庄总数 67.48%，该高程范围是特色保护类村庄集中分布区；海拔 1000~

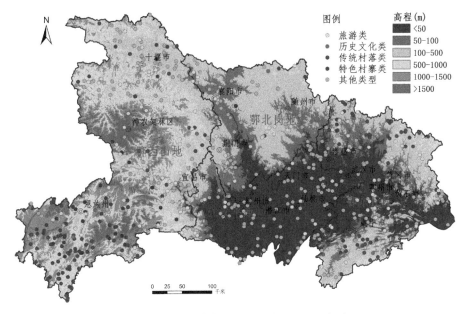

图 6.3　湖北省特色保护类村庄与影响因子耦合图

　　注：此图基于自然资源部标准地图服务系统的标准地图（审图号 GS（2019）3333 号）绘制，底图无修改。

1500 米的区域仍有较高数量分布为 32 个，占该类型村庄总数 15.53%；海拔 1500 米以上的区域数量最少为 4 个，仅占该类型村庄总数 1.94%。特色村寨类村庄主要分布在海拔 500 米以上区域，村庄数量为 43 个，合计占该类型总数的 87.76%；其中，海拔 500~1000 米的区域数量为 28 个，占该类型总数的 57.14%；海拔 1000~1500 米的区域数量为 13 个，占该类型总数的 26.53%；海拔 100 米以下的区域无特色村寨类村庄分布。其他类型村庄主要分布在海拔 500 米以下的区域，村庄数量为 353 个，合计占该类型总数的 85.68%；其中，海拔 50 米以下的区域数量为 141 个，占该类型总数的 34.22%；海拔 100~500 米的区域数量为 82 个，占该类型总数的 19.90%；海拔 500~1000 米的区域数量为 130 个，占该类型总数的 31.55%；海拔 1500 米以上的区域仅占该类型总数的 0.49%。历史文化类村庄数量相对较少，集中分布在海拔 50 米以下和海拔 100~500 米两个高程范围内，数量均为 5 个，分别占该类型村庄数量的 33.33%；海

拔 500~1000 米高程范围内数量次之为 3 个，占该类型村庄数量的 20.00%；海拔
1500 米以上的区域无历史文化类村庄分布。海拔较高的地区多为山地和丘陵区，
复杂地形地貌条件对人类活动限制较大，使得早期发育而成的村落能够较好保留
下来。

表 6.5 不同高程范围内湖北省特色保护类村庄分布情况（单位：m）

| 高程范围 | 历史文化类 | | 特色村寨类 | | 旅游类 | | 传统村落类 | | 其他类型 | | 整体情况 | |
|---|---|---|---|---|---|---|---|---|---|---|---|---|
| | 数量（个） | 占比（%） | 数量（个） | 占比（%） | 数量（个） | 占比（%） | 数量（个） | 占比（%） | 数量（个） | 占比（%） | 数量（个） | 占比（%） |
| <50 | 5 | 33.33 | 0 | 0.00 | 25 | 21.19 | 16 | 7.77 | 141 | 34.22 | 178 | 23.51 |
| 50~100 | 1 | 6.67 | 0 | 0.00 | 11 | 9.32 | 15 | 7.28 | 82 | 19.90 | 108 | 14.27 |
| 100~500 | 5 | 33.33 | 6 | 12.24 | 49 | 41.53 | 79 | 38.35 | 130 | 31.55 | 257 | 33.95 |
| 500~1000 | 3 | 20.00 | 28 | 57.14 | 20 | 16.95 | 60 | 29.13 | 42 | 10.19 | 140 | 18.49 |
| 1000~1500 | 1 | 6.67 | 13 | 26.53 | 10 | 8.47 | 32 | 15.53 | 15 | 3.64 | 64 | 8.45 |
| >1500 | 0 | 0.00 | 2 | 4.08 | 3 | 2.54 | 4 | 1.94 | 2 | 0.49 | 10 | 1.32 |

## 2. 坡度因子

本研究根据研究区 DEM（90 米分辨率）数据，通过采用 ArcGIS10.8 软件中
空间分析工具（Spatial Analyst Tools）——表面分析（Surface）——坡度
（Slope），计算出研究区坡度空间分布图；在此基础上，将湖北省特色保护类村
庄空间分布图与坡度图进行叠置分析，得到湖北省特色保护类村庄与坡度因子耦
合图（见图 6.4）。坡度分析结果显示（见表 6.6），湖北省特色保护类村庄大多
数分布在坡度相对平缓地区，其数量随着坡度的增大呈现出先减少、后增加、再
减少的波动下降趋势，坡度 15°以下特色保护类村庄数量为 498 个，占湖北省特
色保护类村庄总数的 65.79%。其中，坡度 0—5°村庄数量最多为 221 个，占村庄
总数的 29.19%；坡度 5°—10°村庄数量次之为 182 个，占村庄总数的 24.04%；
坡度 20°—30°数量紧随其后为 136 个，占村庄总数的 17.97%；坡度 15°—20°和
30°—40°数量相对较少，分别为 73 个和 39 个，分别占村庄总数的 9.64% 和

5.15%；坡度 40°以上数量最少，仅占村庄总数的 1.45%。

图 6.4　湖北省特色保护类村庄与影响因子耦合图

注：此图基于自然资源部标准地图服务系统的标准地图（审图号 GS（2019）3333 号）绘制，底图无修改。

从不同类型来看，特色保护类村庄集中分布的坡度范围存在显著差异，旅游类和特色村寨类集中分布的坡度数值较大，旅游类和传统村落类集中分布的高程数值次之，其他类型集中分布的高程数值较小。主要是该分布区域满足早期村庄建设条件，热量充足，大多为农林业区。一方面为特色保护类村庄建设提供了丰富的潜在性旅游资源，满足出行者亲近自然、回归自然的需求；另一方面地形垂直变化与水平变化较小的区域地形起伏较小，更适合村庄建筑、道路、公共休憩空间等基础设施的建设与完善。具体来看，旅游名村主要分布在坡度 10°以下的区域，数量为 56 个，占该类型村庄总数的 47.46%，坡度 20°—30°数量占比也较高为 21.19%；特色村寨主要分布在 10°—40°，占该类型村庄总数的 83.67%，其中 20°—30°数量最多，为 16 个，占总数的 32.65%；传统村落主要分布在 0—10°和 15°—30°的区域，分别占该类型村庄总数 36.41% 和 42.23%，其中 20°—30°占传统村落总数的28.16%；其他类型主要分布在坡度15°以下的区域，占该类型村庄总数的78.88%，其中0—5°占比最高，为38.35%。

综上所述，通过对特色保护类村庄分布的海拔高程和坡度等地貌类型研究，并结合空间结构特征，发现特色保护类村庄集中分布在中低海拔地形起伏差距较小、坡度较小的地区。一方面，较低海拔和平坦地势为特色保护类村庄的营建和布局提供了便利，是村庄建址的良好选择，同时原有特色保护类村庄可能受社会发展和外部冲击影响较大。另一方面，在较高海拔和较大坡度区域特色保护类村庄仍有较高程度聚集分布，可能原因是由于该类区域地势起伏不平，地貌破碎，道路崎岖，一定程度上抑制了交通基础设施建设、文化传播交流和社会生产发展，限制了对外交流，相对闭塞的自然地理环境阻碍了历史文化类、传统村落类和特色村寨类村庄的消亡，进而直接或间接保护和保留了特色村庄原始属性，在某种程度上使其较为完整地保存下来。

表6.6　　　　不同坡度范围内湖北省特色保护类村庄分布情况（单位:°）

| 高程范围 | 历史文化类 | | 特色村寨类 | | 旅游类 | | 传统村落类 | | 其他类型 | | 整体情况 | |
|---|---|---|---|---|---|---|---|---|---|---|---|---|
| | 数量（个） | 占比（%） | 数量（个） | 占比（%） | 数量（个） | 占比（%） | 数量（个） | 占比（%） | 数量（个） | 占比（%） | 数量（个） | 占比（%） |
| 0~5 | 5 | 33.33 | 1 | 2.04 | 31 | 26.27 | 33 | 16.02 | 158 | 38.35 | 221 | 29.19 |
| 5~10 | 4 | 26.67 | 5 | 10.20 | 25 | 21.19 | 42 | 20.39 | 115 | 27.91 | 182 | 24.04 |
| 10~15 | 1 | 6.67 | 10 | 20.41 | 13 | 11.02 | 23 | 11.17 | 52 | 12.62 | 95 | 12.55 |
| 15~20 | 0 | 0.00 | 9 | 18.37 | 10 | 8.47 | 29 | 14.08 | 27 | 6.55 | 73 | 9.64 |
| 20~30 | 5 | 33.33 | 16 | 32.65 | 25 | 21.19 | 58 | 28.16 | 49 | 11.89 | 136 | 17.97 |
| 30~40 | 0 | 0.00 | 6 | 12.24 | 12 | 10.17 | 18 | 8.74 | 6 | 1.46 | 39 | 5.15 |
| >40 | 0 | 0.00 | 2 | 4.08 | 2 | 1.69 | 3 | 1.46 | 5 | 1.21 | 11 | 1.45 |

### 3. 河流水系因子

水源是人类生活的必备物质，在村庄早期的选址、发育和聚集过程中起到重要的驱动作用。湖北省境内除长江、汉江干流外，省内各级河流河长5千米以上的有 4230 条，河流总长 6.1 万千米，其中流域面积 50 平方千米以上河流 1 232 条，长约 4 万千米。长江自西向东，流贯省内 26 个县市，其中汉水为长江中游最大支流，在湖北省境内由西北趋东南，流经 13 个县市，为早期村庄发育提供了充足的水源。本研究根据湖北省面状水系矢量分布图，通过采用 ArcGIS10.8 软件中分析工具（Analysis Tools）——邻域分析（Proximity）——缓冲区（Buffer）分析，在河流两侧分别建立以 1 千米为间距，至 10 千米为止的多环缓冲区（见图 6.5），并进一步将特色保护类村庄分布图与多环缓冲区分布图进行叠置分析，进而统计出 1 千米至 10 千米各缓冲区范围内湖北省特色保护类村庄整体及不同类型村庄数量分布和占比情况。统计结果显示（见表 6.7），1—5 千米缓冲区范围内特色保护类村庄数量为 529 个，占特色保护类村庄总数的 69.88%；随着村庄距河流水系距离的不断增加，特色保护类村庄数量下降趋势较为显著，缓冲区距离超过 5 千米范围之后特色保护类村庄数量变化相对较小，表明湖北省特色保护类村庄在距河流水系 5 千米范围内集中分布的特征更加显著。具体来看，1 千米缓冲区范围内特色保护类村庄数量最多为 171 个，占特色保护类村庄总数的 22.59%；2 千米缓冲区范围内数量次之为 143 个，占比为 18.89%；3 千米缓冲区范围内数量为 79 个，占比为 10.44%；4 千米缓冲区范围内数量为 70 个，占比为 9.25%；5 千米缓冲区范围内数量为 66 个，占比为 8.72%。6—10 千米缓冲区范围内特色保护类村庄数量为 171 个，占特色保护类村庄总数的 22.59%；大于 10 千米缓冲区范围内特色保护类村庄数量仅为 57 个，仅占特色保护类村庄总数的 7.53%。

整体上看，不同类型特色保护类村庄呈现出沿河流水系集中分布的趋势，随着距河流距离的增加呈波动下降态势，旅游类、传统村落类和其他类型村庄 1—5 千米缓冲区范围内特色保护类村庄数量占比均超过 68%，但不同缓冲区范围内分布趋向不尽相同。具体来看，历史文化类村庄在 1 千米和 4 千米缓冲区范围内数量最多均为 3 个，均占该类型总数的 20.00%，其他距离范围内数量相对较少，3 千米缓冲区范围内无历史文化名村分布。特色村寨类在 2 千米缓冲区范围内村庄数量最多为 11 个，占该类型总数的 22.45%；在 7 千米缓冲区范围内村庄数量次之，占比为 12.24%；缓冲区距离超过 9 千米时村庄数量急剧下降，其他缓冲区距离内特色村寨类村庄数量及占比较为接近。旅游类村庄在 1 千米缓冲区范围

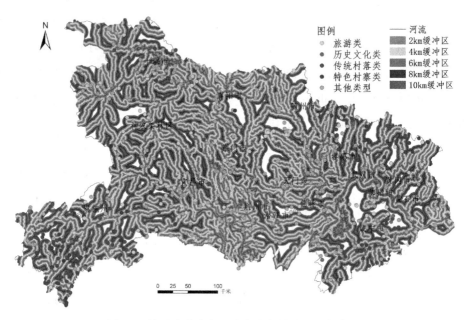

图 6.5　湖北省特色保护类村庄与影响因子耦合图

注：此图基于自然资源部标准地图服务系统的标准地图（审图号 GS（2019）3333 号）绘制，底图无修改。

内村庄数量最多为 23 个，占该类型总数的 19.49%；2 千米和 3 千米缓冲区范围内村庄数量次之分别为 18 个和 15 个，分别占该类型总数的 15.25% 和 12.71%；10 千米缓冲区范围内村庄数量最少，仅占该类型总数的 0.85%。传统村落村庄表现为 1 千米缓冲区范围内村庄数量最多 37 个，占该类型总数的 17.96%；2 千米缓冲区范围内村庄数量次之为 27 个，占该类型总数的 13.11%；4 千米和 5 千米缓冲区范围内村庄数量较为接近为 23 个和 24 个，分别占该类型总数的 11.17% 和 11.65%；10 千米缓冲区范围内村庄数量最少为 3 个，仅占该类型总数的 1.46%。其他类型村庄表现出随河流距离增加呈现出持续减少的态势，1 千米缓冲区范围内村庄数量最多为 110 个，占该类型总数的 26.70%；2 千米缓冲区范围内村庄数量次之为 92 个，占该类型总数的 22.33%；3 千米和 4 千米缓冲区范围内村庄数量显著下降为 46 个和 36 个，分别占该类型总数的 11.17% 和 8.74%；10 千米缓冲区范围内村庄数量最少为 3 个，仅占该类型总数的 1.46%。

综上可见，湖北省特色保护类村庄具有显著的沿河流水系分布的趋向，随着距河流距离的增加呈现出螺旋式下降的趋势，且这种趋势在距离河流 1~5 千米范围内最显著。湖北省亚热带季风气候所带来的较为丰富年降雨量，为河流、湖泊生长发育提供了良好的自然条件，同时也为其提供了充足水源（潘方杰等，2018）。湖北省境内长江、汉江、沮水、漳水、清江、东荆河、陆水、漺水、倒水、举水、巴水、浠水、富水等主要水系为流域沿线特色保护类村庄提供了充足的水源，同时分布广泛、星罗棋布的天然湖泊和人工湖泊（水库）也为村庄发育提供了充足的水源。

表 6.7　　　　　　　不同缓冲区范围内湖北省特色保护类村庄分布情况

| 缓冲距离（千米） | 历史文化类 | | 特色村寨类 | | 旅游类 | | 传统村落类 | | 其他类型 | | 整体情况 | |
|---|---|---|---|---|---|---|---|---|---|---|---|---|
| | 数量（个） | 占比（%） | 数量（个） | 占比（%） | 数量（个） | 占比（%） | 数量（个） | 占比（%） | 数量（个） | 占比（%） | 数量（个） | 占比（%） |
| 1 | 3 | 20.00 | 4 | 8.16 | 23 | 19.49 | 37 | 17.96 | 110 | 26.70 | 171 | 22.59 |
| 2 | 1 | 6.67 | 11 | 22.45 | 18 | 15.25 | 27 | 13.11 | 92 | 22.33 | 143 | 18.89 |
| 3 | 0 | 0.00 | 4 | 8.16 | 15 | 12.71 | 17 | 8.25 | 46 | 11.17 | 79 | 10.44 |
| 4 | 3 | 20.00 | 5 | 10.20 | 8 | 6.78 | 23 | 11.17 | 36 | 8.74 | 70 | 9.25 |
| 5 | 1 | 6.67 | 5 | 10.20 | 9 | 7.63 | 24 | 11.65 | 31 | 7.52 | 66 | 8.72 |
| 6 | 1 | 6.67 | 4 | 8.16 | 9 | 7.63 | 14 | 6.80 | 28 | 6.80 | 54 | 7.13 |
| 7 | 1 | 6.67 | 6 | 12.24 | 6 | 5.08 | 14 | 6.80 | 23 | 5.58 | 45 | 5.94 |
| 8 | 1 | 6.67 | 4 | 8.16 | 10 | 8.47 | 18 | 8.74 | 11 | 2.67 | 40 | 5.28 |
| 9 | 0 | 0.00 | 1 | 2.04 | 4 | 3.39 | 6 | 2.91 | 11 | 2.67 | 22 | 2.91 |
| 10 | 0 | 0.00 | 1 | 2.04 | 1 | 0.85 | 3 | 1.46 | 5 | 1.21 | 10 | 1.32 |
| >10 | 4 | 26.67 | 4 | 8.16 | 15 | 12.71 | 23 | 11.17 | 19 | 4.61 | 57 | 7.53 |

## （二）资源禀赋

资源禀赋是特色保护类村庄发展的先决条件和必不可少的要素，独特自然资源和人文资源分布塑造了特色保护类村庄的空间分布格局，资源丰度较高的区域内所分布的特色保护类村庄也较多。地理探测器探测结果显示（见表6.4）自然资源（$X_1$）探测值 $q$ 由2009年的0.2365上升到2020年的0.4331，人文资源（$X_2$）探测值 $q$ 由2009年的0.3373上升到2020年的0.5051，并且均通过了显著性检验，表明资源禀赋对区域特色保护类村庄空间分布的影响力较大，且这种影响力不断增强。从湖北省资源禀赋与特色保护类村庄叠加分析来看，特色保护类村庄集中分布的区域通常自然资源或人文资源也较为丰富，特色保护类村庄空间分布的高密度区与区域资源丰度高值区高度吻合。鄂西南山区恩施州和宜昌市是湖北省特色保护类村庄数量最多地市，该区域自然资源极为丰富且生态环境质量状况较好，如后河国家级自然保护区、柴埠溪国家森林公园、五峰百溪河国家湿地公园、长阳清江国家地质公园、三峡人家景区、长江三峡国家地质公园等自然资源广泛分布。人文要素中的历史文化资源，反映着不同时期地域的生产、生活及文化特征，是特色保护类村庄形成和发展的重要基础，如鄂东丘陵区黄冈市特色保护类村庄数量较多，同时该区域李先念故居纪念园、麻城市烈士陵园、黄麻起义和鄂豫皖苏区革命烈士陵园、麻城孝感乡文化公园、李时珍医道文化旅游区、陈锡联将军纪念园、黄冈革命纪念园等历史文化资源极为丰富。

## （三）社会经济

特色保护类村庄作为人类文明聚集的载体，其发展离不开社会经济的推动作用。区域社会经济发展水平在一定程度上决定了特色保护类村庄保护、传承和开发的力度，是特色保护类村庄振兴发展的重要条件。随着现代化进程的不断扩张，在追求经济效益，进行大规模城市扩张的同时，难免会与特色保护类村庄的保护与传承产生冲突。地理探测器探测结果显示，2009年、2014年和2020年城镇化率（$X_3$）探测值 $q$ 分别为0.2004、0.1853和0.2285，$q$ 值整体较小且变化不明显，表明城市化进程对湖北省特色保护类村庄空间演化存在一定程度影响，且这种影响相对较为稳定。人均GDP（$X_4$）地理探测值 $q$ 由2009年的0.2031增加到2014年的0.4005，并进一步增大到2020年的0.5366，并且均通过了显著性检验，表明人均GDP对区域特色保护类村庄空间分布的影响力较大，且这种影响力不断增强。第三产业产值比重（$X_5$）地理探测结果显示，$q$ 值由2009年的

0.2279 增加到 2014 年的 0.3689，并进一步上升到 2020 年的 0.3906，并且均通过了显著性检验，表明第三产业产值比重对区域特色保护类村庄空间分布的影响力较大，且这种影响力不断增强。

道路是决定地区对外联系的重要因素，影响人口流动、物质流通和信息传递（周扬等，2020），公路通车里程能够在一定程度上反映特色保护类村庄的可进入性。公路通车里程（$X_7$）地理探测结果显示，$q$ 值由 2009 年的 0.4570 下降到 2014 年的 0.2648，并进一步下降到 2020 年的 0.1876，表明区域交通条件对特色保护类村庄空间分布影响逐渐减弱。从湖北省道路与特色保护类村庄耦合图（见图 6.6）来看，村庄在形成和发展过程中有沿大中型交通干线集中分布的趋向，但同时交通可达性较低的鄂西南山区和鄂东丘陵区仍然是特色保护类村庄集中分布的区域，究其原因主要是由于交通可达性较差，受外界干扰较少，与外界的联系也受到限制，形成了相对偏僻、独立的区域环境，从而有利于形成和保留极具区域特色的村庄。综上所述，社会经济发展不可避免会对特色保护类村庄的空间演化产生重要影响，总体来看经济发展水平的提升对于区域特色保护类村庄保护与发展的益处远大于弊端。一方面，社会经济发展水平较高能够为特色保护类村庄的保护与发展提供较为充足的资金支持；同时城市不断地扩张和经济发展，又在一定程度上导致这些区域特色保护类村庄的破坏问题更为突出，如诸多研究表明社会经济发展对传统村落延续具有反向性作用（杨燕等，2021）。另一方面，社会经济发展水平相对较低、国土空间开发利用强度相对较弱及人地关系相对较稳定的地区，又在一定程度上使得该地区特色保护类村庄较为完整地保存下来，可能导致特色保护类村庄数量相对较多，从而更利于特色保护类村庄的保护与传承。

## （四）政策环境

政策环境是特色保护类村庄发展的重要保障，对特色保护类村庄空间分布及演化起着重要的引领及调节作用，能够显著作用于特色保护类村庄空间格局的演化。地理探测器结果显示（见表 6.4）政策环境（$X_8$）探测值 $q$ 由 2009 年的 0.1357 增加到 2014 年的 0.2356，并进一步上升到 2020 年的 0.4135，表明政策环境对区域特色保护类村庄空间分布的影响逐步增强，与特色保护类村庄空间分

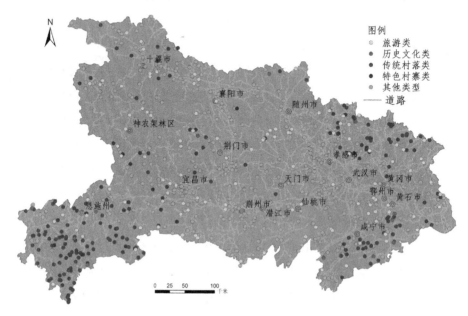

图 6.6　湖北省特色保护类村庄与影响因子耦合图

　　注：此图基于自然资源部标准地图服务系统的标准地图（审图号 GS（2019）3333 号）绘制，底图无修改。

布的规律性较强。

　　一方面，政府层面历史文化名村、传统村落、少数民族特色村寨和特色景观旅游名村等一系列冠名制度的建立，导致不同类型特色保护类村庄数量快速增加，直接推动了特色保护类村庄的迅速发展，对特色保护类村庄空间分布及演化产生直接影响。自 2002 年起中央和地方政府部门开展了一系列聚焦文化遗产村落的评选及保护项目（芮旸等，2022），如 2003—2018 年住房和城乡建设部、国家文物局依据《住房城乡建设部、国家文物局关于组织申报中国历史文化名镇名村的通知》和《中国历史文化名镇（名村）评选和评价办法》等规定，共同组织评选和认定了第一批至第七批中国历史文化名村，倡导把中国历史文化名镇名村保护与改善镇村人居环境和弘扬中华优秀传统文化有机结合，同时依据《历史文化名城名镇名村保护条例》做好保护工作。2012—2019 年住房和城乡建设部、文化和旅游部、国家文物局、财政部、自然资源部、农业农村部依据《传统村落评价认定指标体系（试行）》，认定了第一批至第七批中国传统村落，并根据《住房和城乡建设部办公厅关于实施中国传统村落挂牌保护工作的通知》要求，按照"一村一档"建立完善中国传统村落档案。2014 年和 2017 年国家民委依据《国家民委关于印发开展中国少数民族特色村寨命名挂牌工作意见的通知》，挂牌命名了两批少数民族特色村寨；2010—2015 年住房和城乡建设部和文化和旅游部依据《关于开展全国特色景观旅游名镇（村）示范工作的通知》，公布了第一批至第三批特色景观旅游名镇（村）示范名单等，并提出加强对全国特色景观旅游名镇名村示范核心景观资源保护工作，进一步推动示范镇、村乡村人居环境改善和旅游业发展，提升其综合服务能力。

另一方面，新时代乡村振兴政策的引导及激励机制，在一定程度上作用于特色保护类村庄空间格局的演化，同时也对特色保护类村庄的保护、利用与发展提出了更高的要求。面对"我国人民日益增长的美好生活需要和不平衡不充分的发展之间的矛盾在乡村最为突出"这一现实情况，2017 年党的十九大作出了实施乡村振兴战略的重大部署。2018 年中共中央、国务院印发《乡村振兴战略规划（2018—2022 年）》确立了"按照集聚提升、融入城镇、特色保护、搬迁撤并的思路，分类推进乡村发展"的行动指南和总体部署。2019 年湖北省印发《湖北省乡村振兴战略规划（2018—2022 年）》，也明确将特色保护类村庄作为分类推进乡村发展的四种村庄类型之一，提出"努力保持村庄的完整性、真实性和延续性，切实保护村庄的传统选址、格局、风貌以及自然和田园景观等整体空间形态与环境"，能够对特色保护类村庄建设、发展及格局产生重要影响。同时，地方政府和相关部门以及村民越来越重视和积极申报历史文化名村、传统村落、少数民族特色村寨和特色景观旅游名村等特色保护类村庄。

**专栏 6-1**

**政策环境驱动影响——以宜昌市为例**

以湖北省宜昌市为例，在乡村振兴及一系列村庄冠名制度等相关政策环境带动影响下，宜昌成功创建全国休闲农业与乡村旅游示范县 2 个（远安县、夷陵区），全国休闲农业与乡村旅游示范点 1 个（枝江市安福寺镇安福桃缘景区），全国特色景观旅游名镇名村 4 个（夷陵区三斗坪镇、兴山县水月寺镇、五峰土家族自治县长乐坪镇、兴山县高岚村）；中国乡村旅游模范村 4 个（点军区车溪村、长阳土家族自治县郑家榜村、五峰土家族自治县栗子坪村、夷陵区官庄村），模范户 5 个、致富带头人 40 人、中国乡村旅游"金牌农家乐" 61 个；湖北旅游强县 5 个（秭归县、长阳土家族自治县、五峰土家族自治县、夷陵区、西陵区），湖北旅游名镇 4 个（夷陵区三斗坪镇、龙泉镇、远安县嫘祖镇、长阳土家族自治县高家堰镇），湖北旅游名村 16 个，湖北省休闲农业示范点 9 个。同时，相关政策环境极大程度上推动品牌创建，长阳土家族自治县高家堰镇等 10 个镇、宜都市弭水桥村等 17 个村，共 27 个单位开展湖北省旅游名镇名村创建工作，2017 年有 2 镇 3 村创建成功。推动五峰土家族自治县、长阳土家族自治县、秭归县、点军区等 6 个县市区的乡村旅游后备箱基地申报创建"湖北省乡村旅游后备箱工程示范基地"，五峰土家族自治县民贸电商创业园成功创建。推动 3 个县、16 个乡镇、22 个村，共 41 个单位创建湖北省休闲农业与乡村旅游产业扶贫示范区。

综上所述，自然环境对早期特色保护类村庄的形成和发展具有决定性作用，是特色保护类村庄选址与布局的本底和基石；资源禀赋是特色保护类村庄的形成及发展的先决条件，丰富的自然资源和人文资源是特色保护类村庄所依赖的基础条件，资源丰度较高的区域内特色保护类村庄分布的也较多；区域社会经济发展水平在一定程度上决定特色保护类村庄保护和开发的力度，是特色保护类村庄的振兴发展的重要条件；政府作为宏观调控及管理者，一系列发展规划及冠名制度等政策的出台，对特色保护类村庄空间分布及演化起着重要的引领及调节作用，乡村振兴战略进程中产业扶持和资金支持更是为特色保护类村庄保护、利用及振兴发展注入了新动能；上述四个方面因素共同作用对湖北省特色保护类村庄的空间布局与演化产生重要影响，其中自然资源、人文资源、人均 GDP、第三产业产值比重、政策环境的影响程度不断增强，且不同类型特色保护类村庄受到各因素的影响程度存在显著差异。

# 五、特色保护类村庄演化影响因素交互作用探测

为进一步探索影响特色保护类村庄空间格局的各因子之间的合力作用，探测各影响因子是否存在共同驱动关系，对通过显著性检验的探测因子进行了交互作用分析。具体来看，本研究采用地理探测器软件中的交互作用探测器（Interaction Detector），进一步探讨自然资源（$X_1$）、人文资源（$X_2$）、城镇化率（$X_3$）、人均 GDP（$X_4$）、第三产业产值比重（$X_5$）、公路通车里程（$X_7$）和政策环境（$X_8$），任意两因子共同起作用时对湖北省特色保护类村庄空间分布及其演化影响程度。在对自变量即影响因素进行离散化或分层处理的基础上，以 ArcGIS10.8 为软件平台，通过叠加分析使格网点的因变量值和自变量值匹配起来，通过将数据读入地理探测器软件，进行影响因子交互作用探测，运算结果详见表 6.8。不同因素交互作用的影响力均大于各因素单独作用的影响力，各影响因素之间的交互作用类型有双因子增强型（BE）和非线性增强型（NE）两种，不存在相互独立的因素。

表 6.8 不同影响因子交互作用探测结果

| 影 响 因 子 | 省域范围 | 江汉平原 | 鄂北岗地 | 鄂东丘陵 | 鄂西山地 |
|---|---|---|---|---|---|
| 自然资源∩人文资源 | BE | BE | BE | BE | BE |
| 自然资源∩城镇化率 | BE | BE | BE | BE | BE |
| 自然资源∩人均 GDP | BE | BE | BE | BE | BE |
| 自然资源∩第三产业产值比重 | BE | BE | BE | BE | BE |
| 自然资源∩公路通车里程 | BE | BE | NE | BE | NE |
| 自然资源∩政策环境 | BE | BE | NE | BE | NE |
| 人文资源∩城镇化率 | BE | NE | BE | BE | BE |
| 人文资源∩人均 GDP | BE | NE | BE | BE | BE |
| 人文资源∩第三产业产值比重 | BE | NE | BE | BE | BE |
| 人文资源∩公路通车里程 | BE | BE | NE | BE | NE |
| 人文资源∩政策环境 | BE | BE | NE | BE | NE |

| 影　响　因　子 | 省域范围 | 江汉平原 | 鄂北岗地 | 鄂东丘陵 | 鄂西山地 |
|---|---|---|---|---|---|
| 城镇化率∩人均 GDP | BE | BE | BE | BE | BE |
| 城镇化率∩第三产业产值比重 | BE | BE | BE | BE | NE |
| 城镇化率∩公路通车里程 | BE | NE | NE | BE | NE |
| 城镇化率∩政策环境 | BE | NE | NE | BE | NE |
| 人均 GDP∩第三产业产值比重 | BE | BE | BE | BE | NE |
| 人均 GDP∩公路通车里程 | BE | BE | NE | BE | NE |
| 人均 GDP∩政策环境 | BE | BE | NE | BE | NE |
| 第三产业产值比重∩公路通车里程 | BE | NE | NE | BE | NE |
| 第三产业产值比重∩政策环境 | BE | NE | NE | BE | NE |
| 公路通车里程∩政策环境 | BE | NE | NE | BE | NE |

注：NE（Nonlinear Enhancement）表示非线性增强型，BE（Bi-factor Enhancement）表示双因子增强型。

从整个研究区来看，各因子交互作用均产生双因子增强（BE），效果没有非线性增强型（NE）显著。从不同地貌类型区来看，江汉平原区有 8 类交互情形产生非线性增强（NE）作用，分别是人文资源∩城镇化率、人文资源∩人均GDP、人文资源∩第三产业产值比重、城镇化率∩公路通车里程、城镇化率∩政策环境、第三产业产值比重∩公路通车里程、第三产业产值比重∩政策环境、公路通车里程∩政策环境，其他交互情形均产生双因子增强作用（BE），该地貌类型区尤其需要关注城镇化率对其他影响因子的叠加作用。鄂北岗地区特色保护类村庄空间分布及其演化影响因素中，有 11 类交互情形产生非线性增强（NE），分别是自然资源∩公路通车里程、自然资源∩政策环境、人文资源∩公路通车里程、人文资源∩政策环境、城镇化率∩公路通车里程、城镇化率∩政策环境、人均 GDP∩公路通车里程、人均 GDP∩政策环境、第三产业产值比重∩公路通车里程、第三产业产值比重∩政策环境、公路通车里程∩政策环境，其他交互情形均产生非线性增强作用，该地貌类型区尤其需要关注自然资源和人文资源对其他影响因子的叠加作用。鄂西山地区特色保护类村庄空间分布及其演化影响因素中，有 13 类交互情形产生非线性增强（NE），分别是自然资源∩公路通车里程、自然资源∩政策环境、人文资源∩公路通车里程、人文资源∩政策环境、城镇化率∩第三产业产值比重、城镇化率∩公路通车里程、城镇化率∩政策环境、人均 GDP∩第三产业产值比重、人均 GDP∩公路通车里程、人均 GDP∩政策环境、第三产业产值比重∩公路通车里程、第三产业产值比重∩政策环境、公路通车里程∩政策环境，除城镇化率∩第三产业产值比重、人均 GDP∩第三产业产值比重外其他交互作用情形与鄂北岗地区保持一致。同时，鄂东丘陵区与研究区整体趋势保持一致，各因子交互作用均产生双因子增强作用（BE）。从不同影响因子来看，各影响因子交互作用时，即会产生非线性增强效应（NE），又会产生双因子增强效应（BE），但需要关注各影响因子在不同地貌类型区对其他影响因子的增强作用及程度差异情况。综上所述，不同因子交互作用对湖北省特色保护类村庄空间分布及其演化影响力均大于各因子单独作用的影响力，不同地貌类型区各影响因子之间交互作用对湖北省特色保护类村庄空间分布及其演化影响程度差异显著，新时代乡村振兴进程中县域尺度需要特别关注不同影响因子在不同地貌区对其他影响因子的增强作用。

# 六、本章小结

不同特色保护类村庄之间禀赋特征、结构形态和区位条件迥异，导致村落空间分布和影响因素复杂多样。空间异质性因素的叠加，对特色保护类村庄的整体建设带来一定困扰，如增加政策适用的难度、冲抵政策执行的效果、降低乡村旅游产品的供需适配度。本章节在上一章节湖北省特色保护类村庄空间结构演化特征探究的基础上，首先在系统梳理湖北特色保护类村庄演化影响机理研究思路的基础上，从理论层面提出了湖北特色保护类村庄演化影响机理理论框架模型及具体量化测度指标。其次，充分发挥地理探测器多层次空间分异测算的优势，辅之空间叠置分析、缓冲分析等多种 GIS 空间分析方法，详细阐释了湖北省特色保护类村庄空间分布及演化的影响因素分析方法。最后，分别从自然环境、资源禀赋、社会经济和政策环境等方面，对湖北特色保护类村庄演化影响因子及交互作用进行定量分析。研究结果显示，自然环境是村庄的选址与布局的本底和基石，资源禀赋是村庄的形成及发展的先决条件，社会经济是村庄振兴发展的重要条件，政策环境是村庄的保护与发展引领和保障，四者共同作用对湖北省特色保护类村庄的空间布局与演化产生影响，其中自然资源、人文资源、人均 GDP、第三产业产值比重、政策环境的影响程度不断增强，且不同类型特色保护类村庄受到各因素的影响程度存在显著差异。不同影响因素交互作用对特色保护类村庄空间演化的影响力均大于各因素单独作用的影响力，各影响因素之间的交互作用类型有双因子增强型（BE）和非线性增强型（NE）两种，不存在相互独立的因素。

# 第七章 特色保护类村庄保护与发展路径研究

乡村建设是实施乡村振兴战略的重要任务，也是国家现代化建设的重要内容。中国现有约 69.15 万个村庄，湖北省现有约 2.6 万个行政村。村庄作为我国农村社会经济活动的基本单元，是国家实施乡村振兴战略的重要细胞和空间单元，也是留得住乡愁、凝结独特乡村文化的特殊地理空间载体。乡村振兴战略作为新时期我国推进乡村发展的重要举措，村庄振兴发展是促进乡村振兴战略规划在村级层面有效落地的核心工作，对于实现国家乡村振兴战略的阶段性目标具有重要意义。因此，根据乡村资源禀赋、经济发展阶段、产业发展基础、人居环境状况、乡村治理水平等新时代乡村振兴战略背景下乡村发展的重要因素，科学识别村落类型，甄别振兴主体类型、乡村发展阶段和产业发展基础，结合资源禀赋、振兴主体、产业特色、环境容量选择特色保护类村庄科学保护与振兴发展路径，既有助于充分调动乡村振兴主体的积极性，切实发挥区域特色优势，又能够有效提升乡村文明，更好地汇集人气、经济，推动乡村振兴战略行稳致远。

同时，我们必须深刻意识到乡村振兴并不是对现存所有村庄的振兴，而是要有的放矢的进行扶持发展，科学识别乡村类型，根据不同类型村庄的主导类型和限制因素进行分类施策，将有限的财力、物力资源用在真正需要的地方，才能更有针对性的破解城乡发展不平衡、农村发展不充分的问题。湖北省地域辽阔，不同地貌类型区及行政区的自然地理环境存在较大的地域分异，各区域城乡发展的空间格局和限制因素也存在一定的差异性，这就决定了乡村地域类型的多样性和复杂性。不同地区乡村地域类型的特征和模式，是乡村振兴战略实施的科学基础，科学合理的识别不同类型村落空间结构为实现不同类型村庄分类施策，有效推进乡村全面振兴提供了前提和基础。因此，本研究结合《国家乡村振兴战略规划（2018—2022 年）》和《湖北省乡村振兴战略规划（2018—2022 年）》提出的特色保护类村庄发展指导意见，以及本研究从理论和实证层面对湖北省特色保护类村庄空间结构识别进行的相关研究，综合考虑村庄特色、生存环境、发展建设、区划位置、村庄功能及乡村振兴诉求等，进一步从宏观和微观层面提出特色保护类村庄统筹保护与振兴发展对策建议。需要强调的是，由于湖北省各区域的村庄环境、人口数量、经济水平等差异较大，宏观层面所提出的的振兴发展策略仅为方向性的建议，具体策略需根据实际情况及乡村振兴目标要求予以明确。

# 一、特色保护类村庄保护与发展基本原则

乡村振兴战略是新时期我国推进乡村发展的重要举措，村庄振兴发展是促进乡村振兴战略规划在村级层面有效落地的核心工作，对于实现国家乡村振兴战略的阶段性目标具有重要意义。使用"振兴"一词意义非凡，突出了乡村振兴在民族复兴中的地位，只有乡村"振兴"起来，自强、自立起来，才能形成与城市平起平坐的地位，就像中华民族实现伟大复兴才能自立于世界民族之林一样。习近平总书记在湖北考察城乡一体化试点时指出，建设美丽乡村，是要给乡亲们造福，不要把钱花在不必要的事情上，比如说"涂脂抹粉"，房子外面刷层白灰，"一白遮百丑"；不能大拆大建，特别是古村落要保护好①。湖北省作为长江经济带发展、促进中部地区崛起、长江中游城市群建设等重大国家战略的重要承载地，承担着"建成支点、走在前列、谱写新篇"的历史使命，在长江经济带高质量发展中起着承上启下的关键作用，湖北特色保护类村庄统筹保护与振兴发展对策建议的制定必须要结合省域实际情况。因此，为确保湖北省特色保护类村庄保护与发展对策建议的准确性和实用性，应准确把握如下原则：

（1）尊重规律和科学推进相结合的原则。村庄分类保护与发展要遵循乡村地域系统演化的一般规律，"跳出村庄看村庄"，在县域范围进行统筹谋划，兼顾现实情况特征和长远发展需要，注重可持续发展能力的塑造。顺应乡村发展规律，合理安排村庄建设时序，保持足够的历史耐心，久久为功、从容建设。树立正确

---

① 习近平. 建设美丽乡村不是"涂脂抹粉"［EB/OL］. 新华网，http：//news. xinhuanet. com/politics/2013-07-22/c_116642787. htm.

政绩观，把保障和改善民生建立在财力可持续和农民可承受的基础之上，防止刮风搞运动，防止超越发展阶段搞大融资、大拆建、大开发，牢牢守住防范化解债务风险底线。

（2）因地制宜与突出特色相结合的原则。系统梳理特色保护类村庄的演化发展规律，结合地域特征、历史背景和发展水平，依托乡村资源禀赋，保护乡村"原真性"，研究探索不同保护类型、不同地域特征特色保护类村庄保护与发展的不同模式。同时，注重自然生态环境的保护，注重传统文化的保护和传承，记住乡愁，做到综合考虑、因地制宜、突出地域特色。各地区根据自身实际情况，综合考虑村庄人口流动、社会经济、历史文化、生态环境、灾害风险、现状风貌、区位条件、产业特征等建立区域的统一标准，进行符合实际与特色的分类保护与发展。乡村建设要同地方经济发展水平相适应、同当地文化和风土人情相协调，结合农民群众实际需要，分区分类明确目标任务，合理确定公共基础设施配置和基本公共服务标准，不搞齐步走、"一刀切"，避免在"空心村"无效投入、造成浪费。

（3）政府引导与农民参与相结合的原则。把特色保护类村庄保护与发展纳入当地经济社会发展总体规划，发挥政府在规划引导、政策支持、组织保障等方面的主导作用，广泛动员社会力量参与特色保护类村庄的保护与发展。要充分调动和发挥村民的积极性、主动性和创造性，提高村民的文化自觉性和自我发展能力。坚持为农民而建，尊重农民意愿，顺应农民群众对美好生活的向往，保障农民物质利益和民主权利，广泛依靠农民、教育引导农民、组织带动农民搞建设，不搞大包大揽、强迫命令，不代替农民选择。将维护人民群众根本利益、提升乡村生产生活品质、助力因村规划和因类施策作为村庄保护与发展工作的出发点和落脚点。同时建立自下而上、村民自治、农民参与的实施机制，既尽力而为又量力而行，求好不求快，干一件成一件，努力让农村具备更好生活条件，建设宜居宜业美丽乡村。

（4）分类施策与动态管理相结合的原则。要把握村庄的差异化发展特征，建立差别化、针对性的分类指导方案，确保村庄分类振兴措施能够与国家政策要求、区域发展背景、村庄现实情况和农户发展诉求等相适应。在村庄发展形势发生重大变化时，可适时调整村庄类型，确保发展政策与发展需求的协同。

（5）统筹保护与振兴发展相结合的原则。特色保护类村庄既是保护对象更是地区发展资源，要通过深入挖掘利用特色保护类村庄特有的文化生态资源，促进群众增收，带动特色村落优秀传统文化的保护和传承，做到在发展中保护，在保护中发展，走出一条有特色、高质量、可持续的振兴发展新路子。传承保护特色村落民居和优秀乡土文化，突出地域特色和乡村特点，保留具有本土特色和乡土气息的乡村风貌，防止机械照搬城镇建设模式，打造各具特色的现代版"富春山居图"。同时，树立绿色低碳理念，促进资源集约节约循环利用，推行绿色规划、绿色设计、绿色建设，实现乡村建设与自然生态环境有机融合。

## 二、特色保护类村庄保护与发展基本内涵

要科学地保护和发展特色保护类村庄，坚持传承民族文化，保护民族文化多样性的初衷，必须要对特色保护类村庄建设内涵有深刻理解。本研究根据 2018 年中共中央、国务院印发《乡村振兴战略规划（2018—2022 年）》、2019 年中央农办 农业农村部 自然资源部 国家发展改革委和财政部等五部门发布的《关于统筹推进村庄规划工作的意见》和 2019 年湖北省印发《湖北省乡村振兴战略规划（2018—2022 年）》等提出的保护与发展目标，提出了湖北省特色保护类村庄统筹保护与振兴发展的基本内涵。

（1）特色保护类村庄文化保护与发展是核心。特色保护类村庄是村庄文化特征的外在表现，特色村庄是民族文化的有效载体。因此，特色保护类村庄振兴过程中必须要坚持以文化保护与发展为核心，村庄文化要具有一定的独有性、排他性。在环境整治、民居保护、产业发展和风俗习惯传承等各方面的建设都要体现出当地特色文化内核，不能只注重形式建设，而轻视特色文化，更不能简单复制其他地区文化，而忽略本地区特有文化元素。

（2）村民福利增加是基本出发点和落脚点。特色保护类村庄保护与发展的初衷在于传承民族的文化基因和保护中华文化的多样性，其基本出发点和最终的落脚点在于文化的创造者——人民群众。特色保护类村庄保护与发展不仅是对特色村庄建筑、传统器物和风俗习惯等区域文化外在表象形式的保护，而且是深层挖掘特色文化内涵的时代价值，不仅使文化保值，更要使文化增值，让文化的创造

者和传承者获利益，得实惠。因此，在特色保护类村庄建设中要坚持以人为本，尊重群众意愿，让群众得实惠。这是特色保护类村庄保护与发展是否成功的关键，村民福利增加，文化保护与发展才具有持续性。在特色保护类村庄建设相关具体工作中必须围绕"为村民谋福利"这一目标展开，在文化保护过程中增加村民收入，提高生活质量，实现文化保护与村民利益相协同。

（3）改善民生、产业发展和文化保护是主要内容。由于特色保护类村庄在产业结构、民居式样、村庄风貌以及风俗习惯等方面都集中体现了特定区域经济社会发展特点、文化特色及其民族聚落的演变过程，因此，在特色保护类村庄建设过程中主要从人居环境整治、民居保护与建设、特色产业发展、文化传承与创新等方面着手，以文化保护和产业发展为建设重点。不同村庄根据其地域环境、民族特点、经济发展水平、资源禀赋和市场环境等具体情况确定特色村庄建设的具体内容，选择合适的发展路径。但是，无论村庄选择什么建设内容，都必须坚持以文化保护为中心，以改善民生为主旨，提高村民保护本地区文化的自觉性和主动性，保障特色保护类村庄保护与发展工作的持续性。

（4）经济、文化和生态协同发展是目标。文化保护与传承是特色保护类村庄建设的本质和主要目标。但是，由于自然和历史等多种因素的影响，特色保护类村庄多处于边远落后地区，贫困问题突出，生态环境脆弱，因此，在特色保护类村庄建设过程中以文化传承与保护为主线的同时，要兼顾地区经济发展、生态环境保护，实现地区经济发展、文化传承和生态环境保护同步协调发展。一方面，由于经济发展落后，居民收入水平低。因此，从理性角度来说，发展经济，提高收入是地方政府和村民亟待解决的首要任务。在特色保护类村庄建设中经济发展和收入提高是文化保护与传承工作可持续的动力，离开经济发展谈文化保护是纸上谈兵，不能为了文化保护而舍弃村民利益，否则将失去保护文化的持续动力。当然，更不能为了经济发展，而忽略文化传承和生态保护。另一方面，生态环境是文化产生的母体，文化传承是在各种生态因素的综合作用下实现的。因此，在特色保护类村庄建设中离开生态保护谈文化保护是竭泽而渔，不能为了保护文化而破坏生态环境，文化必须要与生态环境相协调，在不断调和过程中寻找最佳的传承路径。因此，特色保护类村庄建设中的各项具体工作都要围绕经济、文化和生态协同发展的目标，特色保护类村庄保护必须要体现出民族文化的内涵，必须要与文化保护、产业发展、村民增收、生态和谐相结合,走生态、经济、文化协调发展的道路。

# 三、特色保护类村庄保护与发展对策建议

## (一) 完善立法健全特色保护类村庄统筹保护与振兴发展体制机制

从湖北省特色保护类村庄的保护现状和长远发展来看,特色保护类村庄的保护发展不能仅仅停留在特色保护类村庄的调研普查、登记造册、挂牌保护和严格申报与审批流程上,而是应该对标先进省份加强立法保护,尽快研究出台《湖北省特色保护类村庄保护与发展条例》,进一步划定保护红线,解决特色保护类村庄认定、保护、管理和发展利用的原则问题。明确特色保护类村庄保护发展过程中各种责、权、利问题,使特色保护类村庄保护发展有法可依、有章可循。同时对造成特色保护类村庄实际损害的责任者应有配套的问责机制、相应的量刑标准和赔偿补偿制度,提高法律的权威性,更好地发挥立法的引领和推动作用。其次,针对目前湖北省特色保护类村庄的保护与发展现由文物部门、建设规划部门、文化旅游部门等共同监督管理的问题,需要进一步建立健全特色保护类村庄保护发展的管理体制和运行机制,明确各部门的权责关系,加强监督管理,切实提高行政效率。将特色保护类村庄保护发展问题纳入各级政府领导干部的政绩考核之中,落实特色保护类村庄保护发展的主体责任,杜绝因职能划分不明确,出现遇到有利事项时相互夺权,在遇到不利事项时相互推诿的现象,形成合力整体统筹推进特色保护类村庄的保护与发展利用。

## (二) 因地制宜做好特色保护类村庄统筹保护与振兴发展战略规划

在新时代全面推进乡村振兴战略的大背景下,统筹做好湖北省特色保护类村庄的统筹保护与振兴发展战略规划工作,为特色保护类村庄保护发展奠定坚实基础。一是必须深刻认识到特色保护类村庄内在的丰富价值,特色保护类村庄是一种典型的乡村聚落形态,具有独特的生产价值、生态价值、生活价值、社会价值、文化价值和教育价值,规划中对特色保护类村庄组成要素的构成现状、演变

规律及发展趋势进行认真剖析，因地制宜，杜绝千村一面，探索具有湖北省特色的特色保护类村庄统筹保护与振兴发展之路。二是要坚持以人为本的理念，在保护好特色保护类村庄自然环境、建筑风貌等物质遗产及风俗习惯、民间艺术等非物质遗产的同时，以原住民的利益诉求为出发点，着力提升乡村基础设施建设和公共服务水平，改善村民的生活质量，增加村民的认同感和归属感。三是在制定特色保护类村庄风貌和历史建筑的修复与保护规划时，应充分尊重传统建筑本身及其承载的地域历史文化，以传统建造技艺对其进行修复和维护，确保特色保护类村庄的风貌格局和乡土文化得以完整、真实地保护和传承。四是必须强化特色保护类村庄保护规划的刚性约束，将保护要求纳入乡规民约，发挥村民民主参与、决策、管理和监督的主体作用，加强保护发展规划的宣传工作，提高全社会参与特色保护类村庄保护发展的积极性。

## （三）制定和实施城乡融合发展的配套政策措施

坚持城乡融合发展是实施乡村振兴战略的基本原则，也是促进特色保护类村庄保护发展的根本途径。一是要建立健全城乡融合发展的体制机制和政策体系，彻底破除城乡二元结构壁垒，夯实城乡融合发展的制度基础，坚持优先发展理念，补齐发展中的短板，促进城市人才、技术和资金等资源要素转向传统村落，激发特色保护类村庄保护发展活力。二是调整乡村产业结构，深入挖掘特色保护类村庄的自然和文化资源，培植乡村特色产业，打造发展新优势，实行差异化、多样化、特色化的发展路径，让村民就业、收入和生活都有保障。三是科学制定特色保护类村庄保护发展的专业人才行动计划，引导各类专业人才资源向特色保护类村庄流动。一方面通过资金投入和政策引导，吸引外流的创业成功者、返乡创业者、退休还乡者及有乡村情怀、愿意回报乡村的技术人员和专家学者入驻或扎根特色保护类村庄，形成特色保护类村庄新的乡贤群体，引领和带动村落民众自觉珍惜特色保护类村庄，自觉保护特色保护类村庄，自觉利用特色保护类村庄文化遗产进行"文化再生产"。另一方面，加强对村民的教育和培训力度，不断提升村民的综合素质和生产经营能力，培育新型职业农民，同时通过教育和培训，重塑村民的文化自觉和文化自信。四是以公共文化服务体系建设为契机，推动特色保护类村庄乡土文化的复兴，重建新的乡村精神和乡村理想。

### （四）发挥特色保护类村庄统筹保护与振兴发展的内生动力

特色保护类村庄统筹保护与振兴发展需要全社会多种主体的共同参与，村民是其中重要的主体之一，甚至是特色保护类村庄保护发展能否成功的决定性因素。在湖北省的特色保护类村庄保护发展实践过程中，村民这一重要主体参与缺失是一个不容忽视的问题。村民是传统村落的建造者、使用者，也是乡土文化的创造者、传承者，更是保护发展的直接受益者和享用者，提升特色保护类村庄村民的参与和保护意识，激发特色保护类村庄的内生动力是特色保护类村庄保护发展的关键所在。一是在乡村振兴战略背景下，加大基础设施和公共服务设施投入，加快推进人居环境整治，加大特色保护类村庄保护发展的宣传和引导，让村民实实在在地感受到、享受到特色保护类村庄保护发展带来的变化和好处，调动村民参与保护发展的积极性、主动性和创造性。二是建立并畅通村民参与保护发展的渠道和机会，对特色保护类村庄村民进行增权。对特色保护类村庄原住民进行增权是指让当地居民参与保护开发、管理决策等重要事项，满足其利益诉求，从而提高当地居民的责任心，激发其主动参与特色保护类村庄保护的各项工作。村民参与特色保护类村庄保护发展行动的过程，也是村民逐渐形成并深化对特色保护类村庄价值和意义认识的过程，增进村民参与特色保护类村庄事务的信心与行动能力，从而对特色保护类村庄的保护以及可持续发展提供源源不断的内生动力。

### （五）创新特色保护类村庄统筹保护与振兴发展的运作模式

特色保护类村庄保护与发展运作模式的创新，需要立足于自身的鲜明特色，深入挖掘资源优势，吸引社会资本积极参与，进行科学合理的保护规划和发展路径选择。一是坚持政府引导与公众参与并重，搭建特色保护类村庄保护与发展利用的大平台。一方面积极探索特色保护类村庄的村民自保、私保公助，产权转移、公保私用以及村集体筹资保护、政府收购保护等保护方式，鼓励社会组织、企业和个人认领、认养、认保历史建筑，加快特色保护类村庄的有效保护与发展利用。另一方面立足特色保护类村庄资源，加大投入，积极引进社会资本。统筹整合政府各类资金，成立特色保护类村庄保护专项基金，发挥财政资金的引导促进作用。通过鼓励村民入股，以土地、房屋产权的置换或租赁等多种方式，吸纳各种资本参与，同时规范保护与开发利用的资金比例，规定开发收入和税收适当返还用作保护经费，建立"以开发收入保养传统村落"的良性运行机制。二是探索建立驻村专家制度。对国家级特色保护类村庄各选派一名特色保护类村庄保护发展方面的省级专家，驻村为传统村落的保护发展开展技术指导和服务。并结合美丽村居建设活动，实现湖北省国家级特色保护类村庄"一村一专家，一村一设计师"的工作局面，确保特色保护类村庄保护发展的成效。

习近平总书记指出，乡土文化的根不能断，农村不能成为荒芜的农村、留守的农村、记忆中的故园。传统村落的保护发展不能仅靠简单的自上而下，更需要激发自下而上的内生动力。在乡村振兴战略下，保护历史文化遗产，弘扬优秀传统文化，探索传统村落保护发展的湖北特色之路，是建设文化强国的重要内容，是推进全面建成小康社会、满足人民群众美好生活需要的时代要求，也是全力打造乡村振兴荆楚样板，绘就多样化的"荆楚风情画"，形成具有湖北特色的现代版"富春山居图"的重要载体。

# 四、特色保护类村庄保护与发展实施路径

具有成百上千年历史的特色保护类村庄是传承中华优秀传统文化的有形载体。如何保留传统村落风貌、活化利用各具特色的宅院民居，成为特色保护类村庄保护与发展的一个重要命题。习近平总书记强调："搞乡村振兴，不是说都大拆大建，而是要把这些别具风格的传统村落改造好。"需要注意的是，当前湖北省特色保护类村庄存在发展模式单一，产业效益不明显，文化传承乏力等问题。本研究从增强特色保护类村庄产业发展、活化利用特色保护类村庄文化资源和提高特色保护类村庄辐射带动作用等方面，进一步提出了湖北省特色保护类村庄统筹保护与发展实施路径。

## （一）增强特色保护类村庄发展内生动力

特色保护类村庄产业发展有待进一步增强。产业振兴作为乡村振兴的物质基础，也是特色保护类村庄建设与保护的物质保障。加快特色保护类村庄产业发

展，培育"一村一品"的特色产业，增加村民收入，是实现特色保护类村庄可持续发展的重要保障。

一方面地方政府应该结合地域特色，合理利用村庄特色资源，因地制宜、因村施策发展乡村特色旅游业和适宜的特色产业，实现乡村产业集群化发展，并形成规模效应和区位竞争力，最终增强村庄内生发展动力。充分发挥特色村落自然风光优美、人文景观独特的优势，把经济发展与特色民居保护、民族文化传承、生态环境保护有机结合起来，培育壮大特色村落乡村旅游。加强旅游设施建设，完善旅游服务功能，提升旅游接待能力。引导村民重点发展"农家乐""牧家乐""渔家乐""水上乐"，培育和开发特色餐饮。深入挖掘特色村庄文化，将特色文化元素有机地融入到村庄旅游产品开发的各个环节中，举办代表性节日庆典、祭祀活动，集中展示村庄文化，丰富游览内容。例如，长阳土家族自治县渔峡口镇龙池村作为八百里清江上的一颗明珠，紧邻清江水布垭水利枢纽工程，与恩施土家族苗族自治州巴东县接壤，是进出渔峡口镇的门户，是长阳清江画廊和恩施清江旅游的重要节点。龙池村旅游资源非常丰富，其境内的盐池温泉是宜昌市唯一综合开发利用的天然温泉；还有省级文物保护单位、鄂西地区过去最大的佛教活动场所盐井寺，有幽深奇特、冬暖夏凉的榨洞和海螺洞，有风光旖旎的十里伴峡，有盛极一时的龙王老街。通过旅游巩固拓展脱贫成果顶层设计，确立了旅游产业总体思路：以传统旅游辐射乡村旅游，以盐池温泉引领旅游发展，着力打造"盐水女神故里""清江休闲驿站"的旅游形象。通过"景区带村""能人带户""合作社+农户""公司+农户"四大发展模式，借助于培育业态、发展项目、创建品牌等手段，龙池村经历了华丽转身，乡村旅游产业规模逐步扩大，品牌效应逐渐显现。全村柑橘、茶叶、木瓜三大产业成为农民增收发家的"金饭碗"，初步形成了县、镇、村、经营户四级发展体系，已成为宜昌乡村旅游发展的缩影和旅游经济新引擎。

**专栏 7-1**

### 旅游发展规划——以宜昌市点军区长岭村为例

1. 旅游资源分析。长岭村作为宜昌点军区的近郊村落，在发展休闲旅游业上具有一定的区位优势。另外长岭河绵延穿村而过，山区与平原相间，形成独特的地形风貌。山水画境、村景交融。境内生态植被良好，水资源丰富，村域整体生态格局较好，整体呈现出一幅"绿水青山"的环境面貌。这都是非常宝贵的旅游资源。长岭村的规划应在永续发展的前提下充分利用现有的优质资源，进行合理规划。

2. 旅游景点布局。长岭村的主要旅游景点包括以下方面：旅游综合服务中心、馨岛庄园、河边花海、杜家冲名木基地、李家湾生态农庄、小柳坪四季水果基地、玉龙湾水库观光区、芦家坡万亩桔园风光、柑橘主题公园、马鞍寨山上休闲。其中，重要旅游景点包括旅游综合服务中心、河边花海、柑橘主题公园、芦家坡万亩桔园风光、马鞍寨山上休闲和小柳坪四季水果基地。

3. 旅游线路规划。一是长岭柑桔体验观光线：福安休闲度假区—馨岛庄园—旅游综合服务中心—柑桔主题公园—芦家坡万亩桔园风光—小柳坪四季水果基地—马鞍寨山上休闲—石门洞、文佛山旅游区。二是长岭河畔绿道骑行观光线：旅游综合服务中心—河边花海—杜家冲名木基地—泉水休闲旅游区；或旅游综合服务中心—河边花海—杜家冲名木基地—李家湾生态农庄—小柳坪四季水果基地——玉龙湾水库观光区—楠木溪观光区。

4. 节庆活动规划。一是户外进行时。活动时间为每年4月份；活动主题分为看田园风光和闻柑橘花香；活动内容以柑橘公园徒步为主，辅以自驾车、自行车、露营等活动，可吸引周边县市自行车骑行爱好者，从而起到推介柑橘公园旅游的宣传效果。二是柑橘采摘乐。活动时间为每年11月份；活动内容包括融合柑橘采摘、旅游购物、美食餐饮、乡村休闲等多种功能，并举办采摘技能大赛、乡村厨艺大赛、乡村摄影展等丰富多彩的旅游活动。

另一方面改造提高传统优势产业，要避免产业单一造成恶性竞争，提升产业发展质量，促进内部分工与专业化。要构筑"村庄—产业—环境"三维融合有机体，通过发展特色保护类村庄优势特色产业，挖掘特色资源，打造和谐美丽特色乡村。充分依托当地土地、水系、林地等优势资源，利用现代技术提升传统种养业，鼓励村民优化种养结构，发展特色种植、养殖，提高经济效益。保护特色村庄的特有品种资源,大力发展绿色无污染的原产地"名、优、特"农产品,大力发展特色农副产品深加工,扩大生产规模,促进产业化。保护具有特色的传统生产技艺,充分挖掘生产生活习俗等特色资源,扶持和发展家户小作坊,积极生产具有民族特色、地域特色的传统手工艺品、食品、旅游纪念品。本部分以宜昌市点军区长岭村和柳林村为例,分别从产业现状、产业发展理念、产业发展策略、产业空间布局、主导产业选择等方面,对典型村庄产业发展进行分析,为湖北省特色保护类村庄产业发展提供参考和借鉴。

**专栏 7-2**

## 产业发展规划——以宜昌市点军区长岭村为例

1. 产业现状分析。长岭村现状产业有一定基础,村民主要收入来源以传统种养殖业及外出务工为主。主导产业为柑橘、四季水果。其中以柑橘为主的水果种植面积近 2 800 亩,从事商业、饮食和其它服务的人员达 200 人,外出务工人员近 600 人。2020 年经济总收入 4720 万元,农村人均纯收入16950 元。长岭村现已投入 300 万元完成了农村柑桔专业合作社创新试点工作,对长岭赢丰柑橘专业合作社进行了改革规范。

2. 产业发展理念。长岭村的产业发展规划应体现产业融合的理念,形成三产融合的产业格局和能为不同知识背景,不同能力水平的居民提供适合自身的就业环境的包容性强的产业体系。同时,长岭村的产业发展不能以牺牲满足后代人发展需求为代价,应当遵循客观发展规律,充分利用、优化现有资源,创造新的发展资源,走可持续发展道路。

3. 产业发展定位。在充分尊重上位规划对长岭村的产业发展定位基础上,长岭村的产业发展定位如下:"长岭柑橘乐园+农事体验",通过品牌柑桔建设和绿色体验,打造长岭柑橘品牌。

4. 产业发展策略。一方面长岭村的产业发展应充分利用好现有的产业资源。以第一产业为基础,为第二产业和第三产业的发展提供优质的农产品;以第二产业为纽带,对第一产业生产的农产品进行加工并成为第三产业的精品服务资料;以第三产业为协调,既可以为生产者提供良好的生活服

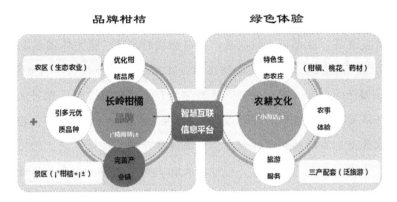

长岭村产业发展定位

务，也可以协调分配第一产业和第二产业发展所需的生产资源，以建立完整的产业融合体系。在建立产业融合体系的同时还要不断优化产业结构，不断地调整第一产业、第二产业和第三产业的人力和物力投入比例，以实现现有资源的最大化合理利用和最大化产出。另一方面长岭村的产业发展要协调好与周边村庄的产业发展，合理确定各产业的发展模式。因此，将长岭村的产业发展总体策略确定为，以柑橘种植业为基础并继续扩大生产，提高品质，打造长岭柑橘品牌，在此基础上再大力发展绿色农业观光体验。第一产业策略，在原有的柑橘种植规模上，进一步利用村内较为集中的耕地山地，进行优质柑橘种植。与此同时还要不断引进新的柑橘品种，采用新型生产技术，实现产业化农业生产，提高产量和品质，优化环境。第二产业策略，建立适度规模的农产品加工业，如农产品加工厂等，对泉水村的农产品进行适当的加工。第三产业策略，在现有的乡村旅游发展的基础上进一步提高服务质量，增加服务项目，形成并不断完善服务体系；另外，建立一定规模的以金融体系和就业服务体系为核心的生产性服务体系，合理地整合和配置第一产业和第二产业发展所需要的资金、人力等资源。

5. 产业空间布局。依据上位规划的引导、产业发展趋势及机遇，自身产业发展的优势资源条件，长岭村未来将重点发展生态农业，大力打造长岭柑桔品牌，大力发展绿色农业观光体验，形成"一主一副两轴五片区"的产业空间格局。一主：村委会综合服务中心；一副：精品柑橘示范基地；两轴：生态休闲旅游轴、生态农业观光轴；五片区：优质景观植物培育区、农庄经济发展区、生态保育绿芯区、精品柑橘种植区、生态休闲旅游区。

6. 重点产业项目。一是农耕庄园。庄园经济是带领长岭村发展的引擎，通过庄园经济，可以有效地塑造旅游环境和景观。通过建设农耕庄园，带动本地经济发展，以庄园经济为依托，"规模化开发产业化经营"，提高农业生产和农民进入市场的组织化程度，促进连片开发、规模经营，优化农业产业结构，推进农业产业化经营，同时发展农业观光旅游。二是精品柑橘园。以打响长岭绿色无公害柑橘为目标，搞好精品果园示范园建设与特色农产品优势区域创建相结合，与乡村休闲旅游建设相结合。三是生产与观光双用轨车。针对柑橘的种植主要是在山地上的现状，部分坡度较大的山地给柑橘的生产和运输都造成了一定的影响，可以考虑建设现代化的柑橘运输系统，从而大大节省柑橘采摘的人力成本；同时，在非农忙时节，可以作为游客游览观光的交通工具。四是"柑橘之光"主题雕塑。在小赵家湾附近山林适宜处开辟一处观景平台，以柑橘为原型并对其进行艺术加工，游客可通过旅游步道到达山顶观景平台，平台设计有柑橘主题雕塑。五是特色农庄。将村域内农户住宅建筑风貌进行整治，院落景观进行改善，并培养农户烹饪当地特色餐饮食品的能力，形成一个宜宿、宜游且能品尝到原汁原味地方特色食品的特色农庄。六是森林拓展运动基地。在树林中设置户外拓展活动项目，充分利用长岭村内良好的生态环境优势，打造一批适宜本地市民的户外运动项目。七是柑橘主题度假屋。在树林中布置一些丛林探险活动设施，还可以在其中布置一些柑橘外观的小屋，小屋内部为钢结构，外部为膜结构，用来夜宿体验。

专栏 7-3

## 产业发展规划——以宜昌市点军区柳林村为例

1. 产业现状分析。柳林村农村经济收入主要由打工收入和传统种植与养殖收入构成，柑橘是柳林村的主要经济作物，另有部分其他类型水果、蔬菜和粮食作物。存在产业形式单一，未能形成循环产业链；劳动力外流严重；作为主要经济作物的柑橘收成不稳定，资源消耗较大，附加值较低，市场价格波动较大、定价缺乏话语权导致村民收入不稳定；具有较丰富的自然资源，但未能转化为经济收入。

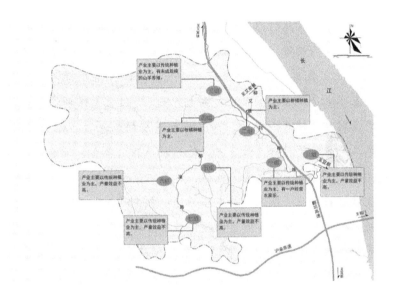

2. 产业发展理念。柳林村经济产业的发展必须在原有产业的基础上，突出并壮大本地特色产业，才有可能引导村民致富，村集体经济发展。在完全尊重村民意愿的基础上，鼓励家庭农场、鼓励合作社，在发展过程中逐渐解决原有农户种植带来的科学技术含量低，市场价格定位弱势等问题；允许农户承包无力进行农业生产的家庭的土地，形成规模种植。柳林村经济产业发展是以给村民带来切实利益为根本目标，在经济产业发展过程中，要实时关注市场动向，顺应市场需求，拒绝不切实际的想法。柳林村经济底子薄、产业发展，尤其是旅游产业发展还未起步，近期很难照顾全局，很难为每个村组带来切实改变；因此近期以刘柳路沿线的二组、三组、四组作为重点发展区域，为后期带动其他地区发展做好基础。

3. 主导产业选择。在充分尊重柳林村原产业结构、产业特色的基础上，结合柳林的区位优势条件，一、二、三产联动的乡村旅游产业发展成为了柳林产业经济增长的主要方向。仅依靠种植产业不足以完全支撑起柳林村的经济发展，柳林村有一定历史底蕴、自然环境优美，同时拥有其他很多隐性旅游资源，尚未得到开发，具备乡村旅游开发的前提和基础。依托柳林村的山水优势，围绕主题定位发展中高端的"旅游+康养+度假"、科普教育基地以及户外运动休闲活动，优化产业结构、丰富产业链、降低市场风险，使乡村旅游业成为未来柳林村稳定的支柱产业。同时产生的大量工作岗位，有利于外出打工劳动力回流，解决柳林村目前空巢老人与留守儿童的问题。

4. 产业发展目标。第一产业发展目标：以种植业为主、林业为辅，积极推进农业生产规模化、农业发展生态化，遵循生态保护、特色发展、低耗高效的原则，发挥资源优势，加强特色景观植物和特色水果种植产业的建设。第二产业发展目标：结合当地特色农产品（柑橘、特色花卉等），打造农产品生产—加工—销售的产业链，鼓励工业企业创办，让更多的农民实现就地就近创业就业。第三产业发展目标：农业观光体验方面，结合荆门山和特色景观植物带，提供观赏、采摘、亲子活动、农活体验、农家乐、农耕文化教育等不同体验类型；休闲旅游服务方面，提供登山、攀岩、自行车骑行、徒步探险等体育休闲旅游项目；文化旅游方面，将乡愁文化与建筑、农业体验活动，农产品创意开发相结合。

5. 产业发展策略。通过对现代休闲文化、农耕文化的挖掘，将乡愁文化元素应用到村庄建设和产业发展当中，形成生态农业产业与乡村旅游产业联动发展、一、二、三产融合的产业发展模式。第一产业发展策略：依托柳林村的山水优势，围绕"回望乡愁"主题发展中高端的康休度假养生及农耕文化科普教育活动。结合乡村旅游，发展花卉苗木、四季水果等特色种植；利用第一产业种植的多样性与特色化，提升柳林村景观环境。第二产业发展策略：弱化与村庄特色无关的加工制造业，调整方向，形成以旅游纪念品、工艺品、农副产品的加工制造为主要导向的二产格局，同时结合文化元素，实现农产品+文化的特色品牌，提高农产品附加值。第三产业发展策略：应充分利用村内的历史文化资源，依托良好的自然生态环境，围绕"农"主题做文章，包括种植（农事体验）、采摘、观光、加工、美食、教育等，积极引导乡村旅游发展；同时加强旅游文化体验，以休闲文化、农耕文化作为旅游核心，以户外运动、康休养生为延伸，文旅结合推进旅游产业的提升。同时，改造部分传统民居、空置农宅，建设养生广场、农耕广场、农博馆、社区活动中心、游客接待中心等旅游景点与旅游设施，串点成线，形成村庄主要精品游览线路。

6. 产业空间布局。根据柳林村现状建设用地和自然文化资源的空间分布现状，结合未来发展需求，规划柳林村的功能结构为"一心一轴两片多节点"，整体形成"山抱村、村伴水"的山、水、林、田、舍共融的总体格局，以期形成资源节约、环境友好、产业布局均衡的空间发展结构，支撑和带动柳林村空间的统筹发展。一心是指村庄综合服务中心，承担村庄的主要公共服务，为全村的核心地区。一轴是指沿刘柳路形成的村庄发展轴，串联村内各产业片区，是村域产业发展的大动脉。两片：一是刘柳路西侧的"农旅结合产业发展片区"，村域环路将一至七组进行串联，各组利用自身资源优势和现有产业特色，将农业发展与乡村旅游发展相结合，形成农旅结合的产业发展片区，促进村域一产、二产、三产的协同发展。二是刘柳路东侧的"荆门山协同发展片区"，荆门山景区横跨柳林村与宜都红花套，依托荆门山的景区的开发，柳林借助自身的区域资源优势积极融入其中，在刘柳路东侧通过基础设施的完善和公服设施的配备使得柳林村成为荆门山景区的重要旅游服务节点。多节点是指各村组结合产业项目的发展形成的遍布村域的产业节点，构成柳林村乡村旅游体系。

7. 产业保障措施。一是强化宣传引导，注重示范带动。制定落实梯次推进的宣传计划，发挥干部、党员优势，综合运用政策扶持、典型带动、技术服务、算账对比等措施，做好群众思想工作，发挥群众主体作用，调动农民群众发展农业特色产业的积极性和主动性。大力宣传发展特色优势产业的先进典型，通过典型带动，整体推进，逐步形成优势突出、特色鲜明的产业体系。二是依托项目建设，促推产业发展。坚持把抓项目作为农业产业发展的着力点，紧紧抓住国家支持"三农"经济发展的机遇，认真发展一批符合国家产业政策、市场前景好、带动能力强的项目，积极争取项目资金，加大各类项目的整合力度，集中扶持发展特色产业，促进农业产业结构优化升级；同时进一步加大招商引资力度，多渠道寻求合作、筹措资金，加强特色产业项目建设。三是强化科技支撑，完善保障体系。加大技术创新体系建设，引进特色农产品加工、贮运、保鲜等高新技术，加快技术成果向现实生产力的转化；健全土地经营权流转机制，鼓励农户以多种形式流转土地承包经营权，促使特色产业规模化发展；鼓励科研人员以技术入股、承包等形式参与产业发展效益分配，探索有偿服务与无偿服务相结合的服务体系。

## （二）活化利用特色保护类村庄文化资源

特色保护类村庄文化保护有待进一步活化。文化振兴为乡村振兴建设提供精神动力与智力支持，也是特色保护类村庄建设的重要内容，特色保护类村庄是中华传统文化和民族自信的物质载体，其原生空间秩序井然、布局规整、内涵丰富，是人地共生关系的代表，特色保护类村庄文化保护与发展是核心。

一方面以特色保护类村庄文化活化利用推进传统村落文化振兴，将看得见的物质文化遗产科学修缮，将口耳相传的非物质文化遗产进行物化和可视化，激活传统文化在新时代的生命力，推进文化资源的活化利用。其中，建筑是特色保护类村庄文化的结晶，特色民居形式多样、风格各异，集中反映了一个地区的生存状态、审美情趣和文化特色。保护好特色民居，是保护民族文化的重要措施。特色民居的保护与发展，一是根据不同类型，采取保护、改建等不同方式，保护传统的营造方式和建造技艺，保持村庄的建筑风格以及与自然相协调的乡村风貌。二是对具有历史文化价值的古建筑，可借鉴文物保护的方法，有选择地采取修缮加固、消除火灾隐患等措施加以保护，对这类民居，在维修、保护时要尽可能地保持其历史面貌。三是在重点旅游景区，对那些没有特色的建筑，可采取"穿衣戴帽"等方式进行改造，使之与周围环境相协调。四是在实施村庄危旧房改造、村庄合并等项目时，通过专业人员设计图纸，引导群众建设一些具有特色的新民居。新民居的外观通过运用一些特色建筑元素保持传统特色，但内部空间格局和设施应适应现代生活，主体结构也可使用现代建筑材料；新民居设计建设时要综合利用各种适宜技术，满足节能保温、抗震安居、节约土地、经济美观、舒适环保等要求。

另一方面要增强村民对本土乡风民俗的认同感与归属感，使村庄看得见山，望得见水，留得住乡愁，统筹保护、利用与发展的关系，推动形成特色资源保护与村庄发展的良性互促机制。保护民族特色村庄的乡土文化，就是保护特色文化的活水之源。一是继续实施文化信息资源共享、农家书屋等文化惠民工程，完善特色村落的公共文化设施，重点加强集中体现民族特色、地方特色的标志性公共建筑，如寨门、戏台、鼓楼、风雨桥、凉亭、民俗馆、文化广场、文化长廊等的建设，为村民提供充足的公共文化活动空间。二是着力加强对特色文化的抢救与保护。积极做好本地区民间文化遗产的普查、搜集、整理、出版和研究，并归类建档、妥善保存；重点抓好特色文化的静态保护、活态传承；通过文化室静态展示传统生产工具、生活用具、特色服饰、乐器、手工艺品，保存村庄特有记忆；鼓励、引导村民将语言、歌舞、生产技术和工艺、节日庆典、婚丧习俗融入日常生活，活态展示本土乡风民俗，传承记忆。三是加强文化的传承与发展。要重视发现、培养乡土文化能人、民间文化传承人特别是国家级和省级非物质文化遗产代表性传承人；鼓励特色文化进校园、进课堂；鼓励文化工作者和社会各界人士参与村落文化建设和群众文化活动；积极推动文化产品开发，通过市场推动文化传承；发挥传统乡规民约在传承民族文化中的作用，提高村民的文化保护自觉性。四是积极搭建群众性文化活动平台，鼓励村民开展对歌、举办节日庆典活动等文化活动，丰富群众业余文化生活，增强乡村旅游的文化特色和吸引力；支持群众创办具有当地特色的文化团体、表演队伍，精心培育根植群众、服务群众的民族文化活动载体和文化样式。五是制定和完善村规民约，一定程度上约束村民行为，调动全体村民文化资源保护的积极性，激发村民的自觉性和自治活力。

专栏 7-4

## 村规村约——以宜昌市点军区长岭村为例

为树立良好的民风、社风，倡导文明健康的生活方式，创造安居乐业的社会环境，经全体村民讨论通过，点军区联棚乡长岭村特制定以下村规民约：

一、爱党、爱国、爱村、爱岗、爱家。顾全大局，正确处理好国家、集体和个人的利益关系。在三者发生冲突时，以国家、集体利益为重。

二、提倡健康文明、积极向上的生活方式。积极主动参与健身文娱活动，培养琴棋书画等高雅兴趣爱好。不搞封建迷信，不参与邪教，不沾染黄、赌、毒。

三、讲文明、树新风。尊老爱幼，夫妻和睦，邻里团结。诚实守信，一言九鼎，说话公道，办事公正。树家风，立家训，父母以身作则，为下一代成家立业树立榜样。爱护未成年人，重视未成年人的教育。对学习优异者给予奖励。严禁有虐待、打骂、遗弃等伤害老年人的行为。

四、助人为乐，造福乡里。积极完成村组投工投劳公益事业任务，积极参与各类荣誉称号和优秀典型的评比，对评选上的给予精神奖励和适当物资奖励。党员带头"服务群众做义工，积分管理当先锋"。

五、自觉遵守法律、法规和村规民约。邻里守望，确保公共安全，防火、防盗。不信谣，不传谣，不越级上访和聚集上访。不扰乱社会治安秩序，不买卖和非法转包、转让集体土地。

六、移风易俗，勤俭办事。坚持厚养薄葬，反对大操大办。操办酒席事先向红白理事会和食药部门报告，控制标准，不相互攀比。除结婚、打喜、老人去世以外不操办任何酒宴。推行文明祭祀、绿色祭祀、平安祭祀、节俭祭祀。村民死亡严禁土葬，必须火化且埋葬不留坟头，严禁外来遗体或骨灰在本村埋葬，使用纸质、鲜花等可降解祭祀用品，少烧纸钱，不买卖、不使用不易降解祭祀用品。

七、建生态环保长岭，创休闲旅游名村。对外来游客热情友善，积极宣传本乡本村特色优势。垃圾干湿分类，倒入指定地点。定期打扫庭院卫生，鼓励建设庭院"小花园"，美化、绿化、亮化庭院。家长配合学生积极参与"生态文明小卫士"评选活动。不燃放鞭炮，不焚烧秸秆，不搞规模养殖，不乱搭乱建，不乱扯乱挂，不乱停乱放，不乱泼乱倒，不乱贴乱画。

八、增强国策观念，完善保障体系。忠于家庭，做到计划生育，优生优育，倡导三孩政策。按时参加新型农村合作医疗，按时缴纳城乡居保。积极参加兵役登记。

九、爱护集体财产和公共设施。不乱砍乱伐林木，爱护珍稀树木，不准在公路路肩上种植作物，不占用公路晾晒，不准影响交通，不准损坏村道路灯、村务公开栏、自来水管、文化体育卫生设施等集体财物。

十、对违反以上村规民约者，村委会将进行批评教育，严重者给予公示或通报，并以不良记录归档保存，取消年度评优和作为办理手续证明的主要政治表现依据。

## （三）提高特色保护类村庄辐射带动作用

当前我国正处在巩固拓展脱贫攻坚成果与全面推进乡村振兴战略的关键时期，特色保护类村庄作为乡村发展的重要抓手，有利于促进乡村振兴事业的实现，要充分发挥其在乡村振兴中的示范带动作用，在自身实现振兴发展的同时更好带动周边地区发展。构建分类保护和重点建设的特色保护类村庄发展格局，根据资源禀赋、交通可进入性等将特色保护类村庄划定为不同保护和发展类型。最终推动实现特色保护类村庄产业市值有增强，文化品质有提升，辐射带动有成效。①历史文化名村。需要保护和修缮历史文化遗存，挖掘和传承传统文化特质，适当发展旅游产业，以旅游反哺历史文化名村保护、带动村民增收。②传统村落，需要挖掘传统村落的文化价值，让传统村落留下来、活起来；可以适度改造房屋内部的使用功能，逐步改善村落内的生活质量；适当发展旅游产业。③少数民族特色村寨。一方面需要保护和传承少数民族特色村寨建筑文化，尊重少数民族生活习俗，开展具有少数民族特色的村庄人居环境整治，如建筑整治、庭院整治、道路整治，景观绿化、水系整治等。另一方面加大对特色村寨的包装、推介、宣传力度，发挥少数民族特色旅游在推动民族乡村发展中的引领作用，培育一批特色村寨旅游示范点，形成特色村寨旅游品牌，提升特色村寨影响力和辐射带动。④大多研究均表明乡村发展与乡村旅游之间具有互动性，乡村旅游发展在促进乡村经济发展的同时也使得乡村经济向多元化方向转化（Wang et al.，2011；Taylor，2015；Duyckaerts et al.，2000）。数据显示，2019年，全国乡村旅游总人次为30.9亿次，乡村旅游总收入1.81万亿元（韩荣鹏，2021）。特色景观旅游名村要保护传统、挖掘特色，提升村庄整体风貌，增强旅游发展的竞争力。⑤其他特色保护型村庄，根据村庄具体情况，积极保护文物古迹、挖掘历史文化，或者着力做好旅游资源开发，实现有效保护和有序开发，促进村庄转型与振兴；培育一批能够从事乡村旅游产业经营的新型农民；挖掘历史文化，保护文物古迹，充分整合文物景点、草原风光、休闲农业等农旅资源，发展乡村旅游、休闲农业、观光农业等；打造地区特色的生态休闲旅游田园综合体；深入推进特色高效农业发展，实现绿色化、优质化、特色化、品牌化，提升农业整体效益；开展人居环境综合整治，丰富乡村文化生活，提升村庄发展活力和吸引力。

**专栏 7-5**

## 人居环境整治——以宜昌市点军区长岭村为例

长岭村人居环境整治的主要内容包括建筑整治、庭院整治、道路整治、景观整治，重点是对建筑进行整治。根据现有建筑情况进行具体分析，评估其建筑质量和建筑风貌，来制定其改造方案，根据其现有使用功能和所处地理位置，提出不同的整治方案。一是危旧拆除。有效地组织居民自发拆除陈旧、质量较差无法利用的废弃建筑和违法建筑，如废弃土坯住房、牲畜棚圈等，拆除后根据其地理位置和用地条件等因素，进行具体定位改造。二是重点整治。重点对民居建筑进行整治，改造内容主要是屋顶改造、外立面整治。屋顶改造是对现状为平屋顶的建筑进行平改坡或者局部平改坡，坡屋顶根据周边建筑形式可采用青瓦材料。外立面整治主要包括墙面贴面砖、局部加坡檐、封阳台、悬挂立面花池、涂料粉刷栏杆和线脚、更换或粉刷窗框、门框等方法进行整治改造。三是外观美化。对年代较新，质量较好或质量一般的建筑，应原址保留和修缮；对外墙进行清洗，保持干净整洁，其外立面要重新粉刷；对村庄内各居民的储物室、厕所等有碍观瞻的辅房进行整治，使村庄的景观完整优美；现有的大部分民居阳台、窗台以铝合金为主，无装饰美化，对现有较好建筑，通过对其阳台、窗台金属材质的仿木包装处理，形成原生态风格。阳台、窗台设计构架，可摆放花卉盆景，增加色彩。

1. 建筑整治。根据现状民宅建筑质量评价和使用情况，确定民居的分类整治方式：一是原址保留；完善房屋功能，实现与村庄整体风貌相统一。二是原址修缮；重点对该类建筑院落、门窗、屋顶、墙体、围墙等进行改造。三是原址重建；村民有意愿翻建。四是拆除；该类建筑废弃闲置多年，基本为残垣断壁。具体来说：就屋顶而言，对现状建筑屋顶加以改造，以欧式坡屋顶为最佳的样式，屋顶的改造主要檐口线条的改造。就墙面而言，清水砂浆、涂料以及瓷砖贴面等做法对村庄整体风格破坏较大，建议采取一定措施改善，采用白色涂料；底层用仿石砖突出欧式风格主题。就门窗而言，建议住宅门窗框使用欧式窗套，整体风格统一，玻璃需使用没有色偏的无色玻璃，外部装饰可以结合木材等当地材料设计，给予每栋建筑自己的发挥空间。就建筑装饰而言，除保留当地建筑的传统装饰外，可将一些材料进行再利用，如碎石等进行改造做墙面、铺地装饰。

2. 庭院整治。在村庄内部结合零星空地设置墙角绿化，见缝插绿。同时鼓励村民在自家院落加强庭院绿化。有条件的还可设置屋顶绿化和立面绿化。种植桃树、石榴、桂花、枇杷等经济类树种，可供游人观光、摄影。村周边的小山包上，种植大量的橘树，可供游客采摘、游玩。围墙以栅栏为主，矮化通透，配置垂直绿化，与主体建筑相协调。搭建葡萄棚架，形成一种农家温馨、休闲的空间。可以将蔷薇、月季等形成花卉围墙，增强庭院绿化。同时，在庭院内增加一些休闲设施，如桌椅、秋千等，可置于树下或葡萄架下。

3. 道路整治。一方面是道路绿化，坚持适地适树的原则，以乡土树种为主，乔木、灌木、地被植物相结合，体现道路景观特色；尽可能的保留道路两侧原有的树木，树下适当种植低矮的小灌木、地被植物以丰富景观；对现状无乔木的地段种植行道树，但应适当错落、间断或成丛布置，并尽可能选择具有典型地带性的树种；路两侧绿化景观带不小于1米。另一方面是道路设施，主要包括交通标志、路灯、花坛及绿化带护栏、路边雕塑、各类服务亭及座椅等；这些设施在保证道路交通安全，发挥道路功能的前提下，应充分体现其景观效果，根据需要可以自主选择。

4. 景观整治。绿地系统主要包括道路绿化、集中绿地、墙角及庭院绿化和绿色山体。物，形成多彩田园风光；种植桃树、石榴、桂花、枇杷等经济类树种，可供游人观光、摄影。村周边的小山包上，种植大量的橘树，可供游客采摘、游玩。绿化种植方式，合理增加公共开放绿地，在形式及风格上应与传统村落相协调；强化村庄入口及村口的绿化，要突出长岭村入口形象；强化近人尺度的庭院绿化。建议选择以下几种绿化方式：结合零星空地布置宅前屋后绿化；鼓励沿墙种植植物，形成墙角绿化；亦可种植攀缘植物，形成垂直绿化。提高村民的生态意识，提倡村民对各自庭院进行绿化布置，增添绿色的生机。道路绿化，村庄内的车行道路两侧种植行道树，形成道路绿化带。墙角及庭院绿化，在村庄内部结合零星空地设置墙角绿化，见缝插绿。同时鼓励村民在自家院落加强庭院绿化；有条件的还可设置屋顶绿化和立面绿化。特色种植和彩色山体背景，在田园观光区的农田里种植草莓、油菜、水稻等作物。

专栏 7-6

## 人居环境整治——以宜昌市点军区柳林村为例

为建设美丽旅游乡村，提高特色保护类村庄辐射带动作用，对柳林村村内建筑、道路、绿化、活动场地、市政设施、公共服务设施等人居环境进行整治。整治重点内容包括：统一建筑风格与色调，无坡屋顶的建筑建议加坡屋檐；改善道路状况，方便村民出行；提升滨水、宅前屋后、节点绿化，增加绿化开敞空间，改善村环境；增加及完善无害化公厕、污水处理系统、公共服务站等市政及公共服务设施；村入口环境进行整治，提升入口特征增强识别性。

1. 建筑整治。一是现状建筑整治；存在问题：建筑风格不一致，欧陆风严重，色彩多样，建有许多临时建筑，建筑材料城市化，未能体现乡土特色。整治建议：屋顶统一为坡屋顶，无坡屋顶的建筑建议加坡屋檐，采用青灰色屋面瓦；外墙统一采用白色涂料，严禁采用其他材料；门窗外框装饰线为 10 厘米宽暗红色涂料；门窗颜色统一为暗红色，宜为仿木材料。二是拆棚改景；存在问题：棚屋、加建建筑和临时建筑影响村容村貌，村建筑风格多样化，建筑材料混用、乱用，影响美感和整体性。整治建议：拆除宅前钢架棚，宅前宅后绿化美化，考虑好垃圾收集与污水处理设施；拆除主要道路两侧影响景观效果的棚架和围墙，种植本土植物，恢复原有绿化景观，或在棚架原址重建绿道驿站、饮水点、景观坐椅等配套设施。

2. 道路整治。一是主要道路升级改造；存在问题：部分道路破损严重，道路宽度较窄，道路两侧绿化杂乱，架空电力线路凌乱，存在安全隐患。整治建议：重点打造乡道—刘柳路，按乡村旅游道进行升级；具体措施包括将原有道路拓宽，路面硬化处理—水泥混凝土加沥青罩面，设人行道，增设路灯，统一行道树，整治路边杂乱线网。二是其它道路改造；存在问题：路幅较窄，部分村道未硬化，村民出行不便。整治建议：采用水泥混凝土路面，进行硬底化处理，统一行道树，增设路灯。

3. 绿化整治。一是柳林河及水系整治；存在问题：水塘、河道污染严重，两侧绿化空间少。整治建议：对区内水塘、河道进行清理、疏通，两侧进行绿化整治，沿河道可做滨水人行步道、修建自行道等户外休闲运动场所和增建亲水平台、休憩广场等开敞空间，并在人流量大的区域进行道路亮化增设路灯。二是宅前屋后绿化整治；存在问题：宅前屋后及路旁缺少绿化和休憩活动场所。整治建议：一方面路旁绿化，清理路边杂物，增加道路绿化，统一道路行道树，利用路旁空地建设休闲游憩空间。另一方面宅前屋后绿化，激发村民绿化美化自家庭院的热情，提供植物材料和技术指导，对住房庭院、围墙、天台等进行绿化景观提升，同时沿街空地较大区域可修建小广场，休息区域。三是节点绿化整治；存在问题：供人休闲的公共绿地和开敞空间较少。整治建议：结合水塘、河道、山体、公共设施等增加公共绿地和开敞空间，尽可能栽种长青植被并定期进行植被、环境的养护，建设小广场等集散休憩空间若干；根据不同绿地功能和主题设置相应的设施，包括灯具、垃圾桶、厕所等。

4. 活动场地整治。存在问题：村内无文体广场和公共绿地，村民缺乏户外活动场地。整治建议：居民点新建文体设施，增加公共绿地，配置活动器材等相应配套设施。

5. 公共设施整治。一是垃圾处理整治；存在问题：垃圾桶（箱）较少，不方便村民使用，路边垃圾池有碍观瞻。整治建议：设置垃圾桶（箱），方便垃圾收集，其建设标准应符合有关规定。二是无害化公厕整治；存在问题：数量较少，设施简陋。整治建议：结合公共设施、绿地设置建设无害化公厕，对现有公厕进行无害化改造，公共厕所建设标准应符合有关规定。三是污水处理系统整治；存在问题：无污水处理设施，污水管网极不完善。整治建议：铺设污水管网，新建检查井（结合污水管设置），建设适合农村地区污水处理设施。四是村道路灯安装整治；存在问题：部分村道无路灯，影响村民夜晚出行。整治建议：刘柳路沿线及村道安装路灯，35米一盏，另在主要广场等节点增设照明设施。

6. 公共服务设施整治。存在问题：现状公共服务设施匮乏，品质较低，服务能力差。整治建议：近期对现状村委楼改造，完善功能，形成公共服务中心，对现状宣传栏进行改造，就近修建社区服务中心。远期新建旅游服务中心，增加设施提升服务接待能力；村北入口处新建文化广场，增加标识系统，进行景观整治以提升村庄形象。

# 五、本 章 小 结

乡村振兴战略是新时期我国推进乡村发展的重要举措，村庄振兴发展是促进乡村振兴战略规划在村级层面有效落地的核心工作，对于实现国家乡村振兴战略的阶段性目标具有重要意义。本章主要对特色保护类村庄保护与发展路径进行研究。首先，系统梳理了特色保护类村庄保护与发展路径设计应坚持的五大基本原则，即尊重规律和科学推进相结合、因地制宜与突出特色相结合、政府引导与农民参与相结合、分类施策与动态管理相结合、统筹保护与振兴发展相结合的原则；其次，系统归纳了特色保护类村庄保护与发展路径基本内涵，即特色保护类村庄文化保护与发展是核心，村民福利增加是基本出发点和落脚点，改善民生、产业发展和文化保护是主要内容，经济、文化和生态协同发展是目标；再次，创新提出了特色保护类村庄保护与发展对策建议，即完善立法健全特色保护类村庄统筹保护与振兴发展体制机制、因地制宜做好特色保护类村庄统筹保护与振兴发展战略规划、制定和实施城乡融合发展的配套政策措施、发挥特色保护类村庄统筹保护与振兴发展的内生动力、创新特色保护类村庄统筹保护与振兴发展的运作模式；最后，科学提出了特色保护类村庄保护与发展实施路径，即增强特色保护类村庄发展内生动力、活化利用特色保护类村庄文化资源、提高特色保护类村庄辐射带动作用，并分别以宜昌市点军区长岭村和柳林村为典型村庄进行了案例说明，为湖北省特色保护类村庄统筹保护与振兴发展路径实施提供了有益参考和借鉴。

# 第八章 结　语

## 一、主　要　结　论

乡村建设是实施乡村振兴战略的重要任务，也是国家现代化建设的重要内容。系统研究村庄空间结构、影响因素、分异特征及形成机理，是有效解决"乡村病"、指导村庄发展规划和推动城乡融合发展的前提和基础，亦是全面推进乡村振兴国家战略落地的重要抓手。本研究立足于新时代乡村振兴战略背景，牢牢把握新时代乡村振兴与特色保护类村庄振兴发展两大关键维度，遵循"理论分析—结构辨识—过程透视—机理揭示—政策建议"的逻辑思路开展研究，以基于现实需求和理论诉求的研究问题提出、研究目标设定和研究内容设计为逻辑起点，以基础理论分析、空间结构辨识及影响机理揭示为逻辑拓展，以面向乡村振兴的特色保护类村庄统筹保护与振兴发展政策建议为逻辑升华。

具体来看，本研究在系统梳理相关基础理论和新时代乡村振兴核心要义、内在逻辑与实施路径的基础上，着重探讨和揭示湖北省特色保护类村庄空间结构特征及演化过程，采用最邻近指数、标准差椭圆、核密度估计、网格维分析等空间分析方法，分别从空间分布类型、分布方向、分布密度、分布均衡性等方面对2009年、2014年和2020年湖北省特色保护类村庄空间演化特征进行分析，采用地理探测器模型对特色保护类村庄空间演化影响机理进行探究，并结合理论和是实证分析结果及典型经验借鉴，进一步提出符合新时代乡村振兴战略的特色保护类村庄统筹保护与振兴发展行动议程与实践方案，以期为新时代全面推进乡村振兴战略背景下湖北省特色保护类村庄空间优化、统筹保护与持续发展及全面推进乡村振兴国家战略落地提供理论依据和决策参考，对于推进乡村振兴国家战略落

212

地见效具有重要的理论价值和实践意义。

研究结果表明：①空间分布类型上，湖北省特色保护类村庄空间分布为集聚型结构类型，并呈现出集聚型趋势逐渐增强的演化特征，在很大程度上与评选冠名制度密切相关。旅游类、传统村落类、特色村寨类和其他类型村庄均呈现集聚型空间分布形态，且传统村落类集聚程度最高，而历史文化类呈现均匀型空间形态。②空间分布方向上，湖北省特色保护类村庄空间分布方向呈现"东（略偏南）—西（略偏北）"态势，空间分布向心力较强，方向性较为明显，且呈现出向东、西两边逐渐扩散态势。特色村寨类呈现"东北—西南"的空间分布态势，高度集中分布在鄂西南山区的恩施州和宜昌市，占特色村寨总数的90%以上；旅游类、传统村落类、历史文化类和其他类型特色保护类村庄空间分布方向大体上一致。③空间分布密度上，湖北省特色保护类村庄经历了"平稳—迅速"的发展阶段特征，高密度区呈现出由散点独立结构向块状组团结构演化的态势；2009年高密度区较少，呈点状分布；2014年高密度区显著增加，块状分布趋势明显；2020年高密度区迅速增加，大体上呈横"V"字形核密度结构，部分区域集中连片分布态势显著。历史文化类和特色村寨类高密度区呈现出一枝独秀空间格局，旅游类两大高密度区特征明显，传统村落类三大高密度区呈显著的块状分布。④空间分布均衡性上，湖北省特色保护类村庄在空间上呈不等概率分布态势，空间分布不均衡性较强，分形系统中存在局部围绕主要区域集聚分布的态势，一定程度上体现了村庄发展的区域差异；同时特色保护类村庄空间演化过程中呈现出不断均衡的趋势，表明乡村振兴战略背景下特色保护类村庄的保护与发展受到了更多地区的重视。除历史文化类外，不同类型村庄数量在区域分割中分布概率的变化较大，空间分布上不均衡，存在一定的集聚分布。⑤自然环境是村庄选址与布局的本底和基石，资源禀赋是村庄形成及发展的先决条件，社会经济是村庄振兴发展的重要条件，政策环境是村庄保护与发展的引领和保障，四者共同作用对湖北省特色保护类村庄的空间布局与演化产生影响；其中，自然资源、人文资源、人均GDP、第三产业产值比重、政策环境的影响程度不断增强，且不同类型特色保护类村庄受到各因素的影响程度存在显著差异。不同影响因素交互作用对特色保护类村庄空间演化的影响力均大于各因素单独作用的影响力，各影响因素之间的交互作用类型有双因子增强型（BE）和非线性增强型（NE）两种，不存在相互独立的因素。

当前湖北省特色保护类村庄存在发展模式单一，产业效益不明显，文化传播乏力等问题。本研究进一步提出特色保护类村庄统筹保护与振兴发展对策建议：完善立法健全特色保护类村庄统筹保护与振兴发展体制机制、因地制宜做好特色保护类村庄统筹保护与振兴发展战略规划、制定和实施城乡融合发展的配套政策措施、发挥特色保护类村庄统筹保护与振兴发展的内生动力、创新特色保护类村庄统筹保护与振兴发展的运作模式。最后，科学提出了特色保护类村庄保护与发展实施路径：①增强特色保护类村庄产业发展内生动力。产业振兴作为乡村振兴的物质基础，也是特色保护类村庄建设与保护的物质保障。一方面地方政府应该结合地域特色，合理利用村庄特色资源，因地制宜、因村施策发展乡村旅游和适宜的特色产业，实现乡村产业集群化发展，并形成规模效应和区位竞争力，最终增强村庄内生发展动力；另一方面要避免产业单一造成恶性竞争，提升产业发展质量，促进内部分工与专业化。②活化利用特色保护类村庄文化资源。文化振兴为乡村振兴建设提供精神动力与智力支持，也是特色保护类村庄建设的重要内容，特色保护类村庄是中华传统文化和民族自信的物质载体，其原生空间秩序井然、布局规整、内涵丰富，是人地共生关系的代表。一方面以特色保护类村庄文化活化利用推进传统村落文化振兴，将看得见的物质文化遗产科学修缮，将口耳相传的非物质文化遗产进行物化和可视化，激活传统文化在新时代的生命力，推进文化资源的活化利用；另一方面要增强村民对本土乡风民俗的认同感与归属感，使村庄看得见山，望得见水，留得住乡愁，统筹保护、利用与发展的关系，推动形成特色资源保护与村庄发展的良性互促机制。③提高特色保护类村庄辐射带动作用。当前我国正处在巩固拓展脱贫攻坚成果与全面推进乡村振兴战略的关键时期，特色保护类村庄作为乡村发展的重要抓手，有利于促进乡村振兴事业的实现，要充分发挥其在乡村振兴中的示范带动作用，在自身实现振兴发展的同时更好带动周边地区发展。并分别以宜昌市点军区长岭村和柳林村为典型村庄进行了案例说明，推动实现湖北省特色保护类村庄产业市值有增强，文化品质有提升，辐射带动有成效，为湖北省特色保护类村庄统筹保护与振兴发展路径实施提供了有益参考和借鉴。

# 二、研究特色

（1）研究立意的时代性。"三农"问题关系到我国经济社会发展的全局稳定，一直以来受到党和国家的高度重视。习近平总书记曾强调："任何时候都不能忽视农业、不能忘记农民、不能淡漠农村。必须始终坚持强农惠农富农政策不减弱、推进农村全面小康不松劲。"①"三个不能"蕴含着习近平总书记一贯重视"三农"问题的深远谋略和深厚情怀。面对"我国人民日益增长的美好生活需要和不平衡不充分的发展之间的矛盾在乡村最为突出"这一现实情况，2017年党的十九大作出了实施乡村振兴战略的重大部署，并写入党章，旨在推动实现农业农村现代化的发展目标，不断满足人民日益增长的美好生活需要。党的十九大以来，中国特色社会主义进入新时代，在全面建成小康社会的基础上，接续推进中国特色社会主义现代化国家建设，不断满足人民对美好生活的期盼是新时代对党和国家工作提出的新要求。民族要复兴，乡村必振兴。实施乡村振兴战略，是中国特色社会主义现代化国家建设的重要板块和关键议题，是党中央着力解决农业农村发展不平衡不充分问题，为决胜全面建成小康社会，开启全面建设社会主义现代化国家新征程所作出的又一重大战略部署。2018年中共中央、国务院印发《乡村振兴战略规划（2018—2022年）》确立了"按照集聚提升、融入城镇、特色保护、搬迁撤并的思路，分类推进乡村发展"的行动指南和总体部署。党的二十大报告进一步强调全面推进乡村振兴，指明了农村改革的方向和重点，提出了农业升级的纲领和遵循，点亮了农民发展的远景和未来。乡村振兴战略是新时期我国推进乡村发展的重要举措，村庄振兴发展是促进乡村振兴战略规划在村级层面有效落地的核心工作，对于实现国家乡村振兴战略的阶段性目标具有重要意义。本课题以新时代乡村振兴战略为背景，以《乡村振兴战略规划（2018—2022年）》提出的特色保护类村庄为研究对象，体现了研究立意的时代性，服务于特色保护类村庄保护与持续发展及全面推进乡村振兴国家战略落地。

---

① 习近平在吉林调研时强调 保持战略定力增强发展自信 坚持变中求新变中求进变中突破 [N]. 人民日报，2015-07-19（1）.

（2）研究对象和研究内容的创新性。从研究对象来看，早期研究较多以历史文化名村、传统村落、少数民族特色村寨、特色景观旅游名村等单一类型特色村庄（村落）为主，并非直接聚焦特色保护类村庄本身；新时代乡村振兴成为国家重大战略后，虽然出现了针对特色保护类村庄的整体性研究，但其空间特征及影响机理的定量探讨相对不足，且忽视了不同类型村庄差异性，系统性和综合性探究仍然极度匮乏。从研究内容来看，不同类型特色村庄空间格局及其影响因素始终是研究的热点和主要内容，并在此基础上进一步尝试从宏观理论和微观实证层面探讨其保护与发展路径，但空间特征及影响因素研究较多侧重于单一时间节点的定量探讨，且缺乏不同地貌区村庄空间结构差异性探讨，同时面向乡村振兴战略的特色保护类村庄统筹保护与振兴发展路径探究依然不足。本研究创新性地将不同类型特色保护类村庄（旅游类、历史文化类、传统村落类、特色村寨类和其他类型）进行集成研究，探索特色保护类村庄整体及不同类型空间结构演化特征，并尝试探讨实现典型省域特色保护类村庄差异化保护与发展路径，拓宽了当前特色村落助推乡村全面振兴的研究内容和研究视角，为湖北省特色保护类村庄空间优化、统筹保护与持续发展及全面推进乡村振兴国家战略落地提供理论依据和决策参考，体现了研究对象与研究内容的创新性。

（3）研究方法的创新性。从研究尺度来看，已有针对特色保护类村庄的研究较多侧重于全国宏观尺度或县域、村域微观尺度理论框架探讨及构建基础上的实证分析，而针对中观尺度典型省域特色保护类村庄空间演化特征及影响机理的探讨尚未出现。从研究方法来看，已有研究成果中借助于空间计量分析模型对特色保护类村庄不同层面空间演化特征的定量探究相对比较欠缺，当前亟需从理论层面剖析乡村振兴的科学内涵和理论基础的基础上，借助更适宜的空间计量分析方法，定量探讨省域尺度特色保护类村庄空间结构识别及其影响机理，并进一步提出面向乡村振兴战略的特色保护类村庄统筹保护与振兴发展路径。本课题从技术和方法层面上综合运用多种空间分析及计量模型，科学选定最邻近指数、标准差椭圆、核密度估计、网格维分析和探索性空间数据分析等一系列空间结构分析方法，分别从空间分布类型、分布方向、分布密度、分布均衡性等方面，系统识别了湖北省特色保护类村庄整体及不同类型特色保护类村庄（旅游类、历史文化类、传统村落类、特色村寨类和其他类型）空间演化特征的基础上，建立了特色保护类村庄空间演化的影响机理理论框架模型并进行量化分析，体现了研究方法的创新性。

（4）案例区选择的代表性和典型性。湖北省是中华文明的重要发祥地之一，特色保护类村庄的形成历史悠久、地域特色鲜明且文化底蕴深厚。习近平总书记在湖北考察城乡一体化试点时指出，建设美丽乡村，是要给乡亲们造福，不要把钱花在不必要的事情上，比如说"涂脂抹粉"，房子外面刷层白灰，"一白遮百丑"；不能大拆大建，特别是古村落要保护好。同时，湖北作为长江经济带发展、促进中部地区崛起、长江中游城市群建设等重大国家战略的重要承载地，承担着"建成支点、走在前列、谱写新篇"的历史使命，在长江经济带高质量发展中起着承上启下的关键作用，其快速的经济社会发展和城镇化进程必然对城乡发展格局产生深刻影响，导致村落空间形态、分布格局、发展规模快速演化，特色保护类村庄在保护发展的过程中也面临不断被破坏和濒临消亡的困境。新时代乡村振兴战略的实施，为特色保护类村庄保护发展确立了全新的城乡关系，激发了特色保护类村庄新活力，特色保护类村庄统筹保护与发展迎来重大历史机遇。因此，选取长江经济带中部典型省份湖北省为案例区，开展新时代乡村振兴战略背景下特色保护类村庄空间演化特征及影响机理研究，对传承与延续乡村文明、留住乡愁提供历史参考和借鉴，同时能够在一定程度上为探索推进中国式现代化的湖北实践提供支撑，奋力谱写新时代湖北高质量发展新篇章。可见，针对该区域进行研究具有较强的现实性，也对全国其他地区具有重要的参考价值。

# 三、未 来 展 望

特色保护类村庄是国家乡村振兴战略规划确定的分类推进乡村发展基本村庄类型之一，也是新时代推动乡村振兴战略有效实施的关键着力点和重要空间形态。开展典型省域范围特色保护类村庄空间演化特征及影响机理研究，能够为长江经济带乃至全国特色保护类村庄差异化保护发展政策制定提供一定理论依据，对于推进乡村振兴国家战略落地见效具有重要的理论价值和实践意义。一方面，限于目前研究数据的可获取性，本研究仅采用湖北省境内已获得国家或省部级命名的各种特色保护类村庄数量进行揭示，研究对象的选择有一定的局限性，未来研究中随着数据资料的不断丰富和完善，会进一步考察和探究研究对象自身的演化特征，进而更加深入探究特色保护类村庄空间演化的客观规律。另一方面，由于湖北省各区域的村庄环境、人口数量、经济水平等差异较大，特色保护类村庄统筹保护与振兴发展路径的设计是一个涉及管理学、地理学、社会学、经济学等多学科交叉的复杂问题，宏观层面所提出的振兴发展策略仅为方向性的建议，是否能够应用于其他地区仍有待进一步深入探讨，且具体策略需根据各区域实际情况及乡村振兴目标要求予以明确。

# 参 考 文 献

［1］ Anselin L. Local indicators of spatial association — LISA ［J］. Geographical Analysis, 1995, 27 （2）: 93-115.

［2］ Duyckaerts C, Godefroy G. Voronoi tessellation to study the Numerical density and the spatial distribution of neurons ［J］. Journal of Chemical Neuroanatomy, 2000, 20: 83-92.

［3］ Fu J, Zhou J L, Deng Y Y. Heritage values of ancient vernacular residences in traditional villages in western Hunan, China: spatial patterns and influencing factors ［J］. Building and Environment, 2021, 188, 107473

［4］ Getis A, Ord J K. The analysis of spatial association by the use of distance statistics ［J］. Geographical Analysis, 1992, 24: 189-206

［5］ Gong G F, Wei Z, Zhang F T, et al. Analysis of the spatial distribution and influencing factors of China national forest villages ［J］. Environmental Monitoring and Assessment, 2022, 194, 428.

［6］ Li Y R, Fan P C, Liu Y S. What makes better village development in traditional agricultural areas of China? Evidence from long-term observation of typical villages ［J］. Habitat International, 2019 （1）: 111-124.

［7］ Liu Y S, Li Y H. Revitalize the world's countryside ［J］. Nature, 2017, 548 （7667）: 275-277.

［8］ Mu Q, Aimar F. How are historical villages changed? A systematic literature review on European and Chinese cultural heritage preservation practices in rural areas ［J］. Land, 2022, 11, 982.

［9］ Ord J K, Getis A. Local spatial autocorrelation statistics: distributional issues and an application [J]. Geographical Analysis, 1995, 27 (3): 286-306.

[10] Stephen L J. Tourism analysis: A handbook [M]. London: Longman Group, 1989.

[11] Tan S K, Zhang M M, Wang A, et al. Spatio-temporal evolution and driving factors of rural settlements in low hilly region-A case study of 17 cities in Hubei Province, China [J]. International Journal of Environmental Research and Public Health, 2021, 18, 2387.

[12] Taylor P. What factors make rail trails successful as tourism attractions? Developing a conceptual framework from relevant literature [J]. Journal of Outdoor Recreation and Tourism, 2015, 12: 89-98.

[13] Wang J F, Li X H, Christakos G, et al. Geographical detectors-based health risk assessment and its application in the neural tube defects study of the Heshun region, China [J]. International Journal of Geographical Information Science, 2010, 24 (1): 107-127.

[14] Wang J Y, Zhang Y. Analysis on the evolution of rural settlement pattern and its influencing factors in China from 1995 to 2015 [J]. Land, 2021, 10, 1137.

[15] Wang Q, Bing H, Wang S, et al. Study on the spatial distribution characteristics and influencing factors of famous historical and cultural towns or villages in Hubei Province China [J]. Sustainability, 2022, 14, 13735.

[16] Wang S X, He Y Q, Wang X D, et al. Regional dis-parity and convergence of China's inbound tourism economy [J]. Chinese Geographical Science, 2011, 21 (6): 715-722.

[17] Zhang A, Yang Y Q, Chen T Y, et al. Exploration of spatial differentiation patterns and related influencing factors for National Key Villages for rural tourism in China in the context of a rural revitalization strategy, using GIS-based overlay analysis [J]. Arabian Journal of Geosciences, 2021, 14, 83.

[18] 曹开军, 商宁, 王秘秘. 中国西北五省乡村旅游重点村时空分布格局与可达性分析 [J]. 干旱区地理, 2023, 46 (7): 1196-1205.

[19] 曹迎春, 张玉坤. "中国传统村落" 评选及分布探析 [J]. 建筑学报,

2013 （12）：44-49.

[20] 曾灿，刘沛林，曹扬意，等．"美丽中国中脊带"传统村落旅游响应及活
化策略 ［J］．地域研究与开发，2023，42 （06）：86-92.

[21] 曾亿武，邱东茂，沈逸婷，等．淘宝村形成过程研究：以东风村和军埔村
为例 ［J］．经济地理，2015，35 （12）：90-97.

[22] 常变蓉，李仁东，徐兴建，等．基于 GIS 空间自相关的江汉平原钉螺分布
特征 ［J］．长江流域资源与环境，2014，23 （07）：972-978.

[23] 陈国磊，罗 静，曾菊新，等．中国少数民族特色村寨空间结构识别及影响
机理研究 ［J］．地理科学，2018，38 （9）：1422-1429.

[24] 陈慧霖，李加林，王中义，等．乡村振兴背景下浙江省 3A 级景区村庄空
间结构特征与影响因子分析 ［J］．自然资源学报，2022，37 （9）：2467-
2484.

[25] 陈淑飞，许艳．乡村振兴战略下山东传统村落保护发展研究 ［J］．山东社
会科学，2019，289 （9）：160-165.

[26] 陈晓艳，黄睿，洪学婷，等．传统村落旅游地乡愁的测度及其资源价
值——以苏南传统村落为例 ［J］．自然资源学报，2020，35 （7）：1602-
1616.

[27] 陈郁青．福建省历史文化名镇名村的空间分布特征及其影响因素研究 ［J］.
城市发展研究，2019，26 （12）：12-18.

[28] 陈悦．历史文化名村保护规划实施过程评估方法探究——以宁波为例 ［J］.
城市规划学刊，2019，254 （S1）：124-129.

[29] 陈征，徐莹，何峰，等．我国历史文化村镇的空间分布特征研究 ［J］．建
筑学报，2013，9 （S1）：14-17.

[30] 程钰．人地关系地域系统演变与优化研究：以山东省为例 ［D］．济南：山
东师范大学，2014.

[31] 董丞妍，谭亚玲，罗明良，等．中国"癌症村"的聚集格局 ［J］．地理研
究，2014，33 （11）：2115-2124.

[32] 窦银娣，符海琴，李伯华等．传统村落旅游开发潜力评价与发展策略研
究——以永州市为例 ［J］．资源开发与市场，2018，34 （09）：1321-1326,

1309.

［33］窦银娣，叶玮怡，李伯华等．基于"三生"空间的传统村落旅游适应性研究——以张谷英村为例［J］．经济地理，2022，42（07）：215-224.

［34］段德罡，刘嘉伟．中国乡村类型划分研究综述［J］．西部人居环境学刊，2018，33（5）：78-83.

［35］凡来，刘洋，张大玉．中国传统村落旅游发展空间格局及其影响因素［J］．经济地理，2023，43（07）：203-214.

［36］方创琳．中国人地关系研究的新进展与展望［J］．地理学报，2004（S1）：21-32.

［37］费巍．历史文化名镇名村生态旅游开发利益相关者博弈行为研究［J］．生态经济，2015，31（6）：143-146.

［38］冯德东，冯应斌，赵玲珑，等．特色保护类村域农村居民点空间重构探析［J］．地理科学进展，2022，41（5）：825-837.

［39］冯骥才．文化遗产日的意义［N］．光明日报，2006-06-15.

［40］冯淑华．基于共生理论的古村落共生演化模式探讨［J］．经济地理，2013，33（11）：155-162.

［41］高文静，肖大威，卓晓岚．云南少数民族特色村寨的分布特征及影响因素［J］．经济地理，2022，42（9）：228-238.

［42］关中美，王同文，职晓晓．中原经济区传统村落分布的时空格局及其成因［J］．经济地理，2017，37（09）：225-232.

［43］郭晓鸣．乡村振兴战略的若干维度观察［J］．改革，2018（3）：54-61.

［44］韩荣鹏．新时代乡村振兴战略下城乡文旅融合发展［J］．社会科学家，2021（12）：70-75.

［45］何艳冰，周明晖，贾豫霖，等．基于韧性测度的传统村落旅游高质量发展研究——以河南省为例［J］．经济地理，2022，42（8）：222-231.

［46］贺雪峰．关于实施乡村振兴战略的几个问题［J］．南京农业大学学报：社会科学版，2018，18（3）：19-26，152.

［47］侯晓飞．中国历史文化名村旅游资源价值评价研究［D］．天津：天津商业大学，2011.

［48］ 胡海胜，王林. 中国历史文化名镇名村空间结构分析［J］. 地理与地理信息科学，2008（3）：109-112.

［49］ 胡计龙. 乡村振兴战略下景区村庄规划设计研究［D］. 杭州：浙江农林大学，2019.

［50］ 胡俊生，王彦岩. 新时代乡村振兴战略的内在逻辑研究［J］. 农业经济，2022，428（12）：29-30.

［51］ 湖北省地方志编撰委员会办公室. 湖北名村［M］. 北京：中国和平出版社，2016.

［52］ 黄承伟. 新时代乡村振兴战略的全面推进［J］. 人民论坛，2022，751（24）：44-49.

［53］ 黄卉洁，苗红，李爽，等. 西北地区传统村落空间格局及其成因［J］. 经济地理，2021，41（12）：233-240.

［54］ 黄杏元，马劲松. 地理信息系统概论［M］. 北京：高等教育出版社，2008，153-157.

［55］ 黄祖辉. 准确把握中国乡村振兴战略［J］. 中国农村经济，2018（4）：2-12.

［56］ 贾垚焱，胡静，刘大均，等. 长江中游城市群 A 级旅游景区空间演化及影响机理［J］. 经济地理，2019，39（1）：198-206.

［57］ 姜长云. 实施乡村振兴战略需努力规避几种倾向［J］. 农业经济问题，2018，457（1）：8-13.

［58］ 居肖肖，杨灿灿，赵明伟，等. 浙皖陕滇四省传统村落空间分布特征及影响因素［J］. 经济地理，2022，42（2）：222-230.

［59］ 康璟瑶，章锦河，胡欢，等. 中国传统村落空间分布特征分析［J］. 地理科学进展，2016，35（07）：839-850.

［60］ 孔雪松，府梦雪，孙建伟，等. 中国森林乡村的多尺度分异特征与分区优化［J］. 地理研究，2022，41（7）：2051-2064.

［61］ 邰艳丽. 我国传统村落保护制度的反思与创新［J］. 现代城市研究，2016，（1）：2-9.

［62］ 李伯华，刘沛林，窦银娣，等. 中国传统村落人居环境转型发展及其研究

进展［J］. 地理研究，2017，36（10）：1886-1900.

［63］李伯华，尹莎，刘沛林，等. 湖南省传统村落空间分布特征及影响因素分析［J］. 经济地理，2015，35（2）：189-194.

［64］李楚海，林娟，伍世代，等. 浙江省淘宝村空间格局与影响因素研究［J］. 资源开发与市场，2021，37（12）：1433-1440.

［65］李春青，金恩霖，孔杰，等. "活态遗产保护方法"视角下的传统村落保护要素构成及分级分类认定研究［J］. 城市发展研究，2023，30（2）：70-77.

［66］李凤兰. 社会主义核心价值观引领乡村文化振兴：基于日常生活理论视角［J］. 贵州社会科学，2018（7）：11-17.

［67］李红波，胡晓亮，张小林，等. 乡村空间辨析［J］. 地理科学进展，2018，37（5）：591-600.

［68］李江苏，王晓蕊，李小建. 中国传统村落空间分布特征与影响因素分析［J］. 经济地理，2020，40（2）：143-153.

［69］李杰，苏丹丹，李忠斌. 少数民族特色村寨建设过程评价指标体系研究［J］. 广西民族研究，2016，131（5）：23-31.

［70］李劲民. 节约优先、保护优先、自然恢复为主［J］. 科技创新与生产力，2013（2）：23-23.

［71］李久林，储金龙，李瑶. 古徽州传统村落空间分布格局及保护发展研究［J］. 中国农业资源与区划，2019，40（10）：101-109.

［72］李连璞. 基于多维属性整合的古村落旅游发展模式研究-以历史文化名村为例［J］. 人文地理，2013，28（4）：155-160.

［73］李琪，叶长盛，赖正明. 基于 GIS 的江西省历史文化名镇名村空间分布特征及其影响因素［J］. 江西科学，2016，34（5）：628-634.

［74］李亚娟，陈田，王婧，等. 中国历史文化名村的时空分布特征及成因［J］. 地理研究，2013，32（8）：1477-1485.

［75］李玉恒，黄惠倩，宋传垚. 京津冀地区乡村人地关系演化研究［J］. 中国土地科学，2020，34（12）：96-104.

［76］李裕瑞，卜长利，曹智，等. 面向乡村振兴战略的村庄分类方法与实证研

究［J］. 自然资源学报，2020，35（2）：243-256.

[77] 李政欣. 杭州市 3A 级景区村庄综合品质评价研究［D］. 杭州：浙江农林大学，2019.

[78] 李忠斌，郑甘甜. 论少数民族特色村寨建设中的文化保护与发展［J］. 广西社会科学，2014（11）：185-189.

[79] 梁步青，肖大威，陶金，等. 赣州客家传统村落分布的时空格局与演化［J］. 经济地理，2018，38（8）：196-203.

[80] 廖彩荣，陈美球. 乡村振兴战略的理论逻辑、科学内涵与实现路径. 农林经济管理学报［J］，2017，16（6）：795-802.

[81] 林元城，杨忍，杨帆. 面向乡村振兴的淘宝村发展转型及其现代化治理框架探索［J］. 湖南师范大学自然科学学报，2022，45（2）：34-45.

[82] 林祖锐，周维楠，常江，等. LAC 理论指导下的古村落旅游容量研究——以国家级历史文化名村小河村为例［J］. 资源开发与市场，2018，34（2）：274-280.

[83] 刘沛林，刘颖超，杨立国等. 传统村落景观基因数字化传播及其旅游价值提升——以张谷英村为例［J］. 经济地理，2022，42（12）：232-240.

[84] 刘沛林. 古村落——独特的人居文化空间［J］. 人文地理，1998（1）：38-41.

[85] 刘沛林. 论"中国历史文化名村"保护制度的建立［J］. 北京大学学报(哲学社会科学版)，1998（1）：80-87，158.

[86] 刘彦随，严镔，王艳飞. 新时期中国城乡发展的主要问题与转型对策［J］. 经济地理，2016，36（7）：1-8.

[87] 刘彦随，周扬，李玉恒. 中国乡村地域系统与乡村振兴战略［J］. 地理学报，2019，74（12）：2511-2528.

[88] 刘彦随. 新时代乡村振兴地理学研究［J］. 地理研究，2019，38（3）：461-466.

[89] 刘彦随. 中国新时代城乡融合与乡村振兴［J］. 地理学报，2018，73（4）：637-650.

[90] 刘宇杰，周勇，刘小东，等. 中国"乡村旅游重点村"空间分布格局及影

响因素 [J]. 华中师范大学学报（自然科学版），2022，56（1）：211-220.

[91] 刘芝凤. 逆城市化进程中古村落保护与开发的若干问题研究——以闽台历史文化名村为例 [J]. 中南民族大学学报（人文社会科学版），2018，38（4）：43-47.

[92] 刘志宏，李钟国. 城镇化进程中少数民族特色村寨保护与规划建设研究——以广西少数民族村寨为例 [J]. 广西社会科学，2015，31（9）：31-34.

[93] 龙花楼，屠爽爽. 论乡村重构 [J]. 地理学报，2017，72（4）：563-576.

[94] 龙花楼，张英男，屠爽爽. 论土地整治与乡村振兴 [J]. 地理学报，2018，73（10）：1837-1849.

[95] 卢松，张小军，张业臣. 徽州传统村落的时空分布及其影响因素 [J]. 地理科学，2018，38（10）：1690-1698.

[96] 卢松，张小军. 徽州传统村落旅游开发的时空演化及其影响因素 [J]. 经济地理，2019，39（12）：204-211.

[97] 鲁承琨. 东北地区乡村旅游重点村空间分布及其影响因素分析 [J]. 水土保持研究，2022，29（6）：425-430.

[98] 陆大道，郭来喜. 地理学的研究核心——人地关系地域系统——论吴传钧院士的地理学思想与学术贡献 [J]. 地理学报，1998（2）：3-11.

[99] 陆大道. 关于"点-轴"空间结构系统的形成机理分析 [J]. 地理科学，2002，22（1）：1-6.

[100] 陆林，陈慧峰，符琳蓉. 旅游开发背景下传统村落功能演变的过程与机制——以黄山市西溪南村为例 [J]. 地理科学，2022，42（5）：874-884

[101] 罗丽，覃建雄，杨建春. 西南地区乡村旅游重点村空间分布及结构分析 [J]. 中国农业资源与区划，2022，43（12）：260-269.

[102] 罗烨欣，甘翠丽，李文，等. 福建省休闲乡村空间分布特征及其影响因素研究 [J]. 中国农业资源与区划，2021，42（11）：276-286.

[103] 马斌斌，陈兴鹏，马凯凯，等. 中国乡村旅游重点村空间分布、类型结构及影响因素 [J]. 经济地理，2020，40（7）：190-199.

[104] 马克思恩格斯文集（第3卷）[M]. 北京：人民出版社，2009：326.

[105] 马克思恩格斯文集（第5卷）[M]. 北京：人民出版社，2009：10.

[106] 马晓冬，马荣华，徐建刚. 基于ESDA-GIS的城镇群体空间结构 [J]. 地理学报，2004（6）：1048-1057.

[107] 马勇，黄智洵. 基于GWR模型的长江中游城市群传统村落空间格局及可达性探究 [J]. 人文地理，2017，32（4）：78-85.

[108] 潘方杰，万庆，曾菊新，等. 城镇化进程中湖北省"生产-生活-生态"空间冲突演化及其影响因素 [J]. 经济地理，2023，43（2）：80-92.

[109] 潘方杰，万庆，冯兵，等. 中国物流企业空间格局及多尺度特征分析 [J]. 经济地理，2021，41（6）：97-106.

[110] 潘方杰，王宏志，宋明洁，等. 基于GIS的中国A级物企业时空演变特征及其影响因素分析 [J]. 长江流域资源与环境，2020，29（10）：2186-2199.

[111] 潘方杰，王宏志，王璐瑶，等. 湖北省土壤微量元素县域分异特征及其与健康相关性 [J]. 华中师范大学学报（自然科学版），2019，53（1）：137-146.

[112] 潘方杰，王宏志，王璐瑶，等. 平原湖区钉螺分异规律及孳生环境特征研究——以湖北公安县为例 [J]. 长江流域资源与环境，2019，28（08）：1965-1976.

[113] 潘方杰，王宏志，王璐瑶. 湖北省湖库洪水调蓄能力及其空间分异特征 [J]. 长江流域资源与环境，2018，27（8）：1891-1900.

[114] 潘方杰. 基于LUCC的江汉平原湖泊演变及其蓄水能力研究 [D]. 武汉：华中师范大学，2017.

[115] 彭璟，李军. 湖北省传统村落空间分布及其影响因素研究 [J]. 湖北社会科学，2020（11）：66-75.

[116] 钱穆. 中国历代政治得失 [M]. 北京：九州出版社，2011.

[117] 乔陆印. 乡村振兴村庄类型识别与振兴策略研究：以山西省长子县为例 [J]. 地理科学进展，2019，38（9）：1340-1348.

[118] 芮旸，杨坤，李宜峰，等. 中国特色保护类村庄时空动态特征与振兴对策研究——基于种群生态学视角 [J]. 地理研究，2022，41（8）：2203-

2220.

[119] 邵万，贾尚宏，金乃玲，等．安徽省特色保护类村庄规划探索与实践——以合肥市庐江县长冲村为例［J］．城市建筑，2021，18（6）：15-19.

[120] 宋玢，任云英，冯淼．黄土高原沟壑区传统村落的空间特征及其影响要素——以陕西省榆林市国家级传统村落为例［J］．地域研究与开发，2021，40（2）：162-168.

[121] 宋才发，张术麟．论新时代乡村振兴的三维解读［J］．学习论坛，2019，412（4）：32-37.

[122] 宋才发．民族区域自治制度的实践回眸及未来走势：纪念中国改革开放40周年［J］．学术论坛，2018（2）：36-44.

[123] 宋楠楠，张建国．浙江省景区村庄空间分布特征与可达性研究［J］．长江流域资源与环境，2019，28（10）：2353-2363.

[124] 孙枫，汪德根．全国特色景观旅游名镇名村空间分布及发展模式［J］．旅游学刊，2017，32（5）：80-93.

[125] 孙军涛，牛俊杰，张侃侃，等．山西省传统村落空间分布格局及影响因素研究［J］．人文地理，2017，32（03）：102-107.

[126] 孙亮，何依．从规范到精准：基于特色的名村保护研究——以宁波市为例［J］．城市规划，2019，43（2）：74-83.

[127] 孙运宏，宋林飞．当代中国历史文化名村保护的困境与对策［J］．艺术百家，2016，32（6）：59-62，68.

[128] 覃小华，李星明，陈伟，等．长江经济带少数民族特色村寨的地域空间格局与影响因素［J］．人文地理，2022，37（3）：118-130.

[129] 唐承财，万紫微，刘蔓，等．基于多主体的传统村落文化遗产保护传承感知及提升模式［J］．干旱区资源与环境，2021，35（2）：196-202.

[130] 唐春媛．福建省历史文化名镇名村保护与发展研究［M］．长春：吉林大学出版社，2011.

[131] 唐任伍．新时代乡村振兴战略的实施路径及策略［J］．人民论坛·学术前沿，2018，39（3）：26-33.

[132] 田密蜜，陈炜，沈丹．新农村建设中古村落景观的保护与发展——以浙江

地区古村落为例［J］. 浙江工业大学学报，2010，38（04）：463-467.

［133］佟玉权. 基于 GIS 的中国传统村落空间分异研究［J］. 人文地理，2014，29（4）：44-51.

［134］汪凡，汪明峰. 基于格网的淘宝村集聚特征及影响因素分析［J］. 地理科学，2020，40（2）：229-237.

［135］王晖，谢盟月. 山西历史文化名城名镇名村时空分布及影响因素［J］. 山西农业大学学报（社会科学版），2015，14（10）：1036-1038.

［136］王劲峰，廖一兰，刘鑫. 空间数据分析教程［M］. 北京：科学出版社，2010，101-108.

［137］王劲峰，徐成东. 地理探测器：原理与展望［J］. 地理学报，2017，72（1）：116-134.

［138］王明杰，颜梓晗，余斌，等. 电子商务专业村空间格局演化及影响因素研究：基于 2015—2020 年中国淘宝村数据［J］. 地理科学进展，2022，41（5）：838-853.

［139］王培家，章锦河，孙枫，等. 中国西南地区传统村落空间分布特征及其影响机理［J］. 经济地理，2021，41（9）：204-213.

［140］王镕，闫浩文，周亮，等. 中国历史文化名镇名村的空间分布特征及驱动因素分析［J］. 兰州交通大学学报，2019，38（6）：108-114.

［141］王淑佳，孙九霞. 西南地区传统村落区域保护水平评价及影响因素［J］. 地理学报，2022，77（2）：474-491.

［142］王秀伟，李晓军. 中国乡村旅游重点村的空间特征与影响因素［J］. 地理学报，2022，77（4）：900-917.

［143］王兆峰，刘庆芳. 中国少数民族特色村寨空间异质性特征及其影响因素［J］. 经济地理，2019，39（11）：150-158.

［144］王兆峰，史伟杰. 中国美丽休闲乡村的空间分布特征及影响因素［J］. 地理科学，2022，42（1）：104-114.

［145］文丰安. 新时代乡村振兴战略推进之理性审视［J］. 重庆社会科学，2018，281（4）：16-24.

［146］文琦，郑殿元. 西北贫困地区乡村类型识别与振兴途径研究［J］. 地理研

究，2019，38（3）：509-521.

[147] 翁钢民，盛开，潘越. 国内乡村旅游地空间分异特征及形成机理——基于全国 1000 个乡村旅游重点村［J］. 地理与地理信息科学，2021，37（04）：99-105，136.

[148] 吴必虎，肖金玉. 中国历史文化村镇空间结构与相关性研究［J］. 经济地理，2012，32（7）：6-11.

[149] 吴传钧. 论地理学的研究核心——人地关系地域系统［J］. 经济地理，1991（3）：1-6.

[150] 吴平. 贵州黔东南传统村落原真性保护与营造——基于美丽乡村建设目标的思考［J］. 贵州社会科学，2018，347（11）：92-97.

[151] 吴儒练，邹勇文，李洪义. 中国特色景观旅游名镇名村空间分布特征及影响因素［J］. 干旱区资源与环境，2022，36（2）：155-163.

[152] 吴文智，赵磊. 我国古村镇旅游研究进展［J］. 经济地理，2010，30（11）：1908-1914.

[153] 习近平. 决胜全面建成小康社会 夺取新时代中国特色社会主义伟大胜利：在中国共产党第十九次全国代表大会上的报告［Z］. 北京：人民出版社，2017.

[154] 习近平. 论坚持全面深化改革［M］. 北京：中央文献出版社，2019，397.

[155] 习近平. 论三农工作［M］. 北京：中央文献出版社，2022.

[156] 习近平. 全面落实"十三五"规划纲要 加强改革创新开创发展新局面［N］. 人民日报，2016-04-28.

[157] 习近平. 全面推进乡村振兴 为实现农业农村现代化而不懈奋斗［N］. 人民日报，2022-10-29.

[158] 习近平. 习近平谈治国理政：第 3 卷［M］. 北京：外文出版社，2020.

[159] 习近平. 习近平在中共中央政治局第八次集体学习时强调 把乡村振兴战略作为新时代"三农"工作总抓手 促进农业全面升级农村全面进步农民全面发展［N］. 人民日报，2018-09-23.

[160] 习近平. 在春节前夕赴四川看望慰问各族干部群众时的讲话［N］. 人民日报，2018-02-14.

[161] 习近平. 扎实推动共同富裕 [J]. 求是, 2021 (20): 4-8.

[162] 习近平《在纪念马克思诞辰 200 周年大会上的讲话》 [N]. 人民日报, 2018-05-05.

[163] 谢双玉, 聂黎莎, 金跌欣. 传统村落旅游发展中的居民诉求及其影响因素研究——以恩施州二官寨村为例 [J]. 四川师范大学学报 (社会科学版), 2024, 51 (01): 113-121, 205-206.

[164] 辛向阳, 乔家君. 淘宝村集聚的时空演变及形成机制 [J]. 地域研究与开发, 2018, 37 (1): 11-15, 30.

[165] 熊浩, 王强, 鄢慧丽, 等. 多尺度下中国休闲乡村空间分布特征及其影响因素研究 [J]. 中国农业资源与区划, 2019, 40 (8): 232-239.

[166] 熊梅. 中国传统村落的空间分布及其影响因素 [J]. 北京理工大学学报 (社会科学版), 2014, 16 (5): 153-158.

[167] 徐建华. 现代地理学中的数学方法 (第二版) [M]. 北京: 高等教育出版社, 2002.

[168] 徐钰清, 李华宇. 国土空间规划背景下特色保护类村庄乡村振兴发展路径探析——以江西省景德镇市礼芳村为例 [C] //广东省建筑设计研究院有限公司,《规划师》编辑部. 实施乡村振兴战略的规划路径探讨. 广西科学技术出版社, 2022.

[169] 徐智邦, 王中辉, 周亮, 等. 中国"淘宝村"的空间分布特征及驱动因素分析 [J]. 经济地理, 2017, 37 (01): 107-114.

[170] 许建和, 乐咏梅, 毛洲, 等. 湖南省传统村落空间格局影响因素与保护模式 [J]. 经济地理, 2020, 40 (10): 147-153.

[171] 许少辉, 刘小欢, 董丽萍. 全域旅游中传统村落保护和发展的陆巷样本 [J]. 中国人口·资源与环境, 2018, 28 (S1): 214-216.

[172] 许志晖, 戴学军, 庄大昌, 等. 南京市旅游景区景点系统空间结构分形研究 [J]. 地理研究, 2007 (1): 132-140.

[173] 鄢慧丽, 王强, 熊浩, 等. 休闲乡村空间分布特征及影响因素分析——以中国最美休闲乡村示范点为例 [J]. 干旱区资源与环境, 2019, 33 (3): 45-50.

［174］闫芳，李广锋，刘帅宾．多维视角下河南省传统村落空间分布与形成机理研究［J］．地域研究与开发，2022，41（3）：38-42.

［175］燕连福，郭世平，牛刚刚．新时代乡村振兴与共同富裕的内在逻辑［J］．西北农林科技大学学报（社会科学版），2023，23（2）：1-6.

［176］杨开．价值与实施导向下的历史文化名村保护与发展措施——以江西省峡江县湖洲村为例［J］．城市发展研究，2017，24（5）：26-34.

［177］杨坤，芮旸，李宜峰，等．基于共生理论的中国特色保护类村庄振兴类型细分研究［J］．地理科学进展，2021，40（11）：1861-1875.

［178］杨立国，龙花楼，刘沛林，等．传统村落保护度评价体系及其实证研究——以湖南省首批中国传统村落为例［J］．人文地理，2018，33（3）：121-128，151.

［179］杨玲丽．共生理论在社会科学领域的应用［J］．社会科学坛，2010，220（16）：149-157.

［180］杨浏熹．乡村振兴背景下传统村落的活态化保护研究——以西南侗寨为例［J］．中国特色社会主义研究，2021，160（4）：85-92.

［181］杨忍，罗秀丽．发展转型视域下的乡村空间分化、重构与治理研究进展及展望［J］．热带地理，2020，40（4）：575-588.

［182］杨忍．珠三角地区典型淘宝村重构过程及其内在逻辑机制［J］．地理学报，2021，76（12）：3076-3089.

［183］杨燕，胡静，刘大均，等．贵州省苗族传统村落空间结构识别及影响机制［J］．经济地理，2021，41（2）：232-240.

［184］杨园园，臧玉珠，李进涛．基于城乡转型功能分区的京津冀乡村振兴模式探析［J］．地理研究，2019，38（3）：684-698.

［185］叶强，钟炽兴．乡建，我们准备好了吗——乡村建设系统理论框架研究［J］．地理研究，2017，36（10）：1843-1858.

［186］叶兴庆．新时代中国乡村振兴战略论纲［J］．改革，2018，（1）：65-73.

［187］俞孔坚，李迪华，韩西丽，等．新农村建设规划与城市扩张的景观安全格局途径：以马岗村为例［J］．城市规划学刊，2006，（5）：38-45.

[188] 俞孔坚 . "新上山下乡运动"与遗产村落保护及复兴：徽州西溪南村实践
[J]. 中国科学院院刊，2017，32（7）：696-710.

[189] 袁纯清 . 共生理论及其对小型经济的应用研究（上）[J]. 改革，1998
（2）：101-105.

[190] 袁纯清 . 和谐与共生 [M]. 北京：社会科学文献出版社，2008：8-25.

[191] 张春华 . 大数据时代的乡村治理转型与创新 [J]. 重庆社会科学，2017
（2）：25-31.

[192] 张家其，喻兴洁，朱烜伯，等 . 乡村振兴背景下少数民族传统村落旅游共
生模式研究——以湖南省湘西州为例 [J]. 地域研究与开发，2023，42
（2）：100-105.

[193] 张军 . 乡村价值定位与乡村振兴 [J]. 中国农村经济，2018，（1）：2-10.

[194] 张侃 . 生态文明视野下的文化保护与传承机制——基于历史文化名城名镇
名村的宏观思考 [J]. 东南学术，2015，246（2）：4-14，246.

[195] 张强，王爱，储金龙，等 . 传统村落旅游竞争力的可视化模拟与分析——
以古徽州为例 [J]. 中国农业资源与区划，2022，43（05）：239-250.

[196] 张强 . 模糊评判历史文化名村的价值及保护策略——以张谷英村为例
[J]. 求索，2012（8）：78-79，103.

[197] 张晓蕾，张宝，陈燕杰，等 . 江苏省特色保护类村庄规划与保护建议：基
于典型村的调研 [J]. 中国国土资源经济，2020，33（10）：44-48.

[198] 张晓燕，周军，王华兴，等 . 特色保护类村落旅游业助推文化振兴的困局
与实现路径——基于兴山昭君村的观察 [J]. 三峡大学学报（人文社会科
学版），2019，41（5）：35-39.

[199] 张星，何依，邓巍 . 城边型历史文化名村保护与发展的多模式研究——以
宁波市镇海区憩桥村为例 [J]. 城市规划，2020，44（4）：97-105.

[200] 赵宏波，魏甲晨，苗长虹，等 . 黄河流域历史文化名城名镇名村的空间分
异与影响因素分析 [J]. 干旱区资源与环境，2021，35（4）：70-77.

[201] 赵军阳，丁疆辉，王新宇 . 不同尺度下中国"淘宝村"时空分布及演变

特征［J］．世界地理研究，2017，26（6）：73-82.

［202］赵璐，赵作权．基于特征椭圆的中国经济空间分异研究［J］．地理科学，2014，34（8）：979-986.

［203］赵延安，陈凤仪．乡村振兴战略的思想资源、科学内涵和实现路径［J］．西北农林科技大学学报（社会科学版），2023，23（6）：1-9.

［204］赵勇，张捷，秦中．我国历史文化村镇研究进展［J］．城市规划学刊，2005（2）：59-64.

［205］赵勇，张捷，章锦河．我国历史文化村镇保护的内容与方法研究［J］．人文地理，2005（1）：68-74.

［206］赵勇，张捷．历史文化村镇保护评价体系及方法研究——以中国首批历史文化名镇（村）为例［J］．经济地理，2006，26（4）：497-505.

［207］赵勇．中国历史文化名镇名村保护理论与方法［M］．北京：中国建筑工业出版社，2008：10-15.

［208］中共中央党史和文献研究院．习近平关于"三农"工作论述摘编［M］．北京：中央文献出版社，2019.

［209］中央党史和文献研究院．习近平关于"三农"工作论述摘编［G］．北京：中央文献出版社，2019：23，32.

［210］周国华，刘畅，唐承丽，等．湖南乡村生活质量的空间格局及其影响因素［J］．地理研究，2018，37（12）：2475-2489.

［211］周扬，黄晗，刘彦随．中国村庄空间分布规律及其影响因素［J］．地理学报，2020，75（10）：2206-2223.

［212］朱鹤，刘家明，王磊，等．历史文化村落居民旅游支持度影响因素分析——以林浦历史文化名村为例［J］．世界地理研究，2018，27（2）：166-176

［213］朱乾坤，乔家君，韩冬，等．河南省专业村空间格局与集聚测度［J］．地理科学进展，2022，41（3）：396-408.

［214］朱庆伟，王伟，程遂营，等．黄河流域历史文化名城名镇名村时空演变与影响因素研究［J］．河南大学学报（自然科学版），2023，53（2）：172-185.

［215］朱烜伯，喻兴洁，张家其．乡村振兴视域下欠发达地区传统村落旅游开发空间结构探析——以湘西州为例［J］．江西财经大学学报，2021（5）：96-105.

［216］朱烜伯，张家其，李克强．乡村振兴背景下民族传统村落旅游开发影响机制［J］．江西社会科学，2021，41（3）：229-237.

［217］邹君，陈菡，黄文容，等．传统村落活态性定量评价研究［J］．地理科学，2020，40（6）：908-917.

# 附　　录

附表1　　　　　　　　　　　湖北省特色保护类村庄情况一览表

| 所在区县 | 村庄名称 | 经度（E） | 纬度（N） | 特色保护村庄类型 | 认定年份 |
|---|---|---|---|---|---|
| 当阳市 | 慈化村 | 111.880535 | 30.779922 | 第五批传统村落 | 2019 |
| 当阳市 | 百宝寨村 | 111.698768 | 30.953579 | 其他类型 | 2013 |
| 当阳市 | 泉河村 | 111.641947 | 30.703169 | 其他类型 | 2008 |
| 当阳市 | 三里港村 | 111.819935 | 30.819446 | 其他类型 | 2008 |
| 点军区 | 牛扎坪村 | 111.262096 | 30.759452 | 旅游名村 | 2020 |
| 点军区 | 长岭村 | 111.217675 | 30.655213 | 其他类型 | 2013 |
| 点军区 | 柳林村 | 111.358866 | 30.599099 | 其他类型 | 2012 |
| 点军区 | 紫阳村 | 111.259348 | 30.741282 | 其他类型 | 2012 |
| 点军区 | 柳林村 | 114.159541 | 31.333174 | 其他类型 | 2012 |
| 点军区 | 车溪土家族村 | 111.108129 | 30.653605 | 旅游名村/特色村寨 | 2010 |
| 点军区 | 黄家棚村 | 111.227423 | 30.691199 | 其他类型 | 1998 |
| 五峰县 | 楠木桥村 | 110.475289 | 30.178224 | 第五批传统村落 | 2019 |
| 五峰县 | 栗子坪村 | 110.578450 | 30.167076 | 第四批传统村落/旅游名村/特色村寨 | 2017 |
| 五峰县 | 茶园村 | 110.331609 | 30.012687 | 第四批传统村落 | 2016 |
| 五峰县 | 白岩坪村 | 110.904471 | 30.163131 | 旅游名村 | 2014 |
| 五峰县 | 长坡村 | 110.730390 | 30.073399 | 其他类型 | 2014 |
| 五峰县 | 腰牌村 | 110.907930 | 30.187095 | 特色村寨 | 2012 |
| 五峰县 | 大栗树村 | 111.151579 | 30.062984 | 其他类型 | 2012 |

续表

| 所在区县 | 村庄名称 | 经度（E） | 纬度（N） | 特色保护村庄类型 | 认定年份 |
|---|---|---|---|---|---|
| 五峰县 | 汉马池村 | 111.022025 | 30.162163 | 其他类型 | 2012 |
| 伍家岗区 | 联丰村 | 111.355626 | 30.679140 | 其他类型 | 2013 |
| 伍家岗区 | 共升村 | 111.407824 | 30.651869 | 其他类型 | 2012 |
| 伍家岗区 | 灵宝村 | 111.433112 | 30.652388 | 其他类型 | 2010 |
| 伍家岗区 | 共同村 | 111.400464 | 30.664943 | 其他类型 | 2008 |
| 伍家岗区 | 共联村 | 111.379497 | 30.628352 | 其他类型 | 2004 |
| 西陵区 | 石板村 | 109.068348 | 30.056437 | 第三批传统村落 | 2014 |
| 西陵区 | 石板村 | 111.352487 | 30.737981 | 其他类型 | 2014 |
| 西陵区 | 黑虎山村 | 111.367406 | 30.713460 | 其他类型 | 2008 |
| 兴山县 | 青华村 | 110.796233 | 31.249469 | 第五批传统村落 | 2019 |
| 兴山县 | 昭君村 | 110.705886 | 31.271306 | 其他类型 | 2019 |
| 兴山县 | 滩坪村 | 110.642913 | 31.260091 | 第四批传统村落 | 2016 |
| 兴山县 | 普安村 | 110.723602 | 31.199259 | 旅游名村 | 2014 |
| 兴山县 | 水磨溪村 | 110.818426 | 31.326586 | 其他类型 | 2014 |
| 兴山县 | 普安村 | 113.629154 | 29.799765 | 其他类型 | 2014 |
| 兴山县 | 高岚村 | 110.936507 | 31.201842 | 其他类型 | 2008 |
| 兴山县 | 和平村 | 111.018018 | 31.475665 | 其他类型 | 2004 |
| 夷陵区 | 许家冲村 | 111.033890 | 30.847212 | 旅游名村 | 2020 |
| 夷陵区 | 官庄村 | 111.440604 | 30.790200 | 旅游名村 | 2017 |
| 夷陵区 | 新坪村 | 111.355828 | 30.901397 | 旅游名村 | 2012 |
| 夷陵区 | 石牌村 | 111.156934 | 30.786436 | 旅游名村 | 2012 |
| 夷陵区 | 军田坝村 | 111.421372 | 30.858491 | 其他类型 | 2011 |
| 夷陵区 | 雷家畈村 | 111.538740 | 30.828869 | 其他类型 | 2009 |
| 夷陵区 | 梅店村 | 111.558134 | 30.633229 | 其他类型 | 2008 |
| 夷陵区 | 龙泉村 | 113.547299 | 32.331151 | 旅游名村 | 2005 |
| 夷陵区 | 龙泉村 | 111.493240 | 30.715894 | 其他类型 | 2005 |
| 夷陵区 | 秀水村 | 111.087515 | 31.146672 | 其他类型 | 2004 |

| 所在区县 | 村庄名称 | 经度（E） | 纬度（N） | 特色保护村庄类型 | 认定年份 |
|---|---|---|---|---|---|
| 夷陵区 | 百里荒村 | 111.502717 | 30.961861 | 其他类型 | 2000 |
| 宜都市 | 青林寺村 | 111.367202 | 30.487291 | 旅游名村 | 2020 |
| 宜都市 | 弭水桥村 | 111.313419 | 30.333447 | 旅游名村 | 2017 |
| 宜都市 | 鸡头山村 | 111.504147 | 30.216084 | 其他类型 | 2015 |
| 宜都市 | 红春社区 | 111.443301 | 30.385981 | 旅游名村 | 2014 |
| 宜都市 | 潘家湾村 | 111.236404 | 30.227560 | 特色村寨 | 2014 |
| 宜都市 | 响水洞村 | 111.385277 | 30.376430 | 其他类型 | 2013 |
| 宜都市 | 九道河村 | 111.504147 | 30.216084 | 其他类型 | 2011 |
| 宜都市 | 周家河村 | 111.446739 | 30.467742 | 其他类型 | 2010 |
| 远安县 | 九龙村 | 111.650460 | 31.203917 | 第五批传统村落 | 2019 |
| 远安县 | 龙凤村 | 111.599458 | 30.927550 | 第五批传统村落 | 2019 |
| 远安县 | 望家村 | 111.386369 | 31.322906 | 旅游名村 | 2014 |
| 远安县 | 花林寺村 | 111.624513 | 31.009237 | 其他类型 | 2012 |
| 远安县 | 马渡河村 | 111.535278 | 31.293017 | 其他类型 | 2011 |
| 远安县 | 鹿苑村 | 111.580658 | 31.093021 | 其他类型 | 2009 |
| 长阳县 | 郑家榜村 | 111.009939 | 30.537190 | 旅游名村 | 2020 |
| 长阳县 | 龙池村 | 110.394266 | 30.455032 | 第五批传统村落 | 2019 |
| 长阳县 | 庄溪村 | 110.969268 | 30.416638 | 特色村寨 | 2014 |
| 长阳县 | 向日岭村 | 111.008325 | 30.582672 | 第一批传统村落 | 2012 |
| 长阳县 | 麻池村 | 110.822797 | 30.388119 | 其他类型 | 2012 |
| 长阳县 | 青树包村 | 110.743784 | 30.509759 | 其他类型 | 2010 |
| 长阳县 | 高家堰村 | 111.060669 | 30.604952 | 其他类型 | 2009 |
| 长阳县 | 何家坪村 | 111.186208 | 30.491998 | 其他类型 | 2008 |
| 长阳县 | 岩松坪村 | 110.471344 | 30.432864 | 其他类型 | 2002 |
| 枝江市 | 秦家塝村 | 111.619185 | 30.555892 | 旅游名村/特色村寨 | 2020 |
| 枝江市 | 烟墩包村 | 111.755572 | 30.489592 | 旅游名村 | 2012 |
| 枝江市 | 关庙山村 | 111.842617 | 30.512266 | 其他类型 | 2012 |

| 所在区县 | 村庄名称 | 经度（E） | 纬度（N） | 特色保护村庄类型 | 认定年份 |
|---|---|---|---|---|---|
| 枝江市 | 桂花村 | 111.699158 | 30.476964 | 其他类型 | 2009 |
| 枝江市 | 同济垸村 | 111.576869 | 30.288412 | 其他类型 | 2009 |
| 枝江市 | 桂花村 | 109.768657 | 30.692605 | 其他类型 | 2009 |
| 枝江市 | 桑树河村 | 111.611888 | 30.520785 | 其他类型 | 2004 |
| 秭归县 | 香溪村 | 110.770102 | 30.972105 | 第五批传统村落 | 2019 |
| 秭归县 | 石柱土家族村 | 110.841507 | 30.717621 | 特色村寨 | 2019 |
| 秭归县 | 槐树坪村 | 110.827022 | 30.789101 | 其他类型 | 2013 |
| 秭归县 | 建东村 | 110.961027 | 30.775949 | 其他类型 | 2013 |
| 秭归县 | 王家桥村 | 110.708846 | 31.096619 | 其他类型 | 2010 |
| 秭归县 | 郑家岭村 | 110.469508 | 30.933104 | 其他类型 | 2010 |
| 秭归县 | 庙垭村 | 110.657725 | 30.811069 | 其他类型 | 2003 |
| 秭归县 | 屈原村 | 110.830542 | 31.086145 | 其他类型 | 2001 |
| 秭归县 | 银杏沱村 | 110.955879 | 30.858102 | 其他类型 | 2000 |
| 安陆市 | 钱冲村 | 113.346693 | 31.403613 | 第三批传统村落/旅游名村 | 2017 |
| 安陆市 | 袁畈村 | 113.597075 | 31.320467 | 其他类型（全国文明村） | 2015 |
| 安陆市 | 李园村 | 113.663381 | 31.214805 | 其他类型（国家生态村） | 2012 |
| 安陆市 | 大廖村 | 113.660353 | 31.154870 | 其他类型（湖北省文明村） | 2007 |
| 大悟县 | 北山村 | 114.413722 | 31.451378 | 旅游名村 | 2020 |
| 大悟县 | 金岭村 | 114.325517 | 31.582496 | 旅游名村 | 2020 |
| 大悟县 | 中秋村 | 114.220922 | 31.492107 | 第五批传统村落 | 2019 |
| 大悟县 | 姚畈村 | 114.395239 | 31.701548 | 第五批传统村落 | 2019 |
| 大悟县 | 铁寨村 | 114.313191 | 31.354918 | 其他类型 | 2015 |
| 大悟县 | 桃岭村 | 114.364866 | 31.600101 | 第三批传统村落 | 2014 |
| 大悟县 | 桃园村 | 114.142064 | 31.717197 | 其他类型 | 2014 |
| 大悟县 | 白果树湾村 | 114.211287 | 31.421712 | 第一批传统村落 | 2012 |
| 大悟县 | 铁店村 | 114.357896 | 31.735143 | 第一批传统村落 | 2012 |
| 大悟县 | 江冲村 | 114.262624 | 31.477128 | 旅游名村 | 2012 |

| 所在区县 | 村庄名称 | 经度（E） | 纬度（N） | 特色保护村庄类型 | 认定年份 |
|---|---|---|---|---|---|
| 大悟县 | 严河村 | 114.251267 | 31.497804 | 其他类型 | 2011 |
| 大悟县 | 玄坛村 | 114.412476 | 31.731862 | 其他类型 | 2005 |
| 汉川市 | 汈汊村 | 113.676525 | 30.673096 | 其他类型 | 2014 |
| 汉川市 | 刘家台村 | 113.829142 | 30.642668 | 其他类型 | 2014 |
| 汉川市 | 老新村 | 113.772107 | 30.536890 | 其他类型 | 2013 |
| 汉川市 | 燕子村 | 113.475419 | 30.534586 | 其他类型 | 2013 |
| 汉川市 | 南河渡村 | 113.775182 | 30.482715 | 其他类型 | 2012 |
| 汉川市 | 八屋窑村 | 113.859360 | 30.566938 | 其他类型 | 2008 |
| 汉川市 | 福星村 | 113.539519 | 30.492579 | 其他类型 | 2008 |
| 汉川市 | 高庙村 | 113.875588 | 30.540606 | 其他类型 | 2003 |
| 汉川市 | 国光村 | 113.873617 | 30.657555 | 其他类型 | 2000 |
| 孝昌县 | 项庙村 | 114.214708 | 31.337765 | 第二批传统村落 | 2013 |
| 孝昌县 | 井边村 | 114.157404 | 31.115142 | 其他类型 | 2013 |
| 孝昌县 | 同乐村 | 113.919969 | 31.196694 | 其他类型 | 2013 |
| 孝昌县 | 高岗村 | 114.015604 | 31.393212 | 其他类型 | 2012 |
| 孝昌县 | 牛迹村 | 114.013360 | 31.084263 | 其他类型 | 2012 |
| 孝昌县 | 熊畈村 | 114.504773 | 31.557003 | 第五批传统村落 | 2010 |
| 孝昌县 | 熊畈村 | 114.126203 | 31.349904 | 旅游名村 | 2010 |
| 孝昌县 | 新龙村 | 114.142013 | 31.180814 | 其他类型 | 2009 |
| 孝南区 | 徐山村 | 113.957896 | 30.990371 | 其他类型 | 2015 |
| 孝南区 | 东方二村 | 114.136343 | 31.022013 | 其他类型 | 2014 |
| 孝南区 | 袁湖村 | 113.869120 | 30.963231 | 其他类型 | 2014 |
| 孝南区 | 铁坝村 | 114.137753 | 31.092977 | 其他类型 | 2013 |
| 孝南区 | 朋兴村 | 113.956686 | 31.027837 | 其他类型 | 2012 |
| 应城市 | 大普村 | 113.731261 | 30.867560 | 其他类型（全国文明村） | 2015 |
| 应城市 | 洪河村 | 113.358956 | 30.913428 | 旅游名村 | 2014 |
| 应城市 | 刘垸村 | 113.579443 | 30.907972 | 其他类型 | 2011 |

| 所在区县 | 村庄名称 | 经度（E） | 纬度（N） | 特色保护村庄类型 | 认定年份 |
|---|---|---|---|---|---|
| 应城市 | 新河社区 | 113.564880 | 30.944651 | 其他类型 | 2005 |
| 云梦县 | 白合村 | 113.729660 | 31.016065 | 其他类型 | 2014 |
| 云梦县 | 西王村 | 113.736083 | 31.014740 | 其他类型 | 2014 |
| 云梦县 | 新街村 | 113.692738 | 31.136358 | 其他类型 | 2013 |
| 云梦县 | 新安村 | 109.246257 | 29.129016 | 第一批传统村落 | 2012 |
| 云梦县 | 程垸村 | 113.802467 | 30.993874 | 其他类型 | 2012 |
| 云梦县 | 三新社区 | 113.828283 | 30.974921 | 其他类型 | 2012 |
| 云梦县 | 新安村 | 113.859750 | 30.932884 | 其他类型 | 2012 |
| 云梦县 | 两合村 | 113.689370 | 31.100119 | 其他类型 | 2011 |
| 云梦县 | 盛砦村 | 113.685851 | 31.085907 | 其他类型 | 2011 |
| 云梦县 | 三港村 | 113.707385 | 31.024540 | 其他类型 | 2003 |
| 云梦县 | 平石村 | 113.710251 | 31.113200 | 其他类型 | 2000 |
| 保康县 | 格栏坪村 | 111.384761 | 31.399829 | 旅游名村 | 2020 |
| 保康县 | 黄龙观村 | 110.877707 | 31.795484 | 旅游名村 | 2017 |
| 保康县 | 大畈村 | 111.098854 | 31.978745 | 其他类型 | 2015 |
| 保康县 | 中坪村 | 110.917767 | 31.765759 | 其他类型 | 2015 |
| 保康县 | 堰垭村 | 110.891229 | 31.847993 | 其他类型 | 2013 |
| 保康县 | 尧治河村 | 110.815704 | 31.847873 | 旅游名村 | 2012 |
| 樊城区 | 高庄社区 | 112.141403 | 32.052571 | 其他类型 | 2014 |
| 樊城区 | 长寿岛村 | 111.979146 | 32.086344 | 其他类型 | 2012 |
| 樊城区 | 幸福社区 | 112.160845 | 32.067898 | 其他类型 | 2012 |
| 樊城区 | 施营社区 | 112.130433 | 32.045247 | 其他类型 | 2010 |
| 樊城区 | 回族社区 | 112.157528 | 32.038145 | 其他类型 | 2009 |
| 樊城区 | 红光社区 | 112.167949 | 32.055228 | 其他类型 | 2002 |
| 谷城县 | 老君山村 | 111.690012 | 32.224649 | 旅游名村 | 2020 |
| 谷城县 | 平川村 | 111.454898 | 32.310354 | 其他类型 | 2014 |
| 谷城县 | 小坦山村 | 111.497988 | 32.254177 | 其他类型 | 2012 |

续表

| 所在区县 | 村庄名称 | 经度（E） | 纬度（N） | 特色保护村庄类型 | 认定年份 |
|---|---|---|---|---|---|
| 老河口市 | 李家染坊村 | 111.780737 | 32.280547 | 旅游名村 | 2020 |
| 老河口市 | 柴店岗村 | 111.759091 | 32.200142 | 其他类型 | 2014 |
| 老河口市 | 袁冲村 | 111.747386 | 32.537527 | 其他类型 | 2014 |
| 老河口市 | 油坊湾村 | 111.830543 | 32.348295 | 其他类型 | 2014 |
| 老河口市 | 方营村 | 111.715203 | 32.357519 | 旅游名村 | 2012 |
| 老河口市 | 八一村 | 111.668538 | 32.332385 | 其他类型 | 2012 |
| 老河口市 | 苏家河村 | 111.629659 | 32.465772 | 其他类型 | 2010 |
| 老河口市 | 温岗村 | 111.792612 | 32.476348 | 其他类型 | 2010 |
| 南漳县 | 麻城河村 | 111.840880 | 31.429909 | 第五批传统村落 | 2019 |
| 南漳县 | 昌集村 | 111.777778 | 31.285105 | 第五批传统村落 | 2019 |
| 南漳县 | 观音岩村 | 111.666042 | 31.549201 | 第五批传统村落 | 2019 |
| 南漳县 | 九龙观村 | 111.618269 | 31.536323 | 旅游名村 | 2017 |
| 南漳县 | 冯家湾村 | 111.568179 | 31.554185 | 第四批传统村落 | 2016 |
| 南漳县 | 漫云村 | 111.696519 | 31.459291 | 第三批传统村落/历史文化名村 | 2014 |
| 南漳县 | 鱼泉河村 | 111.693151 | 31.784699 | 旅游名村 | 2014 |
| 南漳县 | 马家洲村 | 111.924145 | 31.792497 | 其他类型 | 2012 |
| 南漳县 | 赵家营村 | 112.063303 | 31.680071 | 其他类型 | 2012 |
| 南漳县 | 陆坪村 | 111.894855 | 31.377998 | 其他类型 | 2011 |
| 南漳县 | 便河村 | 111.844982 | 31.784254 | 其他类型 | 2000 |
| 襄城区 | 姚庵村 | 112.072006 | 31.944330 | 旅游名村 | 2014 |
| 襄城区 | 檀溪湖社区 | 112.119295 | 32.015123 | 其他类型 | 2014 |
| 襄城区 | 千弓村 | 112.104440 | 31.884031 | 其他类型 | 2013 |
| 襄城区 | 曹湾村 | 112.169269 | 31.906421 | 其他类型 | 2012 |
| 襄城区 | 黄家湾社区 | 112.083174 | 32.005688 | 其他类型 | 2012 |
| 襄城区 | 青龙村 | 112.114396 | 31.965435 | 其他类型 | 2012 |
| 襄州区 | 老李家村 | 112.147249 | 32.280679 | 其他类型 | 2015 |
| 襄州区 | 红星社区 | 112.202360 | 32.095411 | 其他类型 | 2014 |

| 所在区县 | 村庄名称 | 经度（E） | 纬度（N） | 特色保护村庄类型 | 认定年份 |
|---|---|---|---|---|---|
| 襄州区 | 双南社区 | 112.386703 | 32.184593 | 其他类型 | 2014 |
| 襄州区 | 云湾社区 | 112.174194 | 32.107325 | 其他类型 | 2001 |
| 宜城市 | 皇城村 | 112.638903 | 31.209953 | 旅游名村 | 2014 |
| 宜城市 | 皇城村 | 112.321868 | 31.655476 | 其他类型 | 2014 |
| 宜城市 | 王台回族村 | 112.434938 | 31.818792 | 特色村寨 | 2014 |
| 宜城市 | 新华村 | 112.165689 | 31.803883 | 其他类型 | 2014 |
| 宜城市 | 新华村 | 114.991032 | 30.510852 | 其他类型 | 2014 |
| 宜城市 | 罗屋村 | 112.397135 | 31.823307 | 其他类型 | 2011 |
| 宜城市 | 腊树村 | 112.284936 | 31.702674 | 其他类型 | 2000 |
| 宜城市 | 黄冲村 | 112.507160 | 31.574728 | 其他类型 | 2000 |
| 枣阳市 | 皇村村 | 112.817992 | 31.974391 | 其他类型 | 2014 |
| 枣阳市 | 北关社区 | 112.764650 | 32.148054 | 其他类型 | 2014 |
| 枣阳市 | 前湾村 | 113.060215 | 32.286222 | 第一批传统村落/历史文化名村 | 2012 |
| 枣阳市 | 白土村 | 112.855325 | 32.092748 | 其他类型 | 2012 |
| 枣阳市 | 火青村 | 112.997285 | 32.353580 | 其他类型 | 2012 |
| 赤壁市 | 张司边村 | 114.133643 | 29.718438 | 第五批传统村落 | 2019 |
| 赤壁市 | 腊里山村 | 113.695924 | 29.840973 | 其他类型（湖北省文明村） | 2014 |
| 赤壁市 | 周郎嘴村 | 113.643525 | 29.829281 | 其他类型（绿色示范村） | 2014 |
| 赤壁市 | 葛仙山村 | 114.100333 | 29.656941 | 其他类型 | 2014 |
| 赤壁市 | 羊楼洞村 | 113.758874 | 29.546470 | 第一批传统村落/历史文化名村 | 2012 |
| 赤壁市 | 芙蓉村 | 113.718378 | 29.774596 | 其他类型（湖北省宜居村庄） | 2012 |
| 赤壁市 | 望夫山村 | 113.740392 | 29.604990 | 其他类型 | 2010 |
| 赤壁市 | 双丘村 | 114.066248 | 29.717365 | 其他类型（全国绿色小康村） | 2007 |
| 赤壁市 | 中心坪村 | 113.836652 | 29.616860 | 其他类型 | 2000 |
| 崇阳县 | 郭家岭村 | 114.068692 | 29.550239 | 第五批传统村落 | 2019 |
| 崇阳县 | 纸棚村 | 114.157702 | 29.630921 | 第五批传统村落 | 2019 |
| 崇阳县 | 大岭村 | 114.146580 | 29.399405 | 旅游名村 | 2017 |

| 所在区县 | 村庄名称 | 经度（E） | 纬度（N） | 特色保护村庄类型 | 认定年份 |
|---|---|---|---|---|---|
| 崇阳县 | 回头岭村 | 114.167002 | 29.563600 | 第三批传统村落 | 2014 |
| 崇阳县 | 洪下村 | 114.012474 | 29.634662 | 其他类型 | 2012 |
| 崇阳县 | 环城村 | 114.058450 | 29.552813 | 其他类型 | 2012 |
| 崇阳县 | 浪口村 | 114.097484 | 29.575224 | 其他类型 | 2010 |
| 崇阳县 | 大市村 | 114.180435 | 29.538738 | 其他类型 | 1999 |
| 嘉鱼县 | 官桥村 | 113.953306 | 29.928980 | 旅游名村 | 2020 |
| 嘉鱼县 | 邱家湾村 | 113.773122 | 29.911790 | 其他类型（全国文明村） | 2015 |
| 嘉鱼县 | 藕塘村 | 113.790046 | 29.891344 | 其他类型 | 2014 |
| 嘉鱼县 | 牛头山村 | 113.930935 | 29.950765 | 旅游名村 | 2012 |
| 通城县 | 内冲瑶族村 | 113.714985 | 29.372443 | 第四批传统村落/旅游名村 | 2020 |
| 通城县 | 大埚村 | 114.050078 | 29.234282 | 第四批传统村落 | 2016 |
| 通城县 | 油坊村 | 113.878302 | 29.248399 | 其他类型（湖北省生态村） | 2015 |
| 通城县 | 牌合村 | 113.749983 | 29.249517 | 其他类型 | 2014 |
| 通城县 | 七里村 | 113.950795 | 29.196651 | 其他类型（新农村建设示范村） | 2006 |
| 通城县 | 荻田村 | 114.023135 | 29.235613 | 其他类型 | 2006 |
| 通山县 | 郑家坪村 | 114.505903 | 29.635837 | 第五批传统村落 | 2019 |
| 通山县 | 石门村 | 114.372390 | 29.637557 | 第五批传统村落 | 2019 |
| 通山县 | 西庄村 | 114.556603 | 29.702284 | 第五批传统村落 | 2019 |
| 通山县 | 上坳村 | 114.478730 | 29.707904 | 第五批传统村落 | 2019 |
| 通山县 | 厦铺村 | 114.478119 | 29.514277 | 第五批传统村落 | 2019 |
| 通山县 | 白泥村 | 114.710555 | 29.690024 | 第五批传统村落 | 2019 |
| 通山县 | 高湖村 | 114.571237 | 29.396265 | 第四批传统村落 | 2016 |
| 通山县 | 西泉村 | 114.606437 | 29.655601 | 第三批传统村落 | 2014 |
| 通山县 | 吴田村 | 114.461528 | 29.623620 | 第三批传统村落 | 2014 |
| 通山县 | 中港村 | 114.708584 | 29.432249 | 第三批传统村落 | 2014 |
| 通山县 | 宝石村 | 114.629781 | 29.496407 | 第三批传统村落/历史文化名村 | 2014 |
| 通山县 | 沙堤村 | 114.530635 | 29.640669 | 其他类型（湖北省文明村） | 2014 |

| 所在区县 | 村庄名称 | 经度（E） | 纬度（N） | 特色保护村庄类型 | 认定年份 |
|---|---|---|---|---|---|
| 通山县 | 板桥村 | 114.641314 | 29.648774 | 其他类型 | 2014 |
| 通山县 | 江源村 | 114.789988 | 29.479683 | 其他类型 | 2004 |
| 咸安区 | 彭碑村 | 114.228874 | 29.803062 | 第五批传统村落 | 2019 |
| 咸安区 | 垅口冯村 | 114.419484 | 29.763094 | 第三批传统村落 | 2014 |
| 咸安区 | 刘家桥村 | 114.413417 | 29.707006 | 第三批传统村落/旅游名村 | 2010 |
| 咸安区 | 太乙村 | 114.312367 | 29.789270 | 其他类型 | 2009 |
| 咸安区 | 石城村 | 114.344865 | 29.703528 | 其他类型 | 2009 |
| 咸安区 | 贺胜桥村 | 114.372083 | 30.032854 | 其他类型 | 2004 |
| 仙桃市 | 密塘渔村 | 113.285685 | 30.281205 | 旅游名村 | 2020 |
| 仙桃市 | 渔泛村 | 113.010146 | 30.530779 | 第三批传统村落 | 2014 |
| 仙桃市 | 刘口村 | 113.468206 | 30.351057 | 其他类型 | 2014 |
| 仙桃市 | 杜柳村 | 113.442410 | 30.355976 | 旅游名村 | 2010 |
| 仙桃市 | 栗林嘴村 | 113.217271 | 30.332535 | 其他类型 | 2010 |
| 仙桃市 | 河口村 | 113.304963 | 30.353858 | 其他类型 | 2009 |
| 仙桃市 | 先锋村 | 113.428498 | 30.251038 | 其他类型 | 2005 |
| 蔡甸区 | 崇阳村 | 114.505883 | 30.665999 | 其他类型 | 2020 |
| 蔡甸区 | 星光村 | 114.023183 | 30.460331 | 其他类型 | 2020 |
| 蔡甸区 | 阳湾村 | 113.824072 | 30.451636 | 其他类型 | 2015 |
| 蔡甸区 | 炉房村 | 113.959481 | 30.476997 | 其他类型（湖北省宜居村庄） | 2014 |
| 蔡甸区 | 马鞍村 | 114.100012 | 30.543691 | 其他类型 | 2014 |
| 东西湖区 | 石榴红村 | 114.036575 | 30.603170 | 旅游名村 | 2010 |
| 汉南区 | 湘口大队 | 113.863179 | 30.262377 | 其他类型（湖北省文明村） | 2013 |
| 汉南区 | 乌金四大队 | 114.057996 | 30.351041 | 其他类型（新农村建设示范村） | 2012 |
| 汉南区 | 捞子湖村 | 113.900252 | 30.277246 | 其他类型 | 2007 |
| 黄陂区 | 杜堂村 | 114.394119 | 31.241700 | 旅游名村 | 2020 |
| 黄陂区 | 罗家岗村 | 114.457324 | 31.028264 | 第四批传统村落 | 2016 |
| 黄陂区 | 蔡官田村 | 114.541917 | 30.945015 | 第四批传统村落 | 2016 |

续表

| 所在区县 | 村庄名称 | 经度（E） | 纬度（N） | 特色保护村庄类型 | 认定年份 |
|---|---|---|---|---|---|
| 黄陂区 | 白龙寺村 | 114.467449 | 31.001404 | 其他类型 | 2014 |
| 黄陂区 | 黄花涝村 | 114.202394 | 30.727778 | 其他类型 | 2014 |
| 黄陂区 | 姚家山村 | 114.198129 | 31.257743 | 其他类型 | 2014 |
| 黄陂区 | 泥人王村 | 114.219472 | 31.130890 | 第一批传统村落 | 2012 |
| 黄陂区 | 双泉村 | 114.367517 | 31.026752 | 旅游名村 | 2010 |
| 黄陂区 | 刘家山村 | 114.213375 | 31.306185 | 其他类型 | 2008 |
| 黄陂区 | 刘家山村 | 110.250264 | 32.181533 | 其他类型 | 2008 |
| 黄陂区 | 大余湾村 | 114.378657 | 31.033157 | 第一批传统村落/历史文化名村 | 2005 |
| 江夏区 | 群益村 | 114.439985 | 30.298228 | 旅游名村 | 2020 |
| 江夏区 | 夏祠村 | 114.462209 | 30.065179 | 其他类型 | 2020 |
| 江夏区 | 童周岭村 | 114.447636 | 30.289397 | 旅游名村 | 2020 |
| 江夏区 | 光星村 | 114.366546 | 30.098863 | 其他类型 | 2015 |
| 江夏区 | 浮山村 | 114.484080 | 30.066972 | 其他类型 | 2014 |
| 江夏区 | 胜利村 | 114.319657 | 30.320419 | 其他类型 | 2010 |
| 江夏区 | 大路村 | 114.185031 | 30.162665 | 其他类型 | 2008 |
| 硚口区 | 罗家墩村 | 114.206283 | 30.591641 | 其他类型 | 2012 |
| 新洲区 | 孔子河村 | 114.901814 | 30.802090 | 其他类型 | 2015 |
| 新洲区 | 姚河村 | 114.965517 | 30.833245 | 其他类型 | 2013 |
| 新洲区 | 周铺村 | 114.624038 | 30.795997 | 其他类型 | 2013 |
| 新洲区 | 丰乐村 | 114.616179 | 30.817775 | 其他类型 | 2007 |
| 新洲区 | 堤围村 | 114.676300 | 30.819712 | 其他类型 | 2006 |
| 天门市 | 泉堰村 | 113.291668 | 30.842138 | 其他类型 | 2015 |
| 天门市 | 中刘村 | 113.212857 | 30.449553 | 其他类型 | 2014 |
| 天门市 | 彭垴村 | 113.333437 | 30.659606 | 其他类型 | 2013 |
| 天门市 | 东湖村 | 113.190285 | 30.656563 | 其他类型 | 2012 |
| 天门市 | 双剅口村 | 113.254304 | 30.671636 | 其他类型 | 2009 |
| 天门市 | 土城村 | 110.698966 | 32.264395 | 其他类型 | 2000 |

| 所在区县 | 村庄名称 | 经度（E） | 纬度（N） | 特色保护村庄类型 | 认定年份 |
|---|---|---|---|---|---|
| 天门市 | 土城村 | 113.087616 | 30.775198 | 其他类型 | 2000 |
| 曾都区 | 九口堰村 | 113.387426 | 31.454067 | 第三批传统村落/旅游名村 | 2020 |
| 曾都区 | 永兴村 | 113.312909 | 31.453064 | 其他类型（湖北省宜居村庄） | 2015 |
| 曾都区 | 白河滩村 | 113.585421 | 31.431536 | 其他类型（湖北省宜居村庄） | 2015 |
| 曾都区 | 王店村 | 113.299998 | 31.584035 | 其他类型（湖北省生态文明村） | 2014 |
| 曾都区 | 谢店村 | 113.297772 | 31.496753 | 其他类型 | 2014 |
| 曾都区 | 胡家河村 | 113.318168 | 31.409745 | 旅游名村 | 2012 |
| 曾都区 | 龚店村 | 113.347615 | 31.465570 | 其他类型（湖北省宜居村庄） | 2012 |
| 广水市 | 观音村 | 113.896890 | 31.660275 | 旅游名村 | 2020 |
| 广水市 | 桃源村 | 114.085935 | 31.679462 | 第三批传统村落/旅游名村 | 2017 |
| 广水市 | 丁湾村 | 114.026714 | 31.537341 | 其他类型 | 2015 |
| 广水市 | 虎弼冲村 | 113.807950 | 31.469421 | 其他类型 | 2015 |
| 广水市 | 白龙村 | 113.763216 | 31.796044 | 其他类型 | 2013 |
| 广水市 | 军山村 | 113.565362 | 31.604406 | 其他类型 | 2011 |
| 随县 | 柯家寨村 | 113.718352 | 32.158079 | 第五批传统村落 | 2019 |
| 随县 | 解河村 | 113.259021 | 32.312743 | 第三批传统村落 | 2014 |
| 随县 | 凤凰寨村 | 113.232552 | 31.799837 | 其他类型 | 2014 |
| 随县 | 群金村 | 113.211368 | 32.018893 | 其他类型 | 2014 |
| 随县 | 绿水村 | 112.999289 | 31.463066 | 旅游名村 | 2012 |
| 随县 | 吉祥寺村 | 113.099227 | 31.476432 | 旅游名村 | 2010 |
| 随县 | 勤劳社区 | 113.279338 | 31.876963 | 其他类型 | 2010 |
| 随县 | 安居居委会 | 113.215401 | 31.750673 | 其他类型 | 2005 |
| 丹江口市 | 伍家沟村 | 111.053557 | 32.589745 | 第五批传统村落 | 2019 |
| 丹江口市 | 盐池湾村 | 111.059048 | 32.330482 | 第五批传统村落 | 2019 |
| 丹江口市 | 蒿坪村 | 111.270590 | 32.751992 | 第五批传统村落 | 2019 |
| 丹江口市 | 贾家寨村 | 111.442753 | 32.754828 | 第五批传统村落 | 2019 |
| 丹江口市 | 黄龙村 | 111.269032 | 32.359132 | 第四批传统村落 | 2016 |

| 所在区县 | 村庄名称 | 经度（E） | 纬度（N） | 特色保护村庄类型 | 认定年份 |
|---|---|---|---|---|---|
| 丹江口市 | 龙家河村 | 111.403877 | 32.463834 | 其他类型 | 2015 |
| 丹江口市 | 吕家河村 | 110.900441 | 32.366582 | 第三批传统村落/旅游名村 | 2014 |
| 丹江口市 | 二道河村 | 111.253072 | 32.463085 | 其他类型 | 2013 |
| 丹江口市 | 龙山嘴村 | 111.214479 | 32.634402 | 其他类型 | 2013 |
| 丹江口市 | 五龙村 | 111.012737 | 32.459384 | 其他类型 | 2013 |
| 丹江口市 | 紫霄村 | 111.033902 | 32.429907 | 旅游名村 | 2012 |
| 丹江口市 | 彭家河村 | 111.238085 | 32.647530 | 其他类型 | 2012 |
| 丹江口市 | 孙家湾村 | 111.028218 | 32.535162 | 其他类型 | 2012 |
| 丹江口市 | 青塘村 | 111.217880 | 32.773818 | 其他类型 | 2011 |
| 丹江口市 | 金蟾峡村 | 111.173690 | 32.383005 | 其他类型 | 2010 |
| 丹江口市 | 土关垭村 | 111.379311 | 32.427896 | 其他类型 | 2010 |
| 丹江口市 | 石家庄村 | 111.088365 | 32.548531 | 其他类型 | 2010 |
| 丹江口市 | 九龙桥村 | 111.395623 | 32.747269 | 其他类型 | 2009 |
| 丹江口市 | 元和观村 | 111.118506 | 32.507237 | 其他类型 | 2009 |
| 丹江口市 | 龙口村 | 111.204039 | 32.669751 | 其他类型 | 2008 |
| 丹江口市 | 五谷庙村 | 111.412981 | 32.531837 | 其他类型 | 2008 |
| 丹江口市 | 老营宫村 | 111.089616 | 32.519432 | 其他类型 | 2008 |
| 丹江口市 | 八仙观村 | 111.070055 | 32.438108 | 其他类型 | 2005 |
| 丹江口市 | 骆马沟村 | 110.904762 | 32.408183 | 旅游名村 | 2002 |
| 房县 | 军店街社区 | 110.630287 | 32.060619 | 第三批传统村落 | 2014 |
| 房县 | 三岔村 | 110.508898 | 32.107052 | 其他类型 | 2014 |
| 房县 | 双柏村 | 110.641133 | 32.064874 | 其他类型 | 2012 |
| 房县 | 南潭村 | 110.750036 | 31.987945 | 其他类型 | 2011 |
| 房县 | 七星沟村 | 111.002775 | 32.052268 | 其他类型 | 2011 |
| 房县 | 杜川村 | 110.730520 | 31.903740 | 旅游名村 | 2010 |
| 茅箭区 | 姜湾村 | 110.790830 | 32.634152 | 其他类型 | 2014 |
| 茅箭区 | 廖家村 | 110.826055 | 32.514503 | 其他类型 | 2012 |

续表

| 所在区县 | 村庄名称 | 经度（E） | 纬度（N） | 特色保护村庄类型 | 认定年份 |
|---|---|---|---|---|---|
| 茅箭区 | 大川村 | 110.716720 | 32.544603 | 其他类型 | 2011 |
| 茅箭区 | 小川村 | 110.726916 | 32.465265 | 其他类型 | 2011 |
| 茅箭区 | 顾家村 | 110.825028 | 32.594226 | 其他类型 | 2008 |
| 茅箭区 | 李家岗村 | 110.790073 | 32.648757 | 其他类型 | 2006 |
| 郧西县 | 津城村 | 110.047716 | 33.153497 | 第五批传统村落 | 2019 |
| 郧西县 | 安家河村 | 110.517631 | 33.018171 | 旅游名村 | 2014 |
| 郧西县 | 下营村 | 110.315677 | 32.893629 | 其他类型 | 2014 |
| 郧西县 | 李师关村 | 110.240067 | 33.126789 | 其他类型 | 2013 |
| 郧西县 | 上香口村 | 110.271350 | 33.113194 | 其他类型 | 2012 |
| 郧西县 | 天河口村 | 110.412028 | 32.873828 | 其他类型 | 2012 |
| 郧西县 | 春桥村 | 110.427423 | 33.006079 | 其他类型 | 2011 |
| 郧西县 | 关帝庙村 | 110.373436 | 33.051687 | 其他类型 | 2010 |
| 郧西县 | 湖北关村 | 109.506370 | 33.200837 | 其他类型 | 2002 |
| 郧阳区 | 白泉村 | 110.705137 | 33.042244 | 其他类型 | 2020 |
| 郧阳区 | 冻青沟村 | 110.323423 | 32.803425 | 第四批传统村落 | 2016 |
| 郧阳区 | 冷水庙村 | 111.074212 | 32.791740 | 第四批传统村落 | 2016 |
| 郧阳区 | 牧场沟村 | 110.799011 | 32.853339 | 其他类型 | 2013 |
| 郧阳区 | 樱桃沟村 | 110.808284 | 32.767324 | 旅游名村 | 2012 |
| 郧阳区 | 堰河村 | 110.771500 | 32.881269 | 旅游名村 | 2010 |
| 郧阳区 | 堰河村 | 111.335877 | 32.304451 | 其他类型 | 2010 |
| 郧阳区 | 王家学村 | 110.755446 | 32.755257 | 其他类型 | 2009 |
| 郧阳区 | 余粮村 | 110.799462 | 33.122378 | 其他类型 | 2008 |
| 郧阳区 | 白浪村 | 111.002016 | 33.239002 | 其他类型 | 2000 |
| 郧阳区 | 韩家洲村 | 110.665576 | 32.799405 | 其他类型 | 1992 |
| 张湾区 | 黄龙滩村 | 110.581281 | 32.684816 | 第四批传统村落 | 2016 |
| 竹山县 | 太和村 | 110.373272 | 32.245619 | 旅游名村 | 2020 |
| 竹山县 | 独山村 | 109.815689 | 32.389596 | 第五批传统村落 | 2019 |

续表

| 所在区县 | 村庄名称 | 经度（E） | 纬度（N） | 特色保护村庄类型 | 认定年份 |
|---|---|---|---|---|---|
| 竹山县 | 总兵安村 | 110.035911 | 32.341464 | 旅游名村 | 2017 |
| 竹山县 | 九华村 | 110.183234 | 32.100215 | 其他类型 | 2016 |
| 竹山县 | 金花村 | 109.695994 | 32.531650 | 其他类型 | 2015 |
| 竹山县 | 新茶村 | 109.984077 | 32.286823 | 旅游名村 | 2014 |
| 竹山县 | 喻家塔村 | 110.018920 | 32.342408 | 其他类型 | 2014 |
| 竹山县 | 华家湾村 | 110.080463 | 32.279340 | 其他类型 | 2012 |
| 竹山县 | 三台村 | 110.229803 | 32.295300 | 其他类型 | 2012 |
| 竹山县 | 罗家坡村 | 110.038699 | 32.311529 | 其他类型 | 2000 |
| 竹溪县 | 大石门村 | 109.793880 | 32.306496 | 旅游名村 | 2017 |
| 竹溪县 | 甘家岭村 | 109.611966 | 32.317918 | 第一批传统村落 | 2012 |
| 竹溪县 | 前进村 | 109.853470 | 32.303011 | 其他类型 | 2012 |
| 竹溪县 | 四条沟村 | 109.990012 | 32.101243 | 其他类型 | 2012 |
| 竹溪县 | 大路沟村 | 109.886604 | 32.317787 | 其他类型 | 2010 |
| 竹溪县 | 东风村 | 114.744610 | 30.303411 | 其他类型 | 2009 |
| 竹溪县 | 东风村 | 109.723719 | 32.327590 | 其他类型 | 2009 |
| 竹溪县 | 新发村 | 109.981258 | 32.182598 | 其他类型 | 2009 |
| 竹溪县 | 九湾村 | 109.714139 | 32.234845 | 其他类型 | 2008 |
| 神农架 | 红花朵村 | 110.492443 | 31.817513 | 旅游名村 | 2020 |
| 神农架 | 板桥河村 | 110.176742 | 31.420644 | 特色村寨 | 2019 |
| 神农架 | 金甲坪村 | 110.248658 | 31.374629 | 旅游名村/特色村寨 | 2017 |
| 神农架 | 兴隆寺村 | 110.250362 | 31.373277 | 特色村寨 | 2014 |
| 神农架 | 木鱼村 | 110.400229 | 31.479111 | 其他类型 | 2013 |
| 神农架 | 温水村 | 110.408042 | 31.619412 | 旅游名村 | 2012 |
| 神农架 | 八角庙村 | 110.592642 | 31.754331 | 其他类型 | 2005 |
| 潜江市 | 张金村 | 112.609197 | 30.207879 | 其他类型 | 2013 |
| 潜江市 | 大湖队 | 112.909490 | 30.418216 | 其他类型 | 2010 |
| 潜江市 | 古城村 | 110.548570 | 32.074239 | 其他类型 | 2009 |

| 所在区县 | 村庄名称 | 经度（E） | 纬度（N） | 特色保护村庄类型* | 认定年份 |
|---|---|---|---|---|---|
| 潜江市 | 古城村 | 112.562323 | 30.424251 | 其他类型 | 2009 |
| 潜江市 | 窑岭村 | 112.651279 | 30.605579 | 其他类型 | 2005 |
| 潜江市 | 拖船埠村 | 113.005514 | 30.268988 | 其他类型 | 2000 |
| 公安县 | 北宫咀村 | 112.251367 | 29.742773 | 其他类型 | 2014 |
| 公安县 | 天心眼村 | 112.170805 | 30.221974 | 其他类型 | 2011 |
| 公安县 | 陆兴村 | 112.107074 | 29.750094 | 其他类型 | 2009 |
| 公安县 | 马鞍山村 | 112.168710 | 29.689989 | 其他类型 | 2001 |
| 洪湖市 | 珂里村 | 113.667133 | 30.000968 | 第五批传统村落/旅游名村 | 2020 |
| 洪湖市 | 湘口村 | 113.624499 | 30.057973 | 其他类型 | 2015 |
| 洪湖市 | 乘风村 | 113.475756 | 29.873100 | 旅游名村 | 2014 |
| 洪湖市 | 挖沟子村 | 113.932734 | 30.116778 | 其他类型 | 2014 |
| 洪湖市 | 中原村 | 113.394508 | 29.758428 | 其他类型 | 2014 |
| 洪湖市 | 螺山村 | 113.328290 | 29.673825 | 其他类型 | 2013 |
| 洪湖市 | 塘嘴村 | 113.366268 | 30.107043 | 其他类型 | 2011 |
| 洪湖市 | 柏枝村 | 113.448835 | 29.822977 | 其他类型 | 2000 |
| 监利市 | 姚铺村 | 112.975436 | 29.866903 | 其他类型 | 2015 |
| 监利市 | 友谊办事处 | 112.640084 | 29.860706 | 其他类型 | 2013 |
| 监利市 | 花园村 | 112.756314 | 30.040154 | 其他类型 | 2012 |
| 监利市 | 赖魏村 | 113.179783 | 29.613034 | 其他类型 | 2011 |
| 监利市 | 南港村 | 113.050757 | 29.850609 | 其他类型 | 2011 |
| 监利市 | 向阳村 | 114.199887 | 31.330277 | 第三批传统村落 | 2010 |
| 监利市 | 向阳村 | 109.131349 | 30.080335 | 第三批传统村落 | 2010 |
| 监利市 | 向阳村 | 112.956479 | 30.128083 | 其他类型 | 2010 |
| 监利市 | 荆江村 | 112.230041 | 30.341165 | 其他类型 | 2009 |
| 监利市 | 荆江村 | 113.138462 | 29.499881 | 其他类型 | 2009 |
| 监利市 | 易台村 | 113.051021 | 30.006293 | 其他类型 | 2000 |
| 江陵县 | 新建大队 | 112.589344 | 30.166658 | 其他类型 | 2014 |

| 所在<br>区县 | 村庄名称 | 经度（E） | 纬度（N） | 特色保护村庄类型 | 认定<br>年份 |
|---|---|---|---|---|---|
| 江陵县 | 民主村 | 112.424739 | 30.091883 | 其他类型 | 2013 |
| 江陵县 | 潘市村 | 112.380314 | 30.204819 | 其他类型 | 2012 |
| 江陵县 | 龙渊村 | 112.417051 | 30.052102 | 其他类型 | 2009 |
| 江陵县 | 丰河村 | 112.556448 | 30.088264 | 其他类型 | 2000 |
| 荆州区 | 铜岭村 | 112.116035 | 30.428437 | 旅游名村 | 2020 |
| 荆州区 | 桃花村 | 112.107244 | 30.362505 | 旅游名村 | 2012 |
| 荆州区 | 张新场村 | 112.026613 | 30.607602 | 其他类型 | 2012 |
| 荆州区 | 双马村 | 112.061228 | 30.219269 | 其他类型 | 2011 |
| 荆州区 | 蔡桥村 | 111.995787 | 30.509961 | 其他类型 | 2010 |
| 荆州区 | 拍马村 | 112.176595 | 30.400608 | 其他类型 | 2009 |
| 荆州区 | 太阳村 | 112.170899 | 30.513021 | 其他类型 | 2009 |
| 沙市区 | 天星观村 | 112.451896 | 30.411647 | 其他类型 | 2013 |
| 沙市区 | 西湖村 | 112.431198 | 30.279797 | 其他类型 | 2013 |
| 沙市区 | 西湖村 | 113.642241 | 30.831900 | 其他类型 | 2013 |
| 沙市区 | 皇陵村 | 112.506929 | 30.355871 | 其他类型 | 2012 |
| 沙市区 | 凤凰村 | 112.289747 | 30.383247 | 其他类型 | 2009 |
| 沙市区 | 锣场村 | 112.342807 | 30.363349 | 其他类型 | 2007 |
| 沙市区 | 合心村 | 108.667205 | 30.123035 | 第五批传统村落 | 2000 |
| 沙市区 | 定向村 | 112.459405 | 30.248313 | 其他类型 | 2000 |
| 沙市区 | 合心村 | 112.273555 | 30.360526 | 其他类型 | 2000 |
| 石首市 | 过脉岭村 | 112.310075 | 29.586847 | 旅游名村 | 2020 |
| 石首市 | 殷家洲村 | 112.381533 | 29.575953 | 其他类型 | 2014 |
| 石首市 | 李花山村 | 112.732154 | 29.686259 | 旅游名村 | 2010 |
| 石首市 | 小新口村 | 112.293955 | 29.523267 | 其他类型 | 2007 |
| 石首市 | 杨苗洲村 | 112.630469 | 29.755721 | 其他类型 | 2005 |
| 石首市 | 走马岭村 | 112.531191 | 29.666090 | 其他类型 | 2001 |
| 松滋市 | 曲尺河村 | 111.318133 | 30.028234 | 旅游名村 | 2020 |

| 所在区县 | 村庄名称 | 经度（E） | 纬度（N） | 特色保护村庄类型 | 认定年份 |
|---|---|---|---|---|---|
| 松滋市 | 樟木溪村 | 111.545494 | 30.008438 | 旅游名村 | 2017 |
| 松滋市 | 红星村 | 112.017516 | 30.268964 | 其他类型 | 2014 |
| 松滋市 | 三堰淌村 | 111.413904 | 30.088821 | 其他类型 | 2014 |
| 松滋市 | 盘古山村 | 111.826460 | 29.952457 | 其他类型 | 2013 |
| 松滋市 | 北闸村 | 111.580213 | 29.973351 | 旅游名村 | 2012 |
| 松滋市 | 龙潭桥村 | 111.515526 | 30.065687 | 其他类型 | 2004 |
| 松滋市 | 九岭岗村 | 111.588211 | 30.006871 | 其他类型 | 2003 |
| 京山县 | 月宝山生产队 | 112.792469 | 30.971719 | 其他类型 | 2013 |
| 京山县 | 月湖社区 | 112.879986 | 30.868695 | 其他类型 | 2012 |
| 东宝区 | 金泉村 | 112.182926 | 31.106366 | 旅游名村 | 2020 |
| 东宝区 | 大泉村 | 111.971965 | 31.344162 | 其他类型 | 2017 |
| 东宝区 | 新桥村 | 112.227201 | 31.088237 | 其他类型（全国文明村） | 2015 |
| 东宝区 | 荆钟村 | 112.309443 | 30.978544 | 其他类型（湖北省宜居村庄） | 2014 |
| 东宝区 | 铁坪村 | 111.965273 | 31.231022 | 其他类型 | 2012 |
| 东宝区 | 三泉村 | 112.044681 | 31.401559 | 旅游名村 | 2010 |
| 东宝区 | 子陵村 | 112.228064 | 31.122053 | 其他类型（新农村建设示范村） | 2001 |
| 东宝区 | 付集村 | 112.045999 | 30.955941 | 其他类型 | 2000 |
| 掇刀区 | 车桥村 | 112.131657 | 30.968124 | 其他类型 | 2014 |
| 掇刀区 | 蔡院村 | 112.340038 | 30.921061 | 其他类型 | 2013 |
| 掇刀区 | 斗立村 | 112.272840 | 30.930936 | 其他类型 | 2013 |
| 掇刀区 | 谭店村 | 112.167591 | 30.942139 | 其他类型 | 2013 |
| 掇刀区 | 周河村 | 112.138445 | 31.015359 | 其他类型 | 2013 |
| 掇刀区 | 石堰村 | 112.186743 | 30.912930 | 其他类型（湖北省文明村） | 2011 |
| 掇刀区 | 七岭村 | 112.151755 | 30.876491 | 其他类型 | 2010 |
| 掇刀区 | 江山上社区（村） | 112.269446 | 31.030221 | 其他类型（湖北省文明村） | 2007 |
| 掇刀区 | 双井村 | 112.151774 | 30.949307 | 其他类型 | 2000 |

| 所在区县 | 村庄名称 | 经度（E） | 纬度（N） | 特色保护村庄类型 | 认定年份 |
|---|---|---|---|---|---|
| 京山县 | 双桥村 | 114.149672 | 31.627779 | 第四批传统村落 | 2012 |
| 京山县 | 双桥村 | 113.071821 | 31.362141 | 旅游名村 | 2012 |
| 京山县 | 城畈村 | 113.127595 | 31.033485 | 其他类型 | 2010 |
| 沙洋县 | 张池村 | 112.313201 | 30.724126 | 旅游名村 | 2020 |
| 沙洋县 | 郭店村 | 112.191314 | 30.511671 | 其他类型（湖北省宜居村庄） | 2014 |
| 沙洋县 | 土家族村 | 112.583192 | 30.641212 | 其他类型 | 2014 |
| 沙洋县 | 王坪村 | 112.457191 | 30.632045 | 其他类型 | 2012 |
| 沙洋县 | 建阳村 | 112.206249 | 30.693581 | 其他类型（新农村建设示范村） | 2006 |
| 东宝区 | 陈井村 | 112.026539 | 30.967917 | 其他类型 | 2012 |
| 钟祥市 | 马湾村 | 112.858639 | 31.331152 | 旅游名村 | 2020 |
| 钟祥市 | 湖山村 | 112.371311 | 31.444064 | 其他类型（美丽乡村示范村） | 2020 |
| 钟祥市 | 荆台村 | 112.507741 | 30.989414 | 第五批传统村落 | 2019 |
| 钟祥市 | 张家集村 | 112.902127 | 31.353010 | 第五批传统村落 | 2019 |
| 钟祥市 | 南庄村 | 112.872381 | 31.348847 | 旅游名村 | 2017 |
| 钟祥市 | 刘台村 | 112.702168 | 30.799528 | 其他类型 | 2014 |
| 钟祥市 | 赵泉河村 | 112.947576 | 31.411874 | 第一批传统村落/旅游名村 | 2012 |
| 钟祥市 | 彭墩村 | 112.342408 | 30.999745 | 其他类型（全国民主法治示范村） | 2012 |
| 钟祥市 | 陈安村 | 112.346723 | 31.282585 | 其他类型（新农村建设示范村） | 2006 |
| 大冶市 | 刘仁八村 | 114.843239 | 29.941902 | 其他类型 | 2020 |
| 大冶市 | 沼山村 | 114.737157 | 30.149167 | 第三批传统村落/旅游名村 | 2020 |
| 大冶市 | 水南湾 | 115.055812 | 30.048534 | 第五批传统村落 | 2019 |
| 大冶市 | 姜桥村 | 114.928804 | 30.032023 | 第五批传统村落 | 2019 |
| 大冶市 | 焦和村 | 114.956600 | 30.051772 | 第五批传统村落 | 2019 |
| 大冶市 | 门楼村 | 114.946850 | 29.992237 | 第五批传统村落 | 2019 |
| 大冶市 | 柯大兴村 | 115.023928 | 30.004206 | 第五批传统村落/历史文化名村 | 2019 |

| 所在区县 | 村庄名称 | 经度（E） | 纬度（N） | 特色保护村庄类型 | 认定年份 |
|---|---|---|---|---|---|
| 大冶市 | 上冯村 | 114.979036 | 30.124547 | 第二批传统村落/旅游名村/历史文化名村 | 2017 |
| 大冶市 | 八角亭村 | 114.846931 | 29.924953 | 其他类型 | 2014 |
| 大冶市 | 彭晚村 | 114.764476 | 30.056345 | 其他类型 | 2014 |
| 大冶市 | 泉波村 | 114.597379 | 29.952408 | 其他类型 | 2014 |
| 大冶市 | 曹家堍村 | 115.026252 | 30.063546 | 其他类型 | 2013 |
| 大冶市 | 坳头村 | 114.736171 | 30.008602 | 旅游名村 | 2012 |
| 大冶市 | 鄂王城村 | 114.568017 | 30.010497 | 其他类型 | 2012 |
| 大冶市 | 小雷山村 | 114.795808 | 30.039486 | 其他类型 | 2012 |
| 大冶市 | 谈桥村 | 114.762605 | 29.994081 | 其他类型 | 2011 |
| 大冶市 | 南山村 | 114.907799 | 29.879125 | 其他类型 | 2010 |
| 大冶市 | 土库村 | 114.762640 | 30.256608 | 其他类型 | 2010 |
| 阳新县 | 高山村 | 114.875445 | 29.803960 | 旅游名村 | 2020 |
| 阳新县 | 金寨村 | 115.069744 | 30.089158 | 第五批传统村落/历史文化名村 | 2019 |
| 阳新县 | 下容村 | 115.007587 | 29.673876 | 历史文化名村 | 2018 |
| 阳新县 | 港下村 | 115.438377 | 29.822198 | 旅游名村 | 2017 |
| 阳新县 | 李山下村 | 115.075419 | 29.905271 | 第四批传统村落 | 2016 |
| 阳新县 | 新屋村 | 114.851248 | 29.809297 | 其他类型 | 2015 |
| 阳新县 | 枫杨庄 | 115.005842 | 29.791806 | 第三批传统村落 | 2014 |
| 阳新县 | 清潭湾 | 114.852726 | 29.826746 | 第三批传统村落 | 2014 |
| 阳新县 | 宝塔村 | 115.276119 | 29.834003 | 其他类型 | 2014 |
| 阳新县 | 金堡村 | 115.448002 | 29.857215 | 其他类型 | 2014 |
| 阳新县 | 漆坊村 | 115.371843 | 29.722887 | 其他类型 | 2014 |
| 阳新县 | 宝塔村 | 113.815708 | 29.238018 | 其他类型 | 2014 |
| 阳新县 | 王官山村 | 115.164130 | 30.019452 | 其他类型 | 2013 |
| 阳新县 | 阚家塘 | 115.015392 | 29.686038 | 第一批传统村落 | 2012 |
| 阳新县 | 玉堍村 | 115.144046 | 29.912631 | 第一批传统村落 | 2012 |

| 所在区县 | 村庄名称 | 经度（E） | 纬度（N） | 特色保护村庄类型 | 认定年份 |
|---|---|---|---|---|---|
| 阳新县 | 姜福村 | 114.922449 | 29.837475 | 其他类型 | 2011 |
| 阳新县 | 阳辛村 | 114.882642 | 29.701894 | 旅游名村 | 2010 |
| 红安县 | 柏林寺村 | 114.756568 | 31.422420 | 第五批传统村落 | 2019 |
| 红安县 | 陡山村 | 114.678739 | 31.065968 | 第四批传统村落 | 2016 |
| 红安县 | 喻畈村 | 114.763550 | 31.226082 | 第四批传统村落 | 2016 |
| 红安县 | 椿树店村 | 114.690636 | 31.093796 | 第四批传统村落 | 2016 |
| 红安县 | 刘云四塆村 | 114.714061 | 31.229685 | 第三批传统村落 | 2014 |
| 红安县 | 石头塆村 | 114.604959 | 31.135611 | 第三批传统村落 | 2014 |
| 红安县 | 涂家湾村 | 114.522860 | 31.526880 | 第三批传统村落 | 2014 |
| 红安县 | 对天河村 | 114.603366 | 31.570629 | 旅游名村 | 2014 |
| 红安县 | 祝家楼村 | 114.529391 | 31.485352 | 第一批传统村落/历史文化名村 | 2012 |
| 红安县 | 凉亭村 | 113.724097 | 30.812077 | 其他类型 | 2010 |
| 红安县 | 凉亭村 | 114.581905 | 31.053062 | 其他类型 | 2010 |
| 红安县 | 长丰村 | 114.526675 | 31.162855 | 其他类型 | 2000 |
| 黄梅县 | 养马岭村 | 115.869006 | 30.122194 | 旅游名村 | 2020 |
| 黄梅县 | 商子塆村 | 115.905557 | 30.261163 | 第五批传统村落 | 2019 |
| 黄梅县 | 蔡山村 | 115.797342 | 29.887632 | 其他类型 | 2014 |
| 黄梅县 | 四组寺村 | 115.804419 | 30.125505 | 其他类型 | 2014 |
| 黄梅县 | 妙乐村 | 116.007071 | 29.788315 | 其他类型（湖北省宜居村庄） | 2013 |
| 黄梅县 | 吴祥村 | 115.843019 | 30.144781 | 其他类型 | 2013 |
| 黄梅县 | 老祖村 | 115.862097 | 30.231274 | 其他类型 | 2012 |
| 黄梅县 | 安乐村 | 115.964522 | 30.144014 | 其他类型 | 2008 |
| 黄梅县 | 一天门社区 | 115.953762 | 30.169074 | 其他类型 | 2008 |
| 黄梅县 | 南北山村 | 115.965393 | 30.246679 | 其他类型 | 2007 |
| 黄梅县 | 老铺村 | 115.961397 | 30.280960 | 其他类型（新农村建设示范村） | 2006 |
| 黄州区 | 江咀村 | 114.862481 | 30.554267 | 其他类型 | 2015 |
| 黄州区 | 陈策楼村 | 115.046850 | 30.606935 | 旅游名村 | 2014 |

| 所在区县 | 村庄名称 | 经度（E） | 纬度（N） | 特色保护村庄类型 | 认定年份 |
|---|---|---|---|---|---|
| 黄州区 | 范家岗村 | 115.050416 | 30.579546 | 其他类型 | 2013 |
| 黄州区 | 幸福村 | 115.005126 | 30.543278 | 其他类型 | 2012 |
| 武穴市 | 大桥新村 | 115.548275 | 29.858045 | 其他类型 | 2010 |
| 罗田县 | 燕窝垸村 | 115.423042 | 30.692498 | 旅游名村 | 2020 |
| 罗田县 | 肖家湾村 | 115.391010 | 30.997368 | 第二批传统村落 | 2014 |
| 罗田县 | 瓦房基村 | 115.481909 | 31.120502 | 第三批传统村落 | 2014 |
| 罗田县 | 官基坪村 | 115.666958 | 31.173208 | 第二批传统村落 | 2013 |
| 罗田县 | 潘家湾村 | 115.528325 | 30.986399 | 第二批传统村落 | 2013 |
| 罗田县 | 圣人堂村 | 115.723616 | 31.112277 | 旅游名村 | 2012 |
| 麻城市 | 石桥垸村 | 115.100521 | 31.180798 | 第五批传统村落 | 2019 |
| 麻城市 | 龙井村 | 114.771628 | 31.188363 | 第五批传统村落 | 2019 |
| 麻城市 | 东垸村 | 115.127607 | 31.140163 | 第五批传统村落 | 2019 |
| 麻城市 | 梨树山村 | 115.256728 | 31.164479 | 第五批传统村落 | 2019 |
| 麻城市 | 牌楼村 | 115.426660 | 31.232524 | 第五批传统村落 | 2019 |
| 麻城市 | 东冲村 | 115.190842 | 31.388013 | 第五批传统村落 | 2019 |
| 麻城市 | 谢店古村 | 114.781511 | 31.216762 | 第四批传统村落 | 2016 |
| 麻城市 | 刘家塆村 | 115.345724 | 31.215100 | 第四批传统村落 | 2016 |
| 麻城市 | 龙门河村 | 115.347284 | 31.216416 | 第四批传统村落 | 2016 |
| 麻城市 | 大屋垸村 | 115.158563 | 31.367545 | 第四批传统村落 | 2016 |
| 麻城市 | 桐枧冲村 | 115.127975 | 31.401450 | 第四批传统村落 | 2016 |
| 麻城市 | 付兴湾村 | 115.019765 | 30.953064 | 第三批传统村落 | 2014 |
| 麻城市 | 小漆园村 | 115.169344 | 31.390273 | 第三批传统村落 | 2014 |
| 麻城市 | 王家畈村 | 115.416954 | 31.211284 | 第三批传统村落 | 2014 |
| 麻城市 | 杏花村 | 114.738721 | 31.042100 | 第三批传统村落/旅游名村/历史文化名村 | 2014 |
| 麻城市 | 龟峰山村 | 115.226060 | 31.087927 | 旅游名村 | 2014 |
| 麻城市 | 丫头山村 | 114.730981 | 31.025347 | 第一批传统村落 | 2012 |

续表

| 所在区县 | 村庄名称 | 经度（E） | 纬度（N） | 特色保护村庄类型 | 认定年份 |
|---|---|---|---|---|---|
| 蕲春县 | 棠树岭村 | 115.908447 | 30.303155 | 旅游名村 | 2020 |
| 蕲春县 | 龙泉庵村 | 115.399842 | 30.021289 | 旅游名村 | 2017 |
| 蕲春县 | 狮子堰村 | 115.866475 | 30.316465 | 第三批传统村落 | 2014 |
| 蕲春县 | 李山村 | 115.767420 | 30.494281 | 旅游名村 | 2014 |
| 蕲春县 | 雨湖社区 | 115.350822 | 30.041406 | 其他类型（湖北省宜居村庄） | 2014 |
| 蕲春县 | 下车门村 | 115.772223 | 30.470417 | 其他类型（湖北省宜居村庄） | 2013 |
| 蕲春县 | 槐树山村 | 115.604920 | 30.222379 | 其他类型 | 2013 |
| 蕲春县 | 扎营港村 | 115.383319 | 30.004021 | 其他类型（湖北省宜居村庄） | 2012 |
| 蕲春县 | 青石岭村 | 115.700350 | 30.328302 | 其他类型（湖北省文明村） | 2010 |
| 蕲春县 | 夏漕社区 | 115.447873 | 30.250035 | 其他类型 | 2010 |
| 蕲春县 | 九棵松村 | 115.361346 | 30.324049 | 其他类型（绿化十佳村） | 2000 |
| 团风县 | 林家大湾村 | 114.992547 | 30.647554 | 第五批传统村落 | 2019 |
| 团风县 | 大崎山村 | 115.126895 | 30.852715 | 旅游名村 | 2017 |
| 团风县 | 百丈岩村 | 115.053671 | 30.780212 | 第三批传统村落 | 2014 |
| 团风县 | 戴家湾村 | 114.980459 | 30.693515 | 其他类型 | 2005 |
| 武穴市 | 廖宗泰垸 | 115.614282 | 29.934068 | 第五批传统村落 | 2019 |
| 武穴市 | 花园社区 | 115.701754 | 29.872928 | 第三批传统村落 | 2014 |
| 武穴市 | 李垅垮 | 115.616457 | 30.209926 | 第一批传统村落 | 2012 |
| 武穴市 | 干仕村 | 115.693115 | 30.085178 | 其他类型 | 2000 |
| 浠水县 | 河东街村 | 115.289382 | 30.456029 | 其他类型（全国文明村） | 2014 |
| 浠水县 | 李家宕村 | 115.577364 | 30.510007 | 其他类型 | 2014 |
| 浠水县 | 盐客树村 | 115.206695 | 30.351764 | 其他类型 | 2014 |
| 浠水县 | 十月村 | 115.268090 | 30.470169 | 其他类型 | 2000 |
| 英山县 | 新铺村 | 115.634591 | 30.849572 | 旅游名村 | 2020 |
| 英山县 | 大河冲村 | 115.821503 | 31.105898 | 第三批传统村落 | 2014 |
| 英山县 | 吴家山村 | 115.336976 | 31.010431 | 旅游名村 | 2012 |
| 英山县 | 乌云山村 | 115.672417 | 30.786979 | 旅游名村 | 2010 |

续表

| 所在区县 | 村庄名称 | 经度（E） | 纬度（N） | 特色保护村庄类型 | 认定年份 |
|---|---|---|---|---|---|
| 英山县 | 百丈河村 | 115. 734433 | 30. 688014 | 其他类型（全国生态家园） | 2006 |
| 巴东县 | 高岩村 | 111. 099090 | 30. 743976 | 第四批传统村落 | 2012 |
| 巴东县 | 穿心岩村 | 110. 389756 | 30. 551641 | 第五批传统村落 | 2019 |
| 巴东县 | 牛洞坪村 | 110. 457763 | 31. 104338 | 特色村寨 | 2019 |
| 巴东县 | 石板坪村 | 110. 331249 | 31. 255532 | 特色村寨 | 2019 |
| 巴东县 | 石桥坪村 | 110. 327077 | 30. 556784 | 旅游名村/特色村寨 | 2014 |
| 巴东县 | 围龙坝村 | 110. 300516 | 30. 438770 | 特色村寨 | 2014 |
| 巴东县 | 江家村 | 110. 209324 | 30. 285123 | 其他类型 | 2013 |
| 巴东县 | 高岩村 | 110. 305889 | 31. 228937 | 旅游名村 | 2012 |
| 巴东县 | 雷家坪村 | 110. 401325 | 31. 058074 | 其他类型（湖北省文明村） | 2012 |
| 巴东县 | 大面山村 | 110. 357994 | 30. 412466 | 其他类型 | 2010 |
| 巴东县 | 三里城村 | 110. 256715 | 30. 421796 | 其他类型 | 2005 |
| 巴东县 | 泉口村 | 110. 293021 | 31. 286399 | 其他类型 | 2000 |
| 恩施市 | 洞下槽村 | 109. 633482 | 30. 386931 | 旅游名村 | 2020 |
| 恩施市 | 新田村 | 109. 216742 | 30. 527386 | 第五批传统村落 | 2019 |
| 恩施市 | 落都村 | 109. 912898 | 30. 376847 | 第五批传统村落 | 2019 |
| 恩施市 | 双龙村 | 109. 283100 | 30. 257820 | 第五批传统村落 | 2019 |
| 恩施市 | 见天坝村 | 109. 173415 | 30. 165084 | 第五批传统村落 | 2019 |
| 恩施市 | 车蓼坝村 | 109. 251002 | 30. 085601 | 第五批传统村落 | 2019 |
| 恩施市 | 麻茶沟村 | 109. 229362 | 29. 984844 | 第五批传统村落 | 2019 |
| 恩施市 | 戽口村 | 109. 405167 | 30. 083584 | 第五批传统村落/特色村寨 | 2019 |
| 恩施市 | 龙马村 | 109. 461815 | 30. 464381 | 特色村寨 | 2019 |
| 恩施市 | 天落水村 | 109. 875069 | 30. 265236 | 第四批传统村落 | 2016 |
| 恩施市 | 大集场村 | 109. 191589 | 29. 932357 | 第四批传统村落 | 2016 |
| 恩施市 | 二官寨村 | 109. 245070 | 30. 062030 | 第三批传统村落 | 2014 |
| 恩施市 | 青堡村 | 109. 415021 | 30. 501454 | 特色村寨 | 2014 |
| 恩施市 | 熊家岩村 | 109. 629887 | 30. 418158 | 特色村寨 | 2014 |

| 所在<br>区县 | 村庄名称 | 经度（E） | 纬度（N） | 特色保护村庄类型 | 认定<br>年份 |
|---|---|---|---|---|---|
| 恩施市 | 莲花池村 | 109.576585 | 30.281139 | 特色村寨 | 2014 |
| 恩施市 | 滚龙坝村 | 109.800320 | 30.438219 | 第一批传统村落/历史文化名村 | 2012 |
| 恩施市 | 金龙坝村 | 109.181170 | 30.093738 | 第一批传统村落/特色村寨 | 2012 |
| 恩施市 | 营上村 | 109.203473 | 30.412508 | 旅游名村/特色村寨 | 2012 |
| 恩施市 | 高拱桥村 | 109.442617 | 30.178051 | 旅游名村/特色村寨 | 2010 |
| 鹤峰县 | 湄坪村 | 110.245621 | 29.825372 | 第五批传统村落 | 2019 |
| 鹤峰县 | 屏山村 | 110.109196 | 29.977274 | 第五批传统村落 | 2019 |
| 鹤峰县 | 大溪村 | 110.245621 | 29.825372 | 第五批传统村落 | 2019 |
| 鹤峰县 | 邬阳村 | 110.165184 | 30.175581 | 第五批传统村落 | 2019 |
| 鹤峰县 | 岩门村 | 110.142413 | 30.073407 | 特色村寨 | 2019 |
| 鹤峰县 | 官仓村 | 110.463652 | 29.870358 | 特色村寨 | 2019 |
| 鹤峰县 | 白果村 | 110.480925 | 29.883856 | 第三批传统村落 | 2014 |
| 鹤峰县 | 白果村 | 109.616128 | 29.935274 | 第四批传统村落 | 2014 |
| 鹤峰县 | 升子村 | 110.474363 | 29.854530 | 旅游名村 | 2014 |
| 鹤峰县 | 董家村 | 110.257234 | 30.037795 | 特色村寨 | 2014 |
| 鹤峰县 | 南村村 | 110.305043 | 29.906682 | 特色村寨 | 2014 |
| 鹤峰县 | 斑竹村 | 110.143280 | 30.171768 | 特色村寨 | 2014 |
| 鹤峰县 | 三家台<br>蒙古族村 | 110.003194 | 30.035341 | 第一批传统村落 | 2012 |
| 鹤峰县 | 铁炉村 | 110.511731 | 29.736816 | 第一批传统村落 | 2012 |
| 鹤峰县 | 五里村 | 110.353375 | 29.896632 | 第一批传统村落 | 2012 |
| 鹤峰县 | 细杉村 | 110.613716 | 29.798788 | 第一批传统村落/特色村寨 | 2012 |
| 鹤峰县 | 大路坪村 | 110.029795 | 30.011090 | 特色村寨 | 2012 |
| 建始县 | 陈子山村 | 110.046083 | 30.205316 | 第五批传统村落 | 2019 |
| 建始县 | 耍操门村 | 109.920037 | 30.792486 | 特色村寨 | 2019 |
| 建始县 | 店子坪村 | 110.067323 | 30.753829 | 旅游名村 | 2017 |
| 建始县 | 代陈沟村 | 109.662543 | 30.619366 | 旅游名村 | 2014 |

| 所在区县 | 村庄名称 | 经度（E） | 纬度（N） | 特色保护村庄类型 | 认定年份 |
|---|---|---|---|---|---|
| 建始县 | 麂子渡村 | 109.627142 | 30.561063 | 特色村寨 | 2014 |
| 建始县 | 大店子村 | 110.005544 | 30.602302 | 特色村寨 | 2014 |
| 建始县 | 老村村 | 109.957771 | 30.370879 | 其他类型 | 2014 |
| 建始县 | 田家坝村 | 110.088425 | 30.508337 | 第二批传统村落 | 2012 |
| 建始县 | 八角村 | 110.065675 | 30.660419 | 其他类型（湖北省生态示范村） | 2012 |
| 建始县 | 麻扎坪村 | 110.085760 | 30.643523 | 其他类型 | 2012 |
| 建始县 | 小西湖村 | 110.013764 | 30.440549 | 其他类型 | 2011 |
| 建始县 | 石垭子村 | 110.030866 | 30.613720 | 其他类型 | 2010 |
| 建始县 | 村坊村 | 110.047239 | 30.397589 | 其他类型 | 2005 |
| 建始县 | 凉水埠村 | 109.946729 | 30.603637 | 其他类型 | 2000 |
| 来凤县 | 冉家村 | 109.254139 | 29.157302 | 第五批传统村落 | 2019 |
| 来凤县 | 观音坪村 | 109.232287 | 29.206506 | 第五批传统村落 | 2019 |
| 来凤县 | 车洞湖村 | 109.150262 | 29.385205 | 第五批传统村落 | 2019 |
| 来凤县 | 田家寨村 | 109.373024 | 29.410792 | 第五批传统村落 | 2019 |
| 来凤县 | 梅子垭村 | 109.185966 | 29.542634 | 第五批传统村落 | 2019 |
| 来凤县 | 兴安村 | 109.249523 | 29.135021 | 特色村寨 | 2019 |
| 来凤县 | 沙界村 | 109.274193 | 29.476468 | 第四批传统村落 | 2016 |
| 来凤县 | 独石塘村 | 109.124154 | 29.457594 | 第三批传统村落 | 2014 |
| 来凤县 | 落衣湾 | 109.295189 | 29.331551 | 第三批传统村落 | 2014 |
| 来凤县 | 渔塘村 | 109.332966 | 29.311374 | 第三批传统村落 | 2014 |
| 来凤县 | 石桥村 | 109.311252 | 29.590613 | 第三批传统村落/特色村寨 | 2014 |
| 来凤县 | 南河村 | 109.249663 | 29.230854 | 特色村寨 | 2014 |
| 来凤县 | 铁匠沟 | 109.270824 | 29.599322 | 第二批传统村落 | 2013 |
| 来凤县 | 徐家寨村 | 109.113601 | 29.528656 | 第二批传统村落 | 2013 |
| 来凤县 | 黄柏村 | 109.309083 | 29.625937 | 第二批传统村落/特色村寨 | 2013 |
| 来凤县 | 舍米湖村 | 109.257058 | 29.165630 | 第二批传统村落/特色村寨 | 2013 |
| 来凤县 | 冷水溪村 | 109.103714 | 29.462682 | 第一批传统村落 | 2012 |

| 所在区县 | 村庄名称 | 经度（E） | 纬度（N） | 特色保护村庄类型 | 认定年份 |
|---|---|---|---|---|---|
| 利川市 | 小河村 | 114.065328 | 31.350505 | 第二批传统村落 | 2000 |
| 利川市 | 白鹊山村 | 109.051926 | 30.320985 | 旅游名村 | 2020 |
| 利川市 | 太平村 | 108.690278 | 30.509670 | 第五批传统村落 | 2019 |
| 利川市 | 高仰台村 | 109.081313 | 30.614074 | 第五批传统村落 | 2019 |
| 利川市 | 黎明村 | 108.544325 | 30.487438 | 第五批传统村落 | 2019 |
| 利川市 | 双庙村 | 108.649664 | 30.120264 | 第五批传统村落 | 2019 |
| 利川市 | 钟灵村 | 108.935462 | 30.252696 | 第五批传统村落 | 2019 |
| 利川市 | 纳水村 | 108.873802 | 30.135083 | 第五批传统村落 | 2019 |
| 利川市 | 金龙村 | 108.642205 | 29.982944 | 第五批传统村落 | 2019 |
| 利川市 | 人头山村 | 108.999159 | 29.967010 | 第四批传统村落 | 2016 |
| 利川市 | 长干村 | 108.756059 | 30.193947 | 第三批传统村落 | 2014 |
| 利川市 | 山青村 | 108.952163 | 30.069073 | 第三批传统村落 | 2014 |
| 利川市 | 水井村 | 109.041147 | 30.579788 | 第三批传统村落/特色村寨 | 2014 |
| 利川市 | 塘坊村 | 108.851339 | 30.386939 | 其他类型（湖北省生态示范村） | 2014 |
| 利川市 | 龙塘村 | 108.628583 | 30.057283 | 其他类型 | 2014 |
| 利川市 | 主坝村 | 108.733325 | 30.037861 | 其他类型 | 2014 |
| 利川市 | 鱼木寨村 | 108.652893 | 30.523373 | 第二批传统村落/历史文化名村 | 2013 |
| 利川市 | 张高寨 | 108.749989 | 29.915363 | 第二批传统村落/特色村寨 | 2013 |
| 利川市 | 夹壁村 | 108.986270 | 30.047953 | 其他类型 | 2013 |
| 利川市 | 老屋基村 | 108.767102 | 30.130831 | 第二批传统村落 | 2012 |
| 利川市 | 海洋村 | 108.890438 | 30.172647 | 第一批传统村落 | 2012 |
| 利川市 | 野猫水村 | 109.116833 | 30.338899 | 特色村寨 | 2012 |
| 利川市 | 朝阳村 | 108.686029 | 30.580799 | 其他类型 | 2012 |
| 利川市 | 兰田村 | 109.071458 | 30.107712 | 其他类型 | 2011 |
| 利川市 | 交椅台村 | 109.068015 | 30.333345 | 其他类型 | 2010 |
| 利川市 | 柏杨坝村 | 108.910948 | 30.474169 | 其他类型 | 2009 |
| 利川市 | 南坪村 | 108.799259 | 30.428991 | 其他类型 | 2004 |

| 所在区县 | 村庄名称 | 经度（E） | 纬度（N） | 特色保护村庄类型 | 认定年份 |
|---|---|---|---|---|---|
| 利川市 | 田湾村 | 108.697593 | 30.031303 | 其他类型 | 2000 |
| 利川市 | 小河村 | 108.606241 | 30.099341 | 其他类型 | 2000 |
| 咸丰县 | 官坝村 | 109.310191 | 29.816250 | 第五批传统村落 | 2019 |
| 咸丰县 | 龙家界村 | 109.114914 | 29.711428 | 第五批传统村落 | 2019 |
| 咸丰县 | 牛栏界村 | 109.294710 | 29.829590 | 第五批传统村落 | 2019 |
| 咸丰县 | 新场村 | 108.919933 | 29.463330 | 第三批传统村落 | 2014 |
| 咸丰县 | 坪坝营村 | 108.990279 | 29.403829 | 旅游名村 | 2014 |
| 咸丰县 | 麻柳溪村 | 109.038101 | 29.974204 | 特色村寨 | 2014 |
| 咸丰县 | 唐崖司村 | 109.015963 | 29.693241 | 第二批传统村落 | 2013 |
| 咸丰县 | 羊蹄村 | 108.993212 | 29.898089 | 其他类型 | 2013 |
| 咸丰县 | 马家沟村 | 108.958952 | 29.486926 | 第一批传统村落 | 2012 |
| 咸丰县 | 中寨坝村 | 109.142347 | 29.815073 | 第一批传统村落 | 2012 |
| 咸丰县 | 蛇盘溪村 | 108.723469 | 29.718808 | 第一批传统村落/特色村寨 | 2012 |
| 咸丰县 | 沙坝村 | 109.236751 | 29.779592 | 特色村寨 | 2012 |
| 宣恩县 | 清水塘村 | 109.403389 | 29.719741 | 第五批传统村落 | 2019 |
| 宣恩县 | 水田坝村 | 109.414464 | 30.029867 | 第五批传统村落 | 2019 |
| 宣恩县 | 大白溪村 | 109.633209 | 29.830040 | 第五批传统村落 | 2019 |
| 宣恩县 | 药铺村 | 109.726928 | 29.887760 | 第五批传统村落 | 2019 |
| 宣恩县 | 中大湾村 | 109.469792 | 29.593509 | 第五批传统村落 | 2019 |
| 宣恩县 | 腊树园村 | 109.455622 | 29.776294 | 第五批传统村落 | 2019 |
| 宣恩县 | 金龙坪村 | 109.543027 | 30.022645 | 第五批传统村落 | 2019 |
| 宣恩县 | 中村坝村 | 109.421510 | 29.883710 | 第五批传统村落 | 2019 |
| 宣恩县 | 骡马洞村 | 109.422009 | 29.849666 | 第五批传统村落 | 2019 |
| 宣恩县 | 小茅坡营村 | 109.517414 | 29.818941 | 特色村寨 | 2019 |
| 宣恩县 | 板寮村 | 109.539776 | 29.819942 | 特色村寨 | 2019 |
| 宣恩县 | 五家台村 | 109.541633 | 30.080874 | 特色村寨 | 2019 |
| 宣恩县 | 伍家台村 | 109.542389 | 30.081437 | 旅游名村 | 2017 |

续表

| 所在区县 | 村庄名称 | 经度（E） | 纬度（N） | 特色保护村庄类型 | 认定年份 |
|---|---|---|---|---|---|
| 宣恩县 | 大茅坡营村 | 109.493011 | 29.843322 | 第四批传统村落 | 2016 |
| 宣恩县 | 两溪河村 | 109.717285 | 29.982068 | 第三批传统村落 | 2014 |
| 宣恩县 | 野椒园村 | 109.341909 | 29.860200 | 第三批传统村落 | 2014 |
| 宣恩县 | 彭家寨 | 109.611104 | 29.690905 | 特色村寨 | 2014 |
| 宣恩县 | 两河口村 | 109.609626 | 29.666027 | 第一批传统村落/历史文化名村 | 2012 |
| 宣恩县 | 庆阳坝村 | 109.395330 | 30.057745 | 第一批传统村落/历史文化名村/特色村寨 | 2012 |
| 宣恩县 | 利福田村 | 109.433126 | 29.652117 | 其他类型 | 2005 |
| 鄂城区 | 岳石洪村 | 114.972989 | 30.225875 | 旅游名村 | 2020 |
| 鄂城区 | 三山村 | 114.761870 | 30.323361 | 旅游名村 | 2014 |
| 鄂城区 | 峒山村 | 114.727394 | 30.351145 | 旅游名村 | 2010 |
| 华容区 | 武圣村 | 114.778685 | 30.553672 | 旅游名村 | 2020 |
| 华容区 | 横山村 | 114.738587 | 30.410430 | 其他类型 | 2013 |
| 华容区 | 石竹村 | 114.778885 | 30.450729 | 其他类型 | 2012 |
| 梁子湖区 | 万秀村 | 114.611276 | 30.132073 | 旅游名村 | 2020 |
| 梁子湖区 | 梁子村 | 114.657940 | 30.253893 | 旅游名村 | 2012 |
| 梁子湖区 | 月山村 | 114.631240 | 30.296768 | 其他类型 | 2009 |